跨界与融合：高职院校学生就业能力提升策略研究

陶莉莉　著

北　京
冶 金 工 业 出 版 社
2020

内容提要

本书从课程思政、“三教改革”、全过程指导、创新创业竞赛和保障机制等方面给出了学校、企业、学生和社会四方协同与融合的高职院校学生就业能力提升策略，回答了“为什么”要提升高职院校学生就业能力、“谁”来提升高职院校学生就业能力及“怎样”提升高职院校学生就业能力等高职院校学生培养基本问题。

本书可供高等职业教育研究者参考。

图书在版编目(CIP)数据

跨界与融合：高职院校学生就业能力提升策略研究/陶莉莉著.—北京：冶金工业出版社，2020.6

ISBN 978-7-5024-8547-4

Ⅰ.①跨…　Ⅱ.①陶…　Ⅲ.①职业选择—教学研究—高等职业教育　Ⅳ.①G717.38

中国版本图书馆 CIP 数据核字(2020)第 087742 号

出 版 人　陈玉千
地　　址　北京市东城区嵩祝院北巷 39 号　邮编　100009　电话　(010)64027926
网　　址　www.cnmip.com.cn　电子信箱　yjcbs@cnmip.com.cn
责任编辑　姜晓辉　美术编辑　郑小利　版式设计　孙跃红
责任校对　郭惠兰　责任印制　李玉山
ISBN 978-7-5024-8547-4
冶金工业出版社出版发行；各地新华书店经销；三河市双峰印刷装订有限公司印刷
2020 年 6 月第 1 版，2020 年 6 月第 1 次印刷
169mm×239mm；15 印张；291 千字；226 页
80.00 元

冶金工业出版社　投稿电话　(010)64027932　投稿信箱　tougao@cnmip.com.cn
冶金工业出版社营销中心　电话　(010)64044283　传真　(010)64027893
冶金工业出版社天猫旗舰店　yjgycbs.tmall.com
（本书如有印装质量问题，本社营销中心负责退换）

前　言

2019年是落实《国家职业教育改革实施方案》的开局之年，“百万扩招”“1+X”证书制度、“双高计划”等一系列政策陆续出台，开启了高职教育改革推进发展的新纪元。被视为“办好新时代职业教育的顶层设计和施工蓝图”的《国家职业教育改革实施方案》，开宗明义地指出“职业教育与普通教育是两种不同教育类型，具有同等重要地位”，把职业教育摆在教育改革创新和经济社会发展中更加突出的位置。职业教育以促进就业和适应产业发展需求为导向，是和经济社会发展结合最为紧密的教育类型。中国经济社会随着结构调整和产业升级，对高素质劳动者和技术技能人才的需求比以往更强烈，高职教育必须承担起为社会主义建设培养高素质技术技能人才这一历史使命。

培养和提升高职院校学生的就业能力是实现这一历史使命的基础，是提高高职院校人才培养质量的关键，是实现学生全面发展的保障。就业能力是指获得和保持工作的能力，它不仅包括狭义上理解的找到工作的能力，还包括持续完成工作、实现良好职业生涯发展的能力。高职院校要重视学生的就业能力培养和提升，引导学生树立正确的价值观和择业观，使其树立正确的劳动观念和就业理念，增加其在工作岗位上实现“人生出彩”的机会，以体现“技能伟大，劳动光荣”的崇高价值。

职业教育是跨界教育。它跨越了职业与教育的界限，既要遵循职业成长及技能形成的规律，又要遵循教育认知及知识学习的规律，即要遵循职业发展规律与教育发展规律的融合。职业教育是类型教育，跨界是其文化、目标定位、性质特征、体系结构、实施路径、功能范畴等各方面共同特征，跨界课程是实施跨界教育的基本单元。跨界的本质是融合，即通过自身资源的某一特性与其他表面上不相干的资源进行优化组合，进而放大相互资源的价值，甚至融合形成一个完整的独立事物。融合也是实现跨界的路径和策略，不同主体、层面、维度、目标的跨界可以通过不同主体、层面、维度、目标的融合来实现。

跨界融合是高等职业教育的重要特征，在以就业能力培养为核心的人才培养全过程和全要素上，必须打通学校与外部环境、学校和其他组织或系统、学校内部组织或系统之间壁垒，实现多方资源整合和协同育人，从而为高职人才培养使命提供实现路径。利益相关者理论、价值共创理论、协同学理论、成果导向教育理论等是跨界融合相关基础理论，设计以跨界融合为特征的涵盖人才培养全过程的就业能力提升策略，对走出高职课程建设、师资培养、教学方式、教材建设，课程思政、技能竞赛、生涯教育的“固守”状态，对高职院校办学质量和人才培养质量提升都有重要借鉴意义。

课程是教育思想、教育目标和教育内容的主要载体，是学校教育教学活动的基本依据，直接影响人才培养质量。成果导向课程开发是以就业能力决定课程体系的反向设计过程，“跨界”与“融合”贯穿成果导向课程开发全过程。校企双方通过某种意义上的契约形成优势互补、风险共担、资源要素双向流动的跨界融合形态，在教育目标和核心能力确定、课程体系分析与调整、课程大纲设计、课程教学实施等课程开发步骤中采用校企互融互通策略，是实现人才培养目标和学生就业能力提升的基础。

成果导向课程实施包括实施基础和教学活动，是学生就业能力提升的主阵地。实施基础包括教学条件和教学资源组成的支撑系统、师资条件、规章制度建设等，其中教师和教材是实施基础的关键，教法是有效教学活动基础。教师、教材和教法跨界融合涉及学校与企业跨界、学校内部组织跨界、认知思维跨界、专业跨界、学科跨界、课程跨界、互联网跨界等。教师、教材和教法的跨界融合策略除有意识养成教师跨界思维外，还包括体现企业跨界的基于“企业化保鲜”的“双师型”师资队伍建设策略，体现互联网及校企跨界的教材“双元”

合作开发策略，体现行业跨界的具有产教融合特色的教材、教纲、教案等资源开发策略，体现课证跨界的“1+X”证书与“三教改革”融合策略。当然，教师、教材和教法不是相互独立，而是相辅相成，通过产教融合和校企合作，可以实现教师思维上的跨界，教材内容上的跨界，教法途径上的跨界。

课程思政是将思想政治教育寓于、融入专业课、通识课的教育实践活动，强调在培养学生专业知识和技能的同时，培养学生责任意识、工匠精神、人文视野，让学生在学习各种知识和技能的过程中潜移默化地接受思想洗礼和情感陶冶，更好地实现自身技术技能水平和思想政治素质的提高，并内化为自己的道德准则、科学思维和行为规范，从而实现就业能力的提升。认知思维跨界融合、组织跨界融合、内容跨界融合等是实现其目标的有效策略。

职业技能竞赛是高职教育成果展示平台，有助于实现产教深度融合，推动高职课程改革与专业建设，以赛促学、以赛促教、以赛促改、以赛促建是其功能定位，提升学生就业创业能力和办学质量是其主要目标。职业技能大赛赛项是立足专业或专业群、对接职业岗位或岗位群、符合专业或行业标准及企业用人要求，且由行业和企业及院校专家组成专家组负责开发和设计。职业技能竞赛赛项的设计要求说明跨界融合是其主要特征，具体包括目标跨界融合、内容跨界融合、产教跨界融合、开发团队跨界融合等。赛项设计的跨界融合性，决定了跨界融合贯穿于学生参赛全过程，备赛期间跨界融合度事关竞赛目标达成。

职业生涯教育是有目的、有计划、有组织地培养学生规划自我职业生涯的意识与技能，发展个体综合职业能力，促进个体职业生涯发展的活动。通过职业发展学习方面的教育，使学生具备自我评价、职业认知、目标设定、技能发展、职业生涯管理等一系列就业和职业发展所需能力是生涯教育的目标。“12231”职业生涯教育模式，即一个目标、二类课程、二个竞赛、三支队伍、一个保障，是作者供职学校职业生涯教育跨界实践的提炼和总结。

本书是作者主持的浙江省高等教育“十三五”第一批教学改革研究项目（项目名称：基于店长胜任力模型的“店长实务”课程思政教学改革研究与实践；项目编号：jg20180728）的研究成果之一，本书的出版得到该项目经费的资助。另外，作者主持的衢州职业技术学院2016年度校企合作开发课程《店长实务》研究项目（项目编号XQKC201603）和“衢州有礼”进课堂之课程思政试点项目《店长实务》（项目编号KCSZ201805）的部分研究成果也体现在本书之中，本书的出版也得到相关项目经费的部分资助。

本书共7章，第1章在界定就业、就业能力、可雇佣能力、可胜任力等概念的基础上，通过分析国内外就业能力研究现状及高职学生就业能力现状，提出基于跨界融合的高职学生就业能力提升策略。第2章简单介绍了利益相关者理论、价值共创理论、协同学理论、成果导向教育理论等基础理论。第3章介绍作者所在单位成果导向课程开发的全过程。第4章在分析就业能力培养与“三教改革”关系的基础上，研究了“三教改革”方法与路径，杨明斐和蔡维睿参与了该章的撰写。第5章在分析课程思政的内涵及其价值意蕴的基础上，研究了课程思政体系的构建和课程思政的实施路径，并给出学校的实践案例，李静提供“跨文化交际”课程的课程思政实践案例。第6章在简述职业技能竞赛对学生就业能力的影响的基础上，分析了职业技能竞赛在提升就业能力方面存在的问题，并给出应对策略；讨论了以职业技能竞赛为载体，推动高职院校创新创业教育方法。第7章在简述职业生涯教育内涵之后，分析了职业生涯教育对提升就业能力的积极效应；介绍了作者供职学校“12231”职业生涯教育模式设计及其实施路径，蒋雪芬和邵翔提供本章职业生涯教育实践案例。对各位合作作者一并表示衷心的感谢！

陶莉莉

2020年3月　浙江衢州

目　录

1 高职院校学生就业能力概述

2019年1月24日，国务院发布的《国家职业教育改革实施方案》开宗明义地指出“职业教育与普通教育是两种不同教育类型，具有同等重要地位”[1]，从而把职业教育摆在教育改革创新和社会经济发展更加突出的位置。职业教育以促进就业和适应产业发展需求为导向，是和社会经济发展结合最为紧密的教育类型。随着我国进入新的发展阶段，产业升级和经济结构调整不断加快，各行各业对技术技能人才的需求越来越紧迫，职业教育重要地位和作用日益凸显。

据麦可思研究院（My COS lnstitute）《2019年中国高职高专生就业报告》蓝皮书显示，近十年高职高专毕业生就业率稳步上升，近两届连续高于本科毕业生，2018届高职高专毕业生半年后的就业率为92.0%[2]。但是就业满意度明显低于本科院校，进而导致另一个严重问题——高职院校学生首次就业半年离职率居高不下，职业生涯的可持续发展性相对较差。在新的就业形式和环境下，就业难并非体现在难以就业，而是难以找到令自己满意的工作，反映出深层次的问题是高职院校学生就业能力欠缺，难以匹配和参与激烈的社会和职场竞争。据国家发展和改革委员会调查显示，2018年，我国技术技能人才仅占全体就业人员的22%，高层次技术技能人才数量占技术技能人才的比重不足30%，远不能满足各行各业对技术技能人才的需要[3]。高职教育作为技术技能培养见长的教育类型，应当凸显培育学生就业能力这一核心优势，担负起高端技术技能人才培养的重担。

就业能力是影响高职学生就业和未来职业终身发展的重要因素，它不仅指获得初次就业的能力，还包括维持和发展职业及获取新职业所需要的长期能力。在我国高等教育大众化以及走向普及化的背景下，高职院校学生就业能力的培养和提升是对人才培养目标的一种重新审视，是对人才培养理念与培养目标的一种更符合高校组织使命的阐述，更明确地回答了高职院校应该培养怎样的人才，如何培养人才等问题，能够使人才培养目标与社会对人才的需求实现对接。

在新的形势下，社会对高职院校学生的就业关注点从“就业数量”向“就业质量”转变，提高学生的就业能力是高职院校人才培养的关键目标，然而现有高职院校人才培养实践中普遍存在重技术技能教育、欠缺就业能力系统培育，企业参与学生就业能力培养的主动性不够等问题，行业企业用人需求与高校人才培养往往存在割裂的现象，导致高职教育人才培养的实用性和适应性不强，学生就业能力无法适应社会对人力资源的需求。

高职院校重视学生的就业能力培养和提升，培养学生学科学位知识和技能及通用技能，锻炼其情商，促使其开展反思和评价；引导学生进行自我探索和职场探索，并树立正确的价值观和择业观，增强学生适应并融入社会职业生活的各种能力，即就业能力，可以帮助个体在初入职场时顺利实现角色转换，并在后续的职业发展道路上保持个体与外部环境的协调发展。因此，高职院校要加强培养学生的就业能力，使学生能从容地解决个人在毕业、就业和再就业中发生的各种问题，树立正确的劳动观念和就业理念，在工作岗位上找到技术技能人才“人生出彩”的机会，切实体现“技能伟大、劳动光荣”的崇高价值；这不仅可以满足大学生自身职业发展和用人单位的需求，提升双方的就业满意度，也是当前高职教育工作的当务之急和整个社会发展的迫切要求。

1.1 核心概念内涵界定

在研究高职院校学生就业能力构成以及培养和提升路径前，一项基础工作就是要界定本研究的基本概念和相关概念间的辨析，包括就业、就业能力、高职学生就业能力等。

1.1.1 就业与就业能力

1.1.1.1 就业的概念

国际劳动工人组织认为，就业是指符合法律规定的工作年龄并且拥有劳动行为能力的工作者，从事一些社会工作并取得工作报酬的经济行为，并且具备以下几个基本特点：首先，就业行为人应该符合法律规定的劳动年龄，并且具备基础劳动能力；其次，劳动行为主体所付出的劳动要被整个社会所许可并认同；最后，劳动行为一定要有相应的酬劳，劳动行为人借助工作平台与生产资料顺利结合后，付出一定的合乎法律法规的劳动行为并获得一些酬劳，被看做达成了就业。

温池海（2000）在《劳动经济学》中认为就业是指达到法定劳动年龄、具有劳动能力的劳动者，运用生产资料依法从事某种社会劳动，并获得赖以为生的报酬收入或者经营收入的经济活动[4]。林凤祥（2004）认为实现就业需要满足三个条件[5]：首先，符合法律规定的劳动年龄，同时还要具备付出基础劳动的能力；其次，劳动主体提供的劳动行为必须要符合法律法规，其工作付出的劳动可以满足社会需求，包括实物和非实物；最后，劳动行为主体通过付出劳动进而获得一定报酬。还有些学者认为就业是一个过程，包括三个阶段：第一阶段是指找到工作岗位前，劳动行为人本身在专业理论知识与实践应用技能方面的准备阶段；第二阶段是指劳动行为人在具体劳动过程中的直接付出劳动力的直接就业阶段；第三阶段是指劳动行为主体恢复并加强就业基础能力和用人单位聘用能力的发展阶段即就业后阶段。

新经济和新就业形态下，就业的概念不管是内涵还是外延都发生了很大的变化，就业的含义更趋向于多元化，正规和非正规的就业界限正在模糊，受网络及弹性工作制的影响，部分时间工作制、兼职、灵活工作制、自我就业等形式将进一步发展。就业定义的关键在于获得的劳动报酬是否合法，而不应拘泥于劳动的种类和形式。

1.1.1.2 就业能力

就业能力最早在1909年由英国学者Beveridge提出，用来辨别人们是否具有劳动能力以及失业者是否能够被雇佣。但对于就业能力的定义目前尚没有统一的定论，国内外学者和机构因研究的需要和角度不同对于就业能力也有着不同的界定。

国外学者和机构对于就业能力的定义比较具有代表性的有：Hillage et al.（1998）认为就业能力是获得最初就业并维持就业以及必要时获取新的就业所需具备的能力[6]。Harvey（2001）认为就业能力是指个人找到适合个人专业素质的能力、适应工作的能力和失业后再就业的能力[7]。Fugate（2004）认为就业能力不仅包含个体识别工作机会、获取工作的能力，还包含个人在劳动力市场保持有吸引力的能力[8]。国内具有代表性的学者郑晓明（2002）认为就业能力是劳动者为实现自我价值而谋求职业，并为了追寻职业发展机会所具备的一种潜在的能力[9]。学者朱新秤（2009）则将就业能力定义为个体在劳动力市场中获得工作、保持工作以及转换工作时所具备的知识、技能、个性特征等各种条件的集合[10]。

就业能力是一个连续的动态的过程，不仅包括初次和再次获得就业的能力，还包括适应岗位迁移和职业发展的能力。因此，本书将就业能力定义为获取就业和在职业生涯中获得发展的能力。

1.1.2 就业能力与可雇佣能力

就业能力一词来源于英文“employability”，由于翻译和理解的差异性，有的学者翻译成可雇佣能力，有的学者翻译成就业能力。翻译成可雇佣能力的学者认为“employability”是可雇佣（employ）一词的名词形式，因此不能翻译成就业能力，其含义应是可雇佣性（宋国学，谢晋宇，2006）[11]。从相关研究来看，可雇佣能力从需求方，雇佣者（用人单位）角度出发，研究劳动者在人力资源市场中的就业及职业发展情况。而就业能力从供给方，被雇佣者（毕业生）角度出发，研究劳动者主动积极地获取就业和发展职业的情况，例如大学生的自主创业等。

因此，本书采用就业能力这一概念，研究高职学生选择职业与职业发展相关的个人能力培养与提升。

1.1.3 就业能力与可胜任力

就业能力是对传统可胜任力的发展，它与可胜任力有相同之处，也有不同之处。就业能力和可胜任力是同一范畴的术语，有共同的核心，美国模式、盎格鲁-澳大利亚模式和欧洲模式都将就业能力与可胜任力紧密联系在一起，既有研究明确胜任能力是研究就业能力的基本依据（宋国学，2008）[12]。

从概念上看，就业能力和可胜任力在一定程度上有互通之处。不同学者对就业能力的划分维度不同，大体上分为认知技能和非认知技能。认知技能包括知识和技能这些外显因素，非认知技能则是内隐因素，包括通用技能（可迁移技能）、情商、自我概念、特质和动机等。按照外显和内隐划分的就业能力，可以类似参照应用最为广泛和普遍认可的胜任力模型、冰山模型（Ice Model）和洋葱模型（Onion Model），认知技能则属于模型中易于观察的能力，而非认知技能则是位于“冰山”之下、“洋葱”里层不易观察和发展的能力。知识和技能是外显的部分，容易观察和发展，而通用技能（可迁移技能）、情商、自我概念、特质和动机是内隐的部分，不易观察到且较难发展。

就业能力与可胜任力也有不同之处，主要表现在视角的差异，与雇主关系的差异，与劳动力供求关系的差异，与经济发展状况关系的差异，与文化关系的差异等。可胜任力包含一组针对某一特定职业岗位的胜任力要素，是从事某一特定职业岗位的工作需要具备的各种能力构成要素的总和，具体包含完成特定工作所应具备的知识、技能和特征的综合[13]。可胜任力的主要研究对象是已经获得相应职业的劳动者，侧重于在职者角度，表明的是在职者具备的在其岗位上取得优异绩效的素质特点，偏重于在人力资源管理领域的应用。就业能力主要分析求职者获取职业和维持职业发展的能力，一般指潜在的就业者的能力，较多研究对象集中于大学毕业生这一群体的初次就业者，属于教育经济管理研究的范畴。就业能力更强调通用技能（可迁移技能），这对特定岗位和所有岗位的获取和出色工作来说都是必要的。可胜任力侧重具体岗位角度，主要是与“职务”和“岗位”关联。再求职或者工作岗位转换时，就业者需要具备一定的通用技能（可迁移技能）才能使得其可胜任力转换为就业能力，并向未来雇主展示以得到未来雇主的认可。

因此，本书采用就业能力这一概念，研究高职学生选择职业与职业发展相关的个人能力培养与提升，而不仅仅局限于职务和岗位所需要的能力。

1.1.4 高职学生就业能力

本书所讲述的高职学生就业能力首先是一种能力，是指大学生的一种个体能力，是一种综合能力。不同的研究者从不同的视角得出不同的定义，但不管是什么定义都是指学生获得工作的一种能力（Harvey，2001）[7]。郑晓明（2002）认为大学生就业能力是指大学毕业生在校期间通过知识的学习和综合素质的开发而获得的能够实现就业理想、满足社会需求、在社会生活中实现自身价值的本领[9]。Yorke（2004）认为大学生就业能力是指能使大学毕业生更容易获得职业和在其所选择的职业中获得成功发展的一系列技能、知识和人格特征[14]。而且大学生就业能力是一种综合的且具发展性的能力，这一能力具有主体性、发展性和综合性等特征（向从武，2007）[15]，这种能力使得大学毕业生保持工作以及获得晋升的可能性增加（谢志远，2005）[16]。还有学者从就业观、外部环境适应等方面提出观点。GiSeung（2008）指出“高职院校毕业生的就业是一个涉及很多方面的问题。不同的教育阶段和背景对高职毕业生的就业产生影响，要求高职院校毕业生努力调整就业观”[17]。也有学者增加自主创业和再就业经验，Rydon（2008）等人指出“由于缺乏就业条件，大学毕业生可能在第一次就业时失败，但凭借一些经验，他们也可能在第二选择中获得更好的工作”[18]。

从上述国内外研究者对大学生包括高职院校学生就业能力的定义中可以看出，大学生就业能力是一种获得工作、保持工作、取得工作进步的一种综合能力。不仅仅是获得工作的能力，还包括保持工作的能力以及在工作中进一步发展的能力。高校是大学生完全进入职业系统的最后一个环节，是大学生获取未来职业能力的重要场所之一，这要求高校必须清醒地认识这一点，加强大学生职业相关能力的培养，提升大学生未来的职业素养、职业相关的知识水平等，让培养出来的人才能够适应社会的需求，能够使其获得适当的职业，也即必须培养和提升大学生就业能力。

1.2　国内外就业能力研究现状

1.2.1　就业能力内涵的国内外研究

什么是就业能力，如何进行高职院校学生就业能力开发等问题的回答，是对什么是高等职业教育质量的最好回应。在高等教育大众化和多样化的背景下，高职院校学生就业能力的强弱，直接表现为学生是否能在职业选择和职业发展中获得成功，体现了高职院校人才培养目标的实现程度及这种目标与社会需求符合程度。《国家职业教育改革实施方案》指出“以学习者的职业道德、技术技能水平和就业质量，以及产教融合、校企合作水平为核心，建立职业教育质量评价体系”[1]。高职院校学生的职业道德、技术技能水平和就业质量是评估职业教育质量的重要指标。

就业能力内涵的研究视角是随着时间的推移而变迁的。20 世纪初，英国首先出现了就业能力的概念，随着社会和经济的变化，研究对象也发生变化，从失业者和低技能者，再到涉及所有的劳动者，包括高校毕业生；从就业者到组织，再到就业者和组织相结合的主体。此外，对大学毕业生就业能力的研究日益成为就业能力的热点研究领域之一。研究者关注接受正规教育的个人就业能力，尤其是大学生的就业能力。国内外文献对就业能力内涵研究有较为充分的讨论，虽没有统一的清晰结论，但大致分为两类研究视角，即基于个人能力结构的视角和关注就业结果的视角。

从个人能力结构视角，国际劳工组织将就业能力定义为劳动者获得和保持职业机会，并在职业发展中取得提升以及应对职业变化的能力。英国教育与就业委员会的定义与国际劳动组织的定义类似，也强调劳动者获得和保持工作的能力（阎大伟，2007）[19]。Hillage et al.（1998）也认为就业能力是通过获得持续就业实现个人潜能的一种能力[6]。Heijden（2002）等人提出了一个综合的就业能力概念，认为就业能力的内涵包含劳动者的能力和动机，包括态度、品质、教育条件等[20]。叶文通（2017）在《志愿服务对高职学生就业能力提升的作用》中提出高职学生的就业能力应被理解为一种获得和保持工作以逐步提升能力素质的能力[21]。

从就业结果和职业认同的角度，就业能力是个体获得、保持和胜任某项工作的能力，具体包含人际交往能力、决策能力等。Rothwell et al（2007）认为就业能力是获得和保持自己理想职业的能力[22]。陶爱祥（2005）认为大学生就业能力是大学生获取与其期望相符的职业并适应职业需求进而胜任所选职业的能力[23]。

1.2.2 就业能力构成的国内外研究

美国、加拿大、澳大利亚和欧盟等发达国家和地区从20世纪80年代中期陆续开始就业能力结构开发与测量的研究，大多是由政府组织或政府授权、资助的就业能力技能研究机构开展研究。政府重视就业能力技能的识别、测量，希望通过就业能力技能的开发能提升国家的产业竞争力。

不同国家对就业能力有着不同解读，对就业能力构成的划分也各有千秋。澳大利亚教育研究委员会（ACER）认为人的就业能力不仅是完成工作的能力，同时也包含在企业中不断地获得进步继而更好地发挥自己的潜能，为企业的核心战略发展做出积极贡献的能力。英国产业联盟（CBI）提出六种关键技能即沟通、解决问题、个人技能、数字、信息技术、提高自己学习能力和绩效。加拿大的就业技能“2000+”确定了三类就业技能，第一类是基本技能，包括沟通、信息管理、运用数字、思考和解决问题；第二类是个人管理技能，包括展现积极的态度和行为、责任、适应性、持续的学习、安全的工作；第三类是团队协作技能，包括与他人协作、参与项目和任务（The Conference Board of Canada，2000）；无论是被雇佣，还是自主创业，这些就业能力都是工作必需的关键技能，它们同时也能在日常的、个人生活中被应用，与其他国家不同的是，加拿大的研究并不重视毕业生的领导力或组织能力，而是重视学习的持续性、适应性和安全性。美国就业技能调查委员会（SCANS）认为就业技能是指有效地使用资源、人际技能、信息、系统和技术的能力，即五大胜任力；资源能力包括识别、组织、计划和分配资源的能力；人际技能主要涉及与其他人一起工作的能力；信息能力包括获取和使用信息的能力；系统能力主要是理解系统复杂内部关系的能力；技术能力主要指选择和应用技术的能力。SCANS 认为五大胜任力建立在基本技能、思维技能和个人品质三部分构成的基础上；基本技能是指听说读写、数学能力，思维技能包括创造性思考、解决问题、预见、推理等能力，个人品质包括责任、自尊、自我管理、正直等；SCANS 确定的五类胜任力和三方面基础不仅对于获取岗位非常重要，而且对于未来职业生涯的成功也很重要（U. S. Department of Labor，1991）[24]。

就业能力构成与就业能力内涵息息相关，国内外众多学者从不同的视角运用不同的方法对就业能力构成进行研究和分析，表 1-1 为不同学者给出的就业能力构成要素。

表 1-1 就业能力构成要素

学者	构成要素及细分	
Yorke & Knight，2003[25]	个人特质	情商、适应力、自信心、学习的意愿和环境反应能力等
	核心技能	计算能力、倾听技能、沟通技能、自我管理能力等通用能力
	过桎技能	应用学科知识的理解力、计算机能力、团队工作能力、谈判能力等
Fugate，2004[8]	职业生涯的识别	对个人职业期望的确定
	个体适应性	个体适应不断发展变化的职业环境的能力
	社会人际资本	个体展现个人能力的能力
马小辉，2007[26]	基础技能	沟通能力、信息管理能力、数理运算能力、思考和解决问题能力等
	个体管理技能	个人的态度和行为、责任感、适应性等
	团队工作技能	团队协作
Dacre Pool & Sewell，2007[27]	职业相关的专业知识、实习经历、学历、逻辑推理能力、团队合作能力、忍耐力、沟通能力等一般能力、情商、自信心、自尊和自我有效的管理	
郑晓明，2002[9]	专业能力、学习能力、解决问题的执行能力、实践能力、应聘技能和职业环境的适应能力	

续表 1-1

学者	构成要素及细分
曾湘泉，2004[28]	专业知识和技能、敬业精神，持续学习的意愿、沟通协调能力、解决问题的能力
肖贻杰，2010[29]	职业能力、自主能力、创新创业能力
陈佩华，2012[30]	专业能力、人际沟通能力、适应职业环境的能力、自我发展能力、团队合作能力、情商和外语和计算机运用能力及从事实际工作必需的思想素质和心理素质等
张弛，2015[31]	定向能力，行业通用能力、职业求“真、善、美”的能力等

1.2.3　就业能力开发的国内外研究

英国在就业能力测量模型的开发和拓展领域取得较大的进展，对提高英国大学生可雇佣能力作出重大贡献。影响比较广泛的是 Fugate（2004）提出的心理社会建构模型（psycho-social construct）[32]；Yorke 和 Knight（2004）提出的学科理解力—专业技能—自我效能感—元认知能力模型（USEM 模型）[33]；Pool 和 Sewell 于 2007 年在 DOTS 模型与 USEM 模型综合分析的基础上，提出的 Career EDGE 模型[27]。

心理-社会性建构就业能力模型是以个性为中心，包含个人适应性、社会和人力资本和职业生涯意识。个人适应性是指个人满足环境需要的意愿和能力，包括知识、技能以及内在的特质。社会和人力资本是指个人拥有的可以用来影响职业生涯发展的社会网络，比如教育背景、工作经验、情商等。职业生涯意识指个人为了实现其目标而积极发展的程度，包括在职业中的自我定义、职业目标、价值观、主动交往的意识和时间观念等。

USEM 模型在就业能力研究领域中应用较为广泛，包括理解能力、技能、自我效能和元认知是四个组成部分。理解能力是指对专业知识的理解，技能是指专业技能和通用技能，自我效能主要表现为自信心，元认知是指对自我的反思。这四个要素之间相互作用相互联系（见图 1-1）。

由于 USEM 模型偏向于理论化，不易理解和操作，为了克服这一缺点，英国中央兰开夏大学（University of Central Lancashire）就业能力中心的研究者 Pool and Sewell 于 2007 年以 USEM 为基础提出了 Career - EDGE - The Key to Employability 模型（见图 1-2），该模型认为可雇佣能力由对职业发展学习、学科知识理解、通用技能、工作生活经验及情商等五项底层能力的反思和评价形成自尊、自信及自我效能三大核心要素构成。同时，该模型还表明了各要素之间的相互作用关系，具有简明实用的可测量性，被广泛应用于高等教育学生可雇佣能力培养与发展。

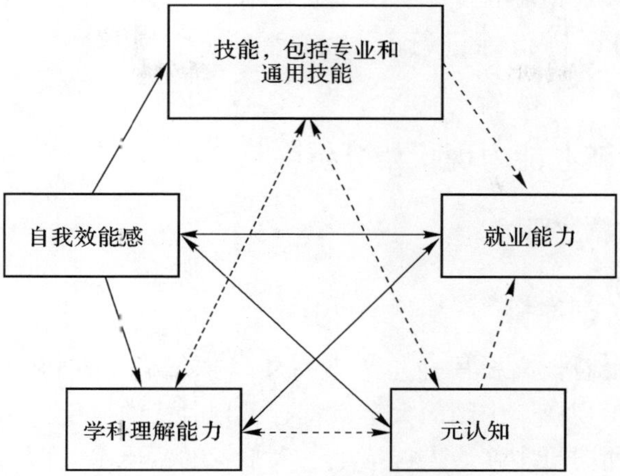

图 1-1 USEM 就业能力模型

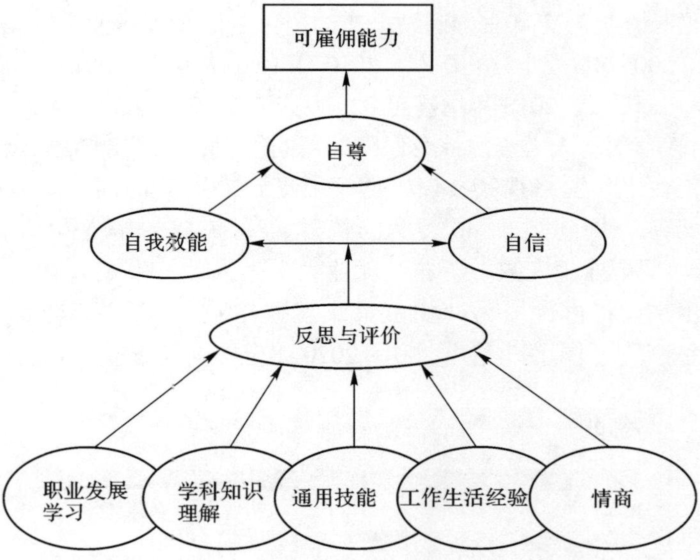

图 1-2 Career-EDGE-The Key to Employability 模型

Career EDGE 模型自引入中国后，广泛地应用于对学生就业能力的测量研究中，并被认为是有效且实用的。如马永霞和薛晗（2016）对 Career EDGE 模型的内容体系和实践应用进行详细的解析，认为该模型可以有效测量大学生的就业能力[34]；何雪莲（2018）基于 Career EDGE 模型对高职学生的就业能力结构现状开展调查，并提出优化策略[35]；董毅等（2019）基于 Career EDGE 模型对硕士毕业生就业能力状况进行调查分析并提出提升路径[36]。

然而，现有研究大多只是应用该模型对大学生就业能力进行评价，鲜有对该模型基于中国实践的拓展和优化，少数研究结合 Career EDGE 模型及其他相关理论对就业能力的评价指标进行开发和完善（李博等，2014[37]；舒长江等，2014[38]）。

1.3　高职学生就业能力现状与分析

1.3.1　高职学生就业现状

1.3.1.1　高职学生就业数量

从就业数量上看，高校毕业生人数每年呈递增趋势：1999 年开始，中国的大学开始扩大招生规模，中国的大学教育有了划时代的改变，由面向少量高质量的学生招生变为面向更多普通人群招生，入学者的素质水平由高水平降为大众水平，中国高等教育迅速实现了从精英阶段到大众阶段的跨越式发展，增长速度史无前例。高校的扩展推动了高职高专教育的大发展，高职高专院校及学生的数量都同步快速增长。据教育部官方网站公布的历年全国高校毕业生数据显示，2001 年 114 万人，2005 年达到 338 万人，2010 年有 631 万人，2015 年有 749 万人，2016 年达到 765 万人，2018 年增高至 820 万人，2019 年达到 834 万。2019 年 10 月 30 日，由教育部、人力资源社会保障部共同组织召开了 2020 届全国普通高校毕业生就业创业工作网络视频会议，会议中提到，2020 届高校毕业生规模预计将达到 874 万人，同比增加 40 万人，高职高专院校的毕业生人数占将近一半[39]。综合应届毕业生人数、历届未就业大学生人数、失业人数等，2020 年对于高校毕业生来说将再次成为“史上最难就业年”，或者说每年都是最新一年“史上最难就业年”。图 1-3 给出 2001～2020 年全国高校毕业生人数。

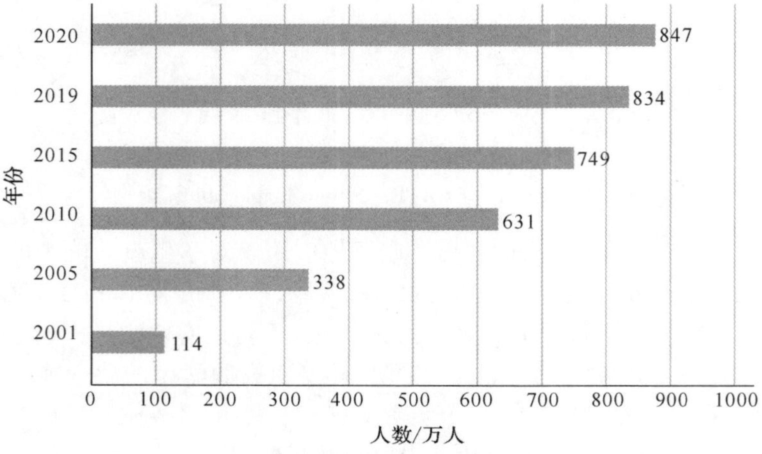

图 1-3　2001～2020 年全国高校毕业生人数

2018 年，全国有职业院校 1.17 万所，年招生 928.24 万人，在校生 2685.54 万人。其中，中职学校 1.03 万所，年招生 559.41 万人，在校生 1551.84 万人，招生和在校生分别占高中阶段教育的 41.37%、39.47%；高职（专科）院校 1418 所，年招生 368.83 万人，在校生 1133.7 万人，招生和在校生分别占高等教育的 46.63%、40.05%。我国高等职业教育的发展规模在高等教育中已达“半壁江山”，持续增加的高职高专毕业生人数为整个社会大环境的就业形势带来巨大的压力，社会各方都在关注这一问题。

1.3.1.2　高职院校学生就业率

从就业率上看，据麦可思研究院就业蓝皮书《2019 年中国高职高专生就业报告》[2] 显示，近十年高职高专毕业生就业率稳步上升，近两届连续高于本科毕业生。2018 届高职高专毕业生半年后的就业率为 92.0%，与 2017 届（92.1%）基本持平。从去向分布来看，高职高专毕业生以就业为主，但就业人群占比有所下降。2018 届高职高专毕业生“受雇全职工作”的比例为 79.9%，较 2017 届（80.8%）略有下降；“自主创业”的比例为 3.6%，较 2017 届（3.8%）略有下降；“受雇半职工作”的比例（2.1%）与 2017 届（2.0%）基本持平。与此同时，升学对高职高专毕业生的分流作用持续扩大，毕业后读本科成为越来越多毕业生的选择。数据显示，2018 届高职高专毕业生“毕业后读本科”的比例（6.3%）较 2017 届（5.4%）上升了 0.9 个百分点，近七年应届高职高专毕业生读本比例持续上升，可见应届高职高专毕业生追求学历提升的意愿不断增强，而升学对毕业生的分流也促进了就业率的稳定。2018 届高职高专毕业生“无工作，继续寻找工作”“待定族”（不求学不求职）的比例为 7.5%，与 2017 届（7.5%）持平。2018 届高职高专毕业生就业最多的用人单位类型是 300 人及以下规模的民营企业/个体（61%）。图 1-4 给出 2016～2018 届高职高专毕业生半年后的去向分布变化。

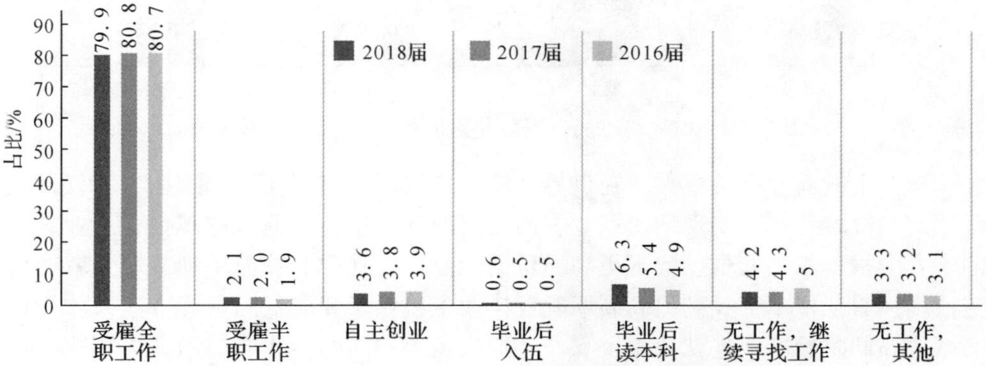

图 1-4　2016～2018 届高职高专毕业生半年后的去向分布变化

1.3.1.3 高职院校学生离职率

2018 届高职高专毕业生半年后的就业率为 92.0%，略高于普通本科院校的 91%。表面上，似乎高职院校毕业生的就业情况还算可观，可事实上高职院校的就业率仍有一定提升的空间，而且隐藏在“就业率”背后的却是职业稳定性差、流失率高、就业质量差及专业对口率低等就业问题。据麦可思研究院调查显示，2018 届高职高专毕业生毕业半年内的离职率为 42%，在半年内离职的 2018 届高职高专毕业生中，主动离职的主要原因是“个人发展空间不够”（44%），“薪资福利偏低”（48%）；专业相关度为 62%，毕业生选择与专业无关工作的主要原因是“专业工作不符合自己的职业期待”（32%）；其次是“迫于现实先就业再择业”（26%）；就业满意度为 65%，对就业现状不满意的主要原因是“收入低”（67%）、“发展空间不够”（53%）。2015 届高职高专毕业生有 50%在毕业三年内转换了行业，49%转换了职业。这里应该关注的是，经常性跳槽对以后职业生涯的发展并不有利甚至可能会打击自信心和降低自我价值感。由此可知，高职毕业生对于自身的工作并不十分满意。其中，高职院校毕业生对就业现状不满意的主要原因包括收入低、发展空间不够、工作氛围不好、工作环境条件不好、加班太多、工作能力不够造成压力大、工作不被领导认可等 7 个方面。高职院校学生的就业状况并不十分乐观，毕业半年后的就业率较高，但就业满意度较低，离职率不低，也就是高职学生在寻找合适的工作、满意的工作方面差强人意，这也反映出高职学生的就业能力亟待提升。图 1-5 给出了 2016~2018 届高职高专毕业生半年后就业状况分析。

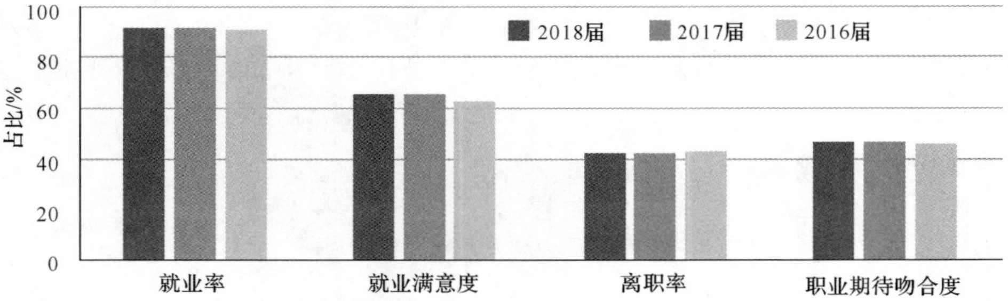

图 1-5 2016~2018 届高职高专毕业生半年后就业状况分析

毕业生的就业事关重大，在世界经济飞速发展的背景下，“就业”不仅仅只是提高初次就业率，实现初次就业，而是实现高质量、高追求的现代化就业。党的十九大报告指出要推动实现更高质量的就业，加强职业技能培训，增强就业稳定性。只有从根本上找到提高高职院校毕业生就业率和质量的可行方法，才能切实解决高职院校毕业生就业率不高、就业质量差的问题，才能推动高等职业教育突飞猛进。

1.3.2 高职院校学生就业能力培养的重要性

随着时代的发展与进步，国内外的关注热点由就业数量逐步向就业质量转移，职业生涯是否成功，要看他在劳动力市场中是否能够持续受雇。随着时间的推移，有人用“终身就业能力”一词代替“终身就业”。高职院校培养高职院校学生的就业能力对于高职院校学生顺利就业、满足劳动力市场需求以及高职院校自身建设都具有重要作用。

1.3.2.1 有利于促进学生实现全面发展

从利益相关者理论审视，学生是大学最重要的利益相关者之一。“大学如果没有学生，学术成就终归会枯萎”；大学的学生如果不能顺利实现就业，大学终归会成为无源之渠；而学生如果不具有就业能力，顺利就业就会是空谈口号。高职院校学生所具有的就业能力决定其是否能顺利就业，更决定着其能否满意就业和高质量就业，因为高职院校学生就业能力与高职院校学生就业质量成正相关关系[40]。

就业能力的培养及其提升，有利于实现学生智力资本升值，有利于他们更好地开启自己的职业生涯、发展自己的职业生涯，从而实现成功的终身职业生涯。相关实证研究表明，对学生及其家长而言，大学学习的就业目标比知识目标更重要，而学习的动力源则是经济利益驱动比追求知识更重要。促进学生就业及其未来的职业发展，而非单纯让学生从大学毕业、获取证书，是学生及其家长、政府、学校持续地投资高等教育的更加充足的理由。麦可思研究院的调查也表明，家长与孩子在填报高考志愿时侧重选择理想专业者多于理想大学者，侧重选专业者衡量专业好坏的首要标准是将来就业质量[2]。可见，对学生及其家长而言，提升就业能力从而获得成功的职业生涯才是更加重要的目标。

1.3.2.2 有利于促进企业人才需求的满足

从麦可思研究院的调查数据可以看出，高职院校的就业率连续两年都高于本科院校，但是毕业半年后的离职率却一直居高不下，毕业生不符合企业要求和稳定性太差是困扰企业的主要问题，导致很多企业“月月招新人，月月辞新人”的现象，不利于企业的良性发展。解决这一问题的关键在于供给侧的改革，在高职院校学生的人才培养质量、学生就业能力提升上作文章，下工夫，努力使学生在就业中“留得下、用得上、做得好”。提升大学生就业能力，用人单位的人才需求满足程度将会提高，从而在一定程度上缓解毕业生就业困难和用人单位招聘困难并存的供需矛盾，实现人职匹配。

1.3.2.3　有利于高职院校人才培养质量提升

高职院校应该让毕业生具备更广意义上的就业能力，不仅是毕业时获得第一份职业的能力，也应包括未来职场中保持职业、变换职业的能力，从而促进大学生终身职业生涯发展。高职院校人才培养促进就业导向的实质，并不是仅仅关注学生大学毕业时的求职择业，还应为学生终身职业发展提供必要的能力开发活动（陈勇，2012）[41]。高校工作千头万绪，但有两项工作必须认真抓好，一是学生的入口，二是学生的出口。相比而言，出口更重要，只有出口畅，才能入口旺。沈红等（2015）认为，尽管实施高等教育不是单纯为了学生就业，但学生能够顺利地实现个人满足和社会满足的就业，则表征了高等教育机构的办学能力、为社会服务的能力和自身持续发展的生命力[42]。

在学习型时代的环境下，高职院校毕业生为了能够更好地工作必须拥有必要的品质，高职院校学生正处于就业能力提升的黄金期，年轻又朝气蓬勃，对未来充满着热情和期待；正处于记忆力、学习力和新事物接受能力最佳的年龄期，是树立正确价值观念，养成良好的职业道德和职业心理的关键时期，正处于人生起步的关键阶段，他们尚未褪去青涩，但对积极参与社会、贡献社会、在广阔社会中实现自我的人生价值具有强烈的期盼。高职院校在培养就业能力方面担任着关键的角色。对于社会，教育的一个基本功能就是培养人们以满足劳动力市场的需求。

高职院校的毕业生在职业上取得的成功成为衡量教育，尤其是职业教育质量的一个关键因素。社会对高职院校人才培养质量的评价，主要是将毕业生的质量作为高等教育的外显质量特征加以评价。毕业生能否很好地适应国家、社会、市场的需求，又是毕业生质量外部整体评价的主要依据。因此，社会对高职院校人才培养质量的评价就直接基于学生就业情况，而学生的就业能力及就业结果则是最直接的评价指标。

1.3.3　当前我国高职院校学生就业能力培养存在的问题

1.3.3.1　对高职院校学生就业能力培养的认识不足

就业能力不仅是指获得工作的能力，更重要的是维持工作和获得职业发展的能力。高职院校秉承“以服务发展为宗旨，以促进就业为导向，坚持适应需求、面向人人，坚持产教融合、校企合作，坚持工学结合，知行合一”的理念，培养高素质的技术技能型人才。但是高职院校高就业率和高离职率的数据下，反映出来的是高职院校对学生就业能力培养的认识不足。在人才培养过程中，没有将就业能力的培养嵌入各个环节，把就业能力仅仅视为获得工作的能力，注重学生的就业率而忽视学生长期职业发展，没有将就业能力视为一种给予学生终身有益的持续发展的能力，并将其作为人才培养的目标。现在大部分高职院校存在就业能力培养内容体系欠缺、方法单一滞后，职业生涯规划指导不足、全员全过程培养不够，将就业能力培养完全等同于就业指导等问题。

1.3.3.2 就业能力培养内容缺乏系统性和时代性

高职院校较本科院校而言，在专业培养方面更具针对性和直接性，导致大部分高职院校重视技术技能培养，忽略其他就业能力的培育，如何指导学生在扎实的专业本领之上成为一个优秀的职业人和社会人，这并没有融入高职院校的育人过程。按照 Career EDGE 模型，职业发展学习、工作与生活经验、学科专业知识和技能、通用技能和情商这 5 大基本要素共同影响学生就业能力的形成。在人才培养的过程中仅仅重视学科专业知识和技能的传授和实践，这是远远不够的。学生就业能力的培养并不是一蹴而就，而是需要一个长期的过程和系统的指导。

从目前情况来看，很多高职院校关于就业能力培养没有形成系统性，就业能力培养和职业生涯教育并没有贯穿于高职院校的整个育人环节，校内各部门各自为政，学生就业能力的培养简单地等同就业指导，往往由学生处就业部门来承担，专业课教师则着重于专业知识技能的培养，各守一亩三分地。然而，高职院校在为社会培养人才的同时，重要的是立德树人、关注学生的发展和高质量的就业，在毕业后能够在就业市场有较强的竞争力，切实增强职业教育的吸引力。随着社会经济的发展，不断涌现的新兴行业和变化的岗位要求，更是对高职院校的教师、教材、教法、生涯规划和就业指导提出了新的挑战。教师是实施教育教学的基础，是学生就业能力培养的主要力量，要以良好的专业素养与职业道德、使命感为支撑，对学生就业能力发展做出积极主动的介入教育，予以科学指引、系统教育，开展课程思政，提供正向力量。

1.3.3.3 学生就业目标模糊，社会心态不稳

据众多对高职院校学生就业能力的调查发现，高职院校学生对就业能力认知不深入和不全面，对择业和就业感觉迷茫，对就业需求认知不理性。学生对就业能力的内涵并不十分清楚，大部分认知停留在专业知识和技能，这与高职院校学生的年龄和相关就业能力培养不足具有直接关系。

学生对就业能力和就业需求认知的不理性，导致学生就业目标模糊，就业期盼与实际就业能力存在矛盾，过低期盼和过高期盼共存。首先表现在对薪金的期望，据调查 32.4%的高职院校学生就业薪金期盼高于 6000 元，12.7%的学生甚至超过 8000 元。用人单位表示将近 40%的高职院校学生存在“眼高手低”的问题，有超过 30%的学生存在“骑驴找马”的工作心态，将近 50%的用人表示个别高职院校学生存在“干几天就走”的问题，频繁跳槽是普遍现象。薪金的过

高期望和职业稳定性不足在很大程度上反映的是高职院校学生就业目标模糊、责任心缺乏。

社会心态是人们对自身及现实社会所持有的较普遍的社会态度、情绪情感体验及意向等心理状态。目前，高职院校学生毕业进入社会，在职场普遍表现出缺乏耐心和工作热情、自律意识和能力不足、组织观念弱化、人际交往障碍以及频繁跳槽等现象，而用人单位又非常看重学生的职业道德、人际沟通、解决问题等能力。现代社会对人才的考量标准已逐渐倾向于对主体品质的考量，《国家职业教育改革实施方案》也明确指出，以学习者的职业道德作为职业院校教育质量评价体系的重要指标。但高职院校学生对职业道德的理解比较浅薄，局限于不迟到不早退、按时上班、不做违背单位规则的事，对职业信仰、诚实守信、职业礼仪等必须要素缺乏理解和重视，并容易受复杂社会道德现象的冲击，出现认识不理性和道德信仰陨落、道德自律不强等问题，缺少对职业道德现象的正确判断和理解。社会的焦虑情绪、心态浮躁、贫富差距、资源不均等现象，对缺乏良好社会心态的高职院校学生带来消极影响，出现功利思想、盲目崇拜“成功学”等消极行为。多元化的网络干扰，拜金言论、低俗直播、恶意炒作等现象层出不穷，给缺乏阅历和自我判断的学生带来价值迷茫，影响其价值取向，导致高职院校学生在复杂的文化干扰下出现就业迷茫、就业观念错误、社会心态不稳等问题。

“宅”是部分学生的常态，不主动进行人际沟通，在人际交往过程中缺乏自信，与老师学生缺失互动和交流，久而久之出现不善于表达、内心封闭、性格孤僻等问题。在实习过程中，有很多学生表示不知道该如何处理上下级和同事的关系，在人际关系处理和交流沟通方面存在障碍，不仅造成在实习过程中问题频出，也导致工作开展不顺利，学习效果打折扣，并影响学生就业能力的形成。沟通交流能力是重要的社会心态表现方式，也是用人单位特别看重的就业能力，以连锁经营管理专业为例，连锁企业门店店长是其人才培养目标，而门店店长在工作过程中需要不断与人打交道，无论是连锁企业内部的沟通交流还是与客户的服务与管理，良好的沟通能力都能为其职业生涯的发展助力。

1.3.3.4　学生就业期盼矛盾，缺乏健全的就业心理

受传统人才观的影响，社会整体对高职院校学生就业包容度和认同度相对较低，人们往往推崇“学而优则仕”的成才模式，注重学历优而非能力优，这在很大程度上让高职院校学生造成自卑心理，消极影响正确就业观念和就业期盼的形成。通过对学生和家长的访谈，有将近 30%的学生将就业目标定位为公务员、事业单位、大中型国企或者自主创业，收入要达到中等水平以上；有 30%左右的学生受到家长和老师“先就业后择业”观念的影响，以能找到一份工作为目标，就业期望过低；也有部分同学依赖父母，寻求“特权”，是非理性的就业期盼。

由于高校有就业率考核要求，就业率会影响学校的声誉和招生，有些学校也会要求学生毕业必须就业，必须签订就业三方协议，导致学生为了毕业而不得不违背自己的发展意愿而就业，造成学生对就业岗位不感兴趣，出现就业后频繁更换工作的现象。学生对就业期盼的迷茫，导致理想的就业期盼和实际就业存在矛盾，造成就业后工作的不稳定、缺乏积极性。

高职院校学生由于年龄的局限、生活阅历缺乏、工作经验不足带来就业心理问题，主要表现为自卑心理、从众心理和虚荣心理，这给高职院校学生就业带来障碍。很多高职院校学生在择业和就业的过程中存在盲目从众的心理，在择业和就业方面缺少自我的主观思考和意见（或对自我意见不坚定），容易被外部环境、周边人群的思维和行为所干扰，继而使自我就业观念、判断和选择被改变。例如，受社会和家庭的影响，对职业选择从众，选择“铁饭碗”“体面”等事业单位、国企等就业单位；部分学生在择业时，看到其他同学对就业城市的选择，不经深入考虑，受到从众心理影响跟随选择；部分学生表现为创业选择从众，仅是为了逃避就业岗位竞争或羡慕他人创业成功获取的成果，选择了自主创业，使得其在具体创业过程中无从下手。

1.4 跨界融合：提升高职学生就业能力有效策略

1.4.1 跨界融合

1.4.1.1 边界的内涵

系统边界是系统与环境（或系统）的分界面，它是用以区分系统与环境（或系统）的本质不同和系统所包含的要素的界限。一方面，系统边界对系统与环境来说具有一定的隔离作用，这不仅对系统的形成与保护有重要意义，而且使各种系统共处于同一环境中也不丧失其独立性；另一方面，系统与外界环境的物质、能量、信息的交换是通过边界进行的。

组织边界是组织的一项基本特征，组织与环境之间，组织内部各个子系统之间也存在着界限，从某种意义上来说，边界定义了组织开始与终止的地方，且一般情况下将组织视为一个开放系统，即与外界环境存在物质、能量、信息交换的系统。组织边界具有双向可渗透性、模糊性、动态性等特征；边界的类型可分为保护性边界与开放性边界，也可分为物理边界、社会边界与心智边界等，其中心智边界指的是由于对组织环境间关系的认知而形成的边界。

1.4.1.2 跨界的内涵

结构耗散理论认为，系统需要与外部环境不断地进行物质、能量和信息的交换，才能促使系统保持稳定并朝向更加有序的方向推进。组织、团队和个人都是如此，都需要不断地与外界环境交换才能保持稳定，并促进整体绩效的提升和实现预期目标。组织要想从外部环境中获取组织生存和发展的各种资源，必须要跨越边界，与外界形成一系列的互动与交流，这就产生了跨界，可以认为跨界是为了维持组织生存和发展，与外界保持协调并获取资源和反馈的过程，是应对外部环境不确定性的一种有效机制。依据跨界的主体不同，可将跨界分为以高层管理者代表组织与环境进行互动交流的组织层次跨界、以团队为跨界管理重要实施者的团队层次跨界及个体层次跨界；依据跨界的任务不同，也可将跨界分为使节跨界、任务协调跨界和总体信息搜寻跨界；根据跨界维度不同，也可分为技术跨界、学科跨界、行业跨界和市场跨界等。跨界行为的目标是实现组织、团队或个人的绩效和任务目标；跨界行为的结果是激发创新、提升绩效。一般来说，适当的跨界行为才能有效促进创新和绩效提升，过强或过弱的跨界行为一般均不利于创新和绩效提升。

更广泛地说，跨界是一种打破现有框架、脱离原有束缚，将系统、领域外和内部已有的理念、技术、资源等进行重新组合，从而使不同系统、领域的各要素互相渗透和融合的行为。根据《辞海》的相关解释，“跨界”本意是打破封闭，不同领域和对象之间相互融通。“跨界”是相对于隔离和分散而形成的修正性概念，既可以是地理意义上的融合也可以是观念文化的统整。“跨界”也是一种哲学性的思考与研究方式，表示基于到达整体性的多元吸收并进行有序排列组合的尝试性努力。

1.4.1.3　融合与跨界关系

物理意义上融合指熔成或如熔化那样融成一体。心理意义上融合指不同个体或不同群体在一定的碰撞或接触之后，认知、情感或态度倾向融为一体。文化意义上融合是指民族文化在文化交流过程中以其传统文化为基础，根据需要吸收、消化外来文化，促进自身发展的过程。融合的本质属性，是两个或更多主体在分解之后的重组，是对于原本的双重性的新的带有阶梯进步性的整合。

当前跨界的概念更加广泛，作为突破原有思维禁锢的一种创新形式，泛指不同系统、领域的知识、信息、技术、资源、理念、文化、品牌、元素或要素等的相互渗透和融合，它代表着一个整合时代的到来。也就是说跨界的本质是整合、是融合，通过自身资源的某一特性与其他表面上不相干的资源进行随机的搭配应用，可放大相互资源的价值，甚至可以融合一个完整的独立个体面世。融合也可以理解为实现跨界的路径，不同主体、层面、维度、目标的跨界可以通过不同主体、层面、维度、目标的融合来实现。

1.4.2 跨界融合是职业教育的重要特征

1.4.2.1 职业教育的类型特征

2019年1月，国务院印发《国家职业教育改革实施方案》，明确指出“职业教育与普通教育是两种不同教育类型，具有同等重要地位”，并要求职业教育办学要“由参照普通教育办学模式向企业社会参与、专业特色鲜明的类型教育转变”[1]，这是职业教育的类型教育属性得到进一步确认，也是提高职业教育社会地位，切实促进职业教育社会认同的重要论断，具有非常深刻而长远的意义。

职业教育作为类型教育，这就意味着，职业教育作为与社会经济发展结合最为紧密的教育类型，有着其独特的发展规律和普通教育不可替代的教育特征。姜大源教授（2019）从类型教育的特征角度提出职业教育具有跨界、整合和重构三大特征，即从一元结构走向跨界的双元结构的办学格局，从单一需求走向整合的双重需求的社会价值，从单维思维走向辩证的多维思维的逻辑工具[43]。刘林山（2019）认为培育匠心匠艺、提供有效社会服务、推进教育协调发展是类型教育的特色，具有开放性、社会性、适应性和全民性的特征[44]。彭振宇（2019）认为职业教育具有跨界性、职业性、多样性、终身性和普惠性[45]。强调职业教育是类型教育，明确了办好职业教育的方向，平和光（2019）认为职业教育举办者要在院校设置、师资队伍建设、专业设置、人才培养模式改革、教育教学方法创新、管理模式改革、评价方法改革等方面，体现职业教育属性，凝练职业教育类型特征，体现职业教育办学方向，要加强职业教育研究并贯通职业教育体系[46]。

职业教育向类型教育转变，要构建独立完善的职业教育理论体系和结构体系，由单一的学校主体办学向政府、企业和社会力量多元主体参与办学转变，为受教育者提供多种入学渠道和学习方式，贯通上升通道，适应百万扩招要求，建立多元特色的招生制度，持续提升人才培育质量，深入推进1+X证书制度试点工作，充分调动社会力量参与职业教育的积极性。从学生主体上看，职业教育要向社会认可的类型教育转变，要优化社会环境，切实让受职业教育者得到尊重，提升地位和待遇，在全社会营造劳动光荣的社会风尚和精益求精的敬业风气，让每一个技能者都有人生出彩的机会。

1.4.2.2 职业教育的跨界融合性

职业教育作为类型教育，其目标定位、性质特征、体系结构、实施路径、功能范畴等各方面与普通教育都不同，职业教育以培养数以亿计的高素质劳动者和技术技能人才为目标定位；以契合教育和职业双重属性为性质特征；以构建内部衔接、外部对接的现代职业教育体系为基本结构；以坚持产教融合、校企合作为实施路径；以学历教育和职业培训并举为功能范畴。从以就业能力培养为核心的培养目标到功能范畴，跨界是其共同特征，融合是其主要策略。

正如姜大源所言，“职业教育作为一种教育类型，其与普通教育的本质区别在于，就业导向的职业教育已跨越了传统学校的界域”，“跨界的职业教育必须有跨界的思考，职业教育的发展与改革，要‘跳出学校看学校，跳出教育看教育，跳出知识看知识’，也要‘跳出企业看企业，跳出培训看培训，跳出技能看技能’，以逐步形成‘合作办学求发展、合作育人促就业’的良性互动机制”[47]。

伴随着产业的转型升级、不同行业的跨界融合，新的产业形态、生产方式、商业模式不断涌现，“跨界”人才受到越来越多企业的青睐。高职院校直接服务于经济发展，职业教育要发挥更为有效直接的就业作用以实现社会服务功能。职业教育作为一种教育类型，其本质特征是以促进就业为导向，跨越了传统学校的界域，从定界的思考升华到跨界的思考。跨界的职业教育，其发展与改革，必须关注职业及职业成长规律与教育及教育认知规律的融合，打破职业教育的“固守”和“割裂”，探索以职业素养和就业能力为核心，促进就业为导向的教育模式。

高职院校为企业提供“适销对路”的人才，即专业基本功扎实、知识面广、适应性强的“跨界”的人才，包括知识复合、能力复合、思维复合，就业能力强。要培养“跨界”的人才，需要将跨界整合贯穿于高等职业教育人才培养的全过程，即必须有“跨界”的思维、跨界的育人体系、跨界的保障体系。

首先是思维的跨界，职业教育不仅要注重普通教育所关注的学校、学习和教育这三要素构成的领域，而且还要关注普通教育较少顾及的企业、工作和职业这三要素构成的领域，围绕“以学生为中心”解构“教”和“育”，教是知识传授，育是能力培育，教是基础，育是提升，教是路径，育是目标。在智能时代、数据时代和现代服务业时代的背景下，互联网、云计算、大数据等新兴技术，给高职院校带来全新的样态。“教什么”“怎么教”“谁来教”，顶层跨界设计尤为重要。职业教育要把专业、课程建在产业链上，对接岗位群，用跨界的思维开发教材和教学资源库，并随着信息技术和产业升级情况及时更新。

其次是育人体系的跨界，培养“跨界”人才，要有跨专业的知识、能力储备做支撑，破解原有专业体系，对专业进行结构性重组，构建新的专业（群），同时搭建“基于选择性、强调专业性、突出融合性”的选择性课程体系。课程体系培养学生专业核心能力，通过强调专业性达到首岗胜任培养目标，作为跨界现代职业人的基础。课堂体系要立足于提升人的素质，促进人的全面发展，为学生未来职业的适应性提供充分准备。通过线上线下的深度融合，探寻全新课堂教学新样态，打造超维学习空间，为学生创造互动学习环境，积极探索活力课堂，促进学生高效、个性、多样的学习，实现教师从教学的主导者、知识的传授者向学生的学习伙伴、学生的引导者转变。

第三是保障体系的跨界。一是空间的跨界，覆盖了学校和企业两个学习地点相互关联的领域，跨越了企业与学校的割裂，跨越了工作与学习分离，跨越了职业与教育脱节，学习场域更加开放，高职院校的学生不再局限于有限的课堂情境中，在真实的企业环境和虚拟的网络空间都可以进行多元化、自主性学习。二是师资队伍的跨界，师资结构更加开放，主动创新教学教师队伍，创新教师培养培育机制，建立多层多类、校企融合的“双师”团队，形成合作网络，超越孤立的课堂，扩展到学校，跨越校际，跨行业企业，甚至更广的范围。

1.4.3 跨界融合对职业教育的现实意义

跨界融合是贯穿高职教育全过程和全要素，是企业与学校教育主体之间契合点的寻找和实现，是社会经济与学校教育之间的有效渗透整合，是学校与外部世界壁垒的通道；它也是“以就业、职业、创业为导向”，促进学生成长为“全面的人”“发展的人”的职业教育目标的实施路径，下面从就业能力提升视角分析跨界融合对高职教育的重要现实意义。

首先，跨界融合是学校高质量育人的内在诉求。高职院校作为深化产教融合的主力军和生力军，作为技能型人才培养的主阵地，以促进就业和适应产业发展需求为导向，是和社会经济发展结合最为紧密的阵线联盟。基于跨界融合，审视以就业能力为核心的人才培养理念和目标，使人才培养理念与培养目标更符合高职院校组织使命。基于跨界融合，探索高职院校人才培养目标与社会对人才需求有效对接的路径，通过学生就业能力的提升，使其更快更好地实现从学生到社会人的转变，平稳步入职业高质量发展的轨道。基于跨界融合，实现学生就业质量和就业能力的双提升，从“技能型”向“德性”、从“外控性”向“内生性”的转变，确立德性与价值观在职业教育质量内涵中的核心位置和优先地位，从而为职业院校办学质量和效益提升提供有力保障。

其次，跨界融合是学生高质量就业的有力支撑。党的十九大报告明确指出，要实现学生的更高质量和更充分就业，而学生的高质量就业在很大程度上源于高职院校对学生就业能力的培养。就职业教育方面，深入贯彻“以人为本”的理念，让学生的全面发展成为根本，其核心是学生品德与价值观的成长和成熟，而不仅仅是学习到与工作相关的技能，其人才培养目标需要满足社会和企业的需求，即目标具有跨界性。人无德不立、无技不成，人的本质是品德与价值观。知识、技能是显性的、必要的，但价值观和品德是基础的、隐性的。此外，随着我国经济发展从高速增长进入高质量发展阶段，互联网+时代的到来，经济社会对人的品德和价值观提出了更高的要求。然而，长期以来职业教育片面强调对工作技能的提升，而忽视德行的养成，在一定程度上影响了学生的高质量就业。因此，高职院校在高职学生就业能力培养中需要重视职业道德，注重学生专业能力、通用技能、职业道德等的培养，增加学生的敬业精神和责任感，进而不断提升高职毕业生的职场核心竞争力，实现高质量就业。

最后，跨界融合是企业高质量发展的动力源泉。随着我国社会经济发展进入新常态，企业对人才的需求不断调整，不只关注员工的职业技能，还注重员工的综合素质。在人才招聘中，企业希望引入品德技能兼备的人才，这有利于优化企业人力资源结构，为企业的长期可持续发展提供基础保障。此外，道德和价值观是企业产品和服务质量观的题中之义。高职院校基于跨界融合的路径培养适应社会经济发展和劳动力市场多样化需求的高质量人才，提升高职毕业生的就业能力和职业道德，是高职院校适应经济发展、融入产业转型的最佳体现。而引入品德技能俱佳的人才，是企业适应社会经济发展新常态，面对内外竞争压力，实现高质量发展的动力源泉。

1.4.4　基于跨界融合的高职学生就业能力提升策略

高职院校的教育目标是培养德智体美劳全面发展的具有高素质技术技能特征的社会主义建设者，就业能力是学生培养的核心。跨界融合作为职业教育的重要特征，它在就业能力培养为核心的人才培养全过程和全要素上，将发挥不可替代的作用。基于利益相关者理论、价值共创理论、协同学理论、成果导向教育理论等是跨界融合相关基础理论，设计以跨界融合为特征的涵盖人才培养全过程的就业能力提升策略，对高职院校办学质量和人才培养质量提升都有重要意义。

在职业教育相关研究中，“跨界”相对的是职业教育中的“固守”而言，是对于固守的突破。打通学校与外部环境、学校和其他组织或系统、学校内部组织或系统之间壁垒，依据基于 Career EDGE 模型的职业生涯发展学习、学科知识理解、通用技能、工作生活经验和情商的融合目标，走出高职课程建设、师资培养、教学方式、教材建设，课程思政、技能竞赛、生涯教育的“固守”状态，实现学校人才培养与企业人才需求以及社会需求的多向满足，是基于跨界融合的高职学生就业能力提升策略设计的具体目标。

1.4.4.1　课程开发跨界策略

高职课程开发要打通学校与外部环境的互壁垒，走出高职课程开发的“固守”状态。成果导向课程开发基本过程为：政府、企业、家长、校友等多方需求→制订学校、二级学院教育目标和核心能力→结合岗位特点制定专业教育目标和核心能力→分析课程结构存在的问题并确定课程调整的策略→课程体系调整→以成果导向教育指导原则制定课程大纲→课程教学活动实施→多元评量考核→持续改进。课程开发跨界融合的核心是产教融合，“跨界”与“融合”贯穿课程开发全过程。校企之间可以通过某种意义上的契约形成优势互补、风险共担、资源要素双向或多向流动的跨界融合形态，其中“融合”是“跨界”的具体策略，即教育目标和核心能力、课程体系分析与调整、课程大纲设计、课程教学实施等方面实现校企间互融互通的策略。通过该策略的运用可以实现企业文化与学校文化对接、学校课程与企业课程对接、职业资格证与企业和学校证书对接，从而为就业能力提升提供基础。

1.4.4.2 教师、教材和教法的跨界融合策略

跨界融合涵盖人才培养全过程，人才培养主阵地是课堂和课程，直接实施者是教师。为实现学生就业能力提升的目标，教师的跨界思维养成至关重要。跨界思维是一种跨越事物原本的概念、所属范畴和属性，重新发现和建立事物之间内在逻辑联系的一种综合性的思维方式。跨界思维是在对事物进行全面了解（立体思维）并对事物的内在规律进行掌握（逆向思维）的基础上，通过联想、灵感、预判和顿悟等形成的。强调共生的联动思维和种群思维、强调协同的种群思维和智造思维等都是典型的跨界思维模式，在实践层面跨界平台思维、跨界传播思维、跨界创新思维等也是典型的跨界思维模式。

教师、教材和教法跨界融合涉及学校与行业、企业的跨界，也包括学校内部组织跨界、认知思维跨界、专业跨界、学科跨界、课证跨界、互联网跨界等。教师、教材和教法的跨界融合策略除有意识养成教师跨界思维外，还包括体现行业和企业跨界的基于“企业化保鲜”的“双师型”师资队伍建设策略；体现互联网及校企跨界的教材校企“双元”合作开发策略，该策略倡导使用新型活页式、工作手册式教材并配套开发信息化资源；体现行业跨界的具有产教融合特色的教材、教纲、教案等资源开发策略；体现课证跨界的“1+X”证书与“三改改革”融合策略，包括结合证书标准的项目式、任务驱动式、翻转课堂等创新的教学方法落地策略等。

1.4.4.3 课程思政跨界策略

课程思政的提出就是为了解决思想政治教育的“孤岛”困境和与专业教育之间存在的“两张皮”现象，通过“三全育人”课程思政为立德树人的根本任务和就业能力提升提供思想保障。“三全育人”涉及认知思维跨界、组织跨界、内容跨界等全方位的融合。课程思政的设计策略涉及综合考虑企业目标、社会目标和国家目标的总课程思政目标设计策略、具体课程的目标与内容的跨界设计策略、正式课程和活动课程的融合跨界设计策略；课程思政的实施策略包括课程思政队伍跨界建设策略、教材的跨界编写策略、教学的跨界实施策略等。

1.4.4.4　技能竞赛跨界策略

以赛促学、以赛促教、以赛促改、以赛促建是技能竞赛的功能定位，其最终目标还是提升学生的就业能力和部分精英学生创新创业创意能力。2020 年全国职业院校技能大赛赛项征集要求中指出，2020 年赛项要立足专业或专业群、须有对应相关的职业岗位或岗位群、需符合专业或行业标准及企业用人要求、应精选行业和企业及院校专家以组成赛项专家组和设计申报团队等，可见赛项的目标跨界融合、内容跨界融合、校企的组织跨界融合、专家的团队跨界融合等是技能竞赛的基本要求，即跨界融合成为其主要特征之一。大赛设计的跨界融合性，决定了跨界融合贯穿于技能竞赛的准备、选题、赛前训练、竞赛指导、竞赛过程、竞赛成果展示等全过程，跨界融合程度某种意义上也决定了竞赛结果，其中跨界教练团队、校主要相关职能部门的跨界有效协同、校企合作、跨界专家团队等尤为重要。

1.4.4.5　生涯教育跨界策略

通过职业发展学习方面的教育，使学生具备自我评价、职业认知、目标设定、技能发展、职业生涯管理等一系列就业和职业发展所需能力是生涯教育的目标。“12231”职业生涯教育模式，即一个目标、二类课程、二个竞赛、三支队伍、一个保障，是作者供职学校生涯教育跨界实践的提炼和总结，该模式体现实施主体不同的正式课程与活动课程的课程跨界融合，它的实践需要校学生处、教务处、各二级学院、合作发展处、创业学院等多个部门跨界合作，也需要课程、师资、校友等各类资源的跨界整合与重组。

参考文献

［1］国务院. 国家职业教育改革实施方案［EB/OL］. 2019，http：//www. gov. cn/zhengce/content/2019-02/13/content_5365341. htm.

［2］麦可思研究院. 2019 年中国高职高专生就业报告［M］. 北京：社会科学文献出版社，2019.

［3］国家发展和改革委员会. 促进我国技术技能人才发展的对策建议［EB/OL］. 2019-09-17：https：//www. ndrc. gov. cn/xxgk/jd/wsdwhfz/201911/t20191129_1205616. html.

［4］温池海. 劳动经济学［M］. 天津：南开大学出版社，2000.

［5］林凤祥. 中国城市社区经济研究［D］. 福建：福建师范大学，2004.

［6］Hillage J，Pollard E. Employability：Developing a framework for policy analysis［M］. DfEE，1998.

［7］Lee Harvey. Defining and Measuring Employability［J］. Quality inHigher Education，2001

（2）：97~109.

［8］ Fugate M K. Employability：A psycho —social construct，its dimensions，and applications ［J］. Journal of Vocational Behavior. 2004（65）：14~15.

［9］ 郑晓明. “就业能力”论 ［J］. 中国青年政治学院学报，2002（3）：91~92.

［10］ 朱新秤. 论大学生就业能力培养 ［J］. 高教探索，2009（4）：124~127.

［11］ 宋国学，谢晋宇. 可雇佣性教育模式：理论述评与实践应用 ［J］. 比较教育研究，2006（2）：64~68，83.

［12］ 宋国学. 可雇佣性与胜任能力的关系解析 ［J］. 内蒙古财经学院学报，2008（05）：60~63.

［13］ 廖善光，熊登榜. 以“胜任力”为核心的大学生可雇佣性模型之构建 ［J］. 福建论坛人文社会科学版，2013（06）：174~178.

［14］ Yorke M. Employability in the Undergraduate Curriculum：some student perspectives ［J］. European Journal of Education，2004（39）：409~427.

［15］ 向从武. 略论大学生就业能力的培养 ［J］. 边疆经济与文化，2007（05）：119~120.

［16］ 谢志远. 关于培养大学生就业能力的思考 ［J］. 教育发展研究，2005（01）：90~92.

［17］ Cho J，Kim GS，Kwon T. Employment Problems with Irregular Workers in Korea：A Critical Approach to Government Policy ［J］. Pacific Affairs，2008（3）：407~426.

［18］ Rydon S E，Rolleston A，Mackie J. Graduates and initial employment ［J］. Nurse Education Today，2008（5）：610~619.

［19］ 阎大伟. 试论大学生就业能力的构成和要素 ［J］. 青海社会科学，2007（6）：28~31.

［20］ Van der Heijden，Beatrice IJM. Prerequisites to guarantee life—long employability ［J］. Personal Review，2002（1）：44~61.

［21］ 叶文通. 志愿服务对高职学生就业能力提升的作用 ［J］. 职业，2017（09）：57~58.

［22］ Rothwell A，Arnold J. Self-perceived employability：development and validation of a scale ［J］. Personnel Review，2007，（36）：23~41.

［23］ 陶爱祥. 大学生就业力培养途径探讨 ［J］. 商业时代，2005（05）：16~25.

［24］ 谢晋宇. 可雇佣性能力及其开发 ［M］. 上海：上海人民出版社，2011.

［25］ Knight P T，Yorke M. Employability and Good Learning in Higher Education ［J］. Teaching in Higher Education，2003（1）：3~16.

［26］ 马小辉. 提升大学生就业能力的策略探究 ［J］. 学校党建与思想教育，2007（11）：63~64.

［27］ Pool L D，Sewell P. The Key to Employability：Developing a Practical Model of Graduate Employability ［J］. Education Training，2007（4）：277~289.

［28］ 曾湘泉. 变革中的就业环境与中国大学生就业 ［J］. 经济研究，2004（6）：87~95.

［29］ 肖贻杰. 高职学生就业能力结构及高职教育对就业能力影响的研究 ［J］. 职业技术教育，2010（13）：70~73.

［30］ 陈佩华. 高职生就业能力的构成及培养 ［J］. 职教论坛，2012（32）：103~105.

［31］ 张弛. 职业能力概念框架的构建 ［J］. 职教论坛 2015（25）：12~16.

［32］ Fugate M. Employability：A Psycho-Social Construct，Its Dimensions，and Applications ［J］.

Vocational Behavior，2004（65）：14~38.
[33] Knight P，Yorke M. Learning Curriculum and Employability in Higher Education [M]. London：Routl edge Falmer，2004.
[34] 马永霞，薛晗. 英国大学生就业能力 Career EDGE 模型解析：内容体系与实践应用 [J]. 外国教育研究，2016（11）：109~118.
[35] 何雪莲. 教育生态视域下高职学生可雇佣性结构现状及优化策略——以应用英语专业为例 [J]. 职业技术教育，2018（20）：66~71.
[36] 董毅，彭现美，鲍建华，潘慧玲，费星星. 硕士毕业生就业能力状况分析及提升路径研究——基于 Career EDGE 模型 [J]. 北京印刷学院学报，2019（08）：58~60.
[37] 李博，张光生，吴正国. 基于 Career EDGE 模型的理工类大学生就业能力分析与对策 [J]. 教育与职业，2014（05）：115~117.
[38] 舒长江，黄土安. 理工类大学生就业能力分析——基于 Career EDGE 模型的解释 [J]. 南昌航空大学学报（社会科学版），2014（02）：103~107.
[39] 教育部. 2020 届高校毕业生将达 874 万人 [EB/OL]. 2019，http：//www. moe. gov. cn/jyb_xwfb/s5147/201911/t20191101_406366. html.
[40] 汪军. 大学生的就业环境：理论分析与对策选择 [J]. 高等农业教育，2016（1）：76~79.
[41] 陈勇. 大学生就业能力及其开发路径研究 [D]. 浙江：浙江大学，2012.
[42] 沈红，张青根. 劳动力市场分割与家庭资本交互作用中的文凭效应 [J]. 教育科学文摘，2015，（05）：50~51.
[43] 姜大源. 跨界、整合和重构：职业教育作为类型教育的三大特征——学习《国家职业教育改革实施方案》的体会 [J]. 中国职业技术教育，2019，（07）：10~13.
[44] 刘林山. 职业教育的类型教育特色意蕴、表征与路径 [J]. 教育与职业，2019（21）：33~38.
[45] 彭振宇. 职业教育作为类型教育之我见 [J]. 教育与职业，2019（17）：5~12.
[46] 平和光. 为何强调职业教育是类型教育 [J]. 职业技术教育，2019（4）：1.
[47] 姜大源. 职业教育必须有跨界思考 [N]. 人民政协报，2011-01-26.

2 就业能力提升的理论基础

对高职院校大学生就业能力提升的研究首先要在理论层面回答三个问题：一是什么是就业能力；二是谁来提升高职学生的就业能力；三是怎样提升高职学生的就业能力。只有在理论上明确回答了这些问题，对高职院校学生就业能力提升的研究才有基础和灵魂，本章是对这三个问题的回应。

2.1 Career EDGE 就业能力结构模型

英国中央兰开夏大学就业指导中心 Pool 博士（2007）和心理学家 Sewell 博士（2007）提出的 Career EDGE 模型[1]，是英国就业能力模型的最新成果[2]，该模型认为就业能力由职业发展学习、学科知识理解、通用技能、工作生活经验及情商等五项底层能力的反思和评价形成就业能力的自尊、自信及自我效能三大核心要素。同时，该模型还表明了各要素之间的相互作用关系，具有简明实用的可测量性，被广泛应用于高等教育学生就业能力培养与发展。Career EDGE 模型自引入中国后，被广泛地应用于对学生就业能力的测量研究中，并被认为是有效且实用的。

2.1.1 Career EDGE 模型提出的背景

就业能力（也称为可雇佣能力或就业力）的概念最早出现在 20 世纪的英国。就业能力的概念还没有统一定论，但其概念都必须具有可测量性，而不只是抽象的概念，就业能力模型的研究在 20 世纪下半叶中开始兴起，比较有代表性的是 Fugate（2004）提出的心理社会建构模型（psycho-social construct）[3]和 Knight et al.（2004）提出的 USEM 模型[4]，Career EDGE 就业能力模型是最新的研究成果。

2.1.2 Career EDGE 模型的结构

Pool 博士（2007）和心理学家 Sewell 博士（2007）在“就业能力的关键”一文中提出 Career EDGE 模型。Career EDGE 模型共包括三个层次：第一层即模型底层包括职业发展学习、工作和生活经验、学科学位知识理解和技能、通用技能和情商五个部分；第二层即模型中层是指反思和评价；第三层即模型上层是由自我效能感、自尊和自信组成的 3S 三角[1]。参见图 1-2。

2.1.3 Career EDGE 模型的要素分析

2.1.3.1 Career EDGE 模型的第一层

Career EDGE 模型底层部分是该模型的基础，共包括五个部分，具体内容如下：

（1）职业发展学习。对于毕业生来说，为了获得能让他们满意和成功的就业机会，他们必须接受一些职业发展学习方面的教育，基于 DOTS 模型（Law et al.，1977）[5] 的职业发展学习是指帮助学生提高自我意识的活动，即让学生能够真正考虑他们喜欢做的事情、感兴趣的事情、能激励他们并适合他们个性的事情。另外，学生还需要学习如何研究就业市场，如何分析自己存在的机会，如何有效地向未来的雇主展示自己，以及如何对自己的职业做出深思熟虑的决定。更重要的是，学生在大学获得如此多的知识、理解和技能之后，在申请表填写、简历制作和面试活动中，他们需要帮助和指导，从而能以最好的状态向潜在的雇主展示自己并让雇主感知他们将如何给雇主带来好处。目前，职业发展学习在高校就业能力发展策略中并没有获得应有的重视，但是这种情况正在发生改变。

（2）工作和生活经验。很多研究都指出工作经验是未来雇主非常看重的选人条件。2002 年英国政府对高等教育中的工作经验机会进行过调查[6]，调查结果表明：第一，任何年龄段的学生在指导下都可以从工作经验中学习，从而发展他们的关键技能，提高他们的就业能力。第二，雇主重视那些有工作经验的人，因为他们能够对工作经验进行反思，并将所学到的表达出来并加以应用。第三，雇主和教育部门之间的合作对于促进与工作有关的学习和提高工作经验的质量和数量是很有价值的。总之，有工作经验的毕业生比没有工作经验的毕业生更有可能获得就业。同样重要的是，丰富的生活经验也能够帮助大学生在接受高等教育过程中取得更大的收获。因此，高校有必要向学生提供这方面的帮助，并提供有效的指导，以鼓励大学生积极参加学校各项活动，并通过社会实践、实习兼职等多种方式提高自身就业能力。

（3）学位学科的知识理解和技能。这是模型的核心部分。人们普遍认为，接受高等教育的动机是深入学习某一特定学科，以获得学位和更高的资格，从而能获得一份好的或更好的工作。根据英国 2005 年发布的“毕业生展望”报告表明，三分之二的职位空缺对任何学科的毕业生开放，这意味着对于剩下的不到 50%的空缺职位来说，专业知识、理解和技能对于成功就业仍然至关重要[7]。必须认识到，雇主会根据毕业生完成学位课程的出色程度来评判毕业生。无论他们是否进入与其所学专业直接相关的职业，他们的学科学位的知识理解和技能都是其就业能力的重要组成部分。另外，虽然该部分在整个就业能力结构中具有相当大的重要性，但它却不能独立成为毕业生成功应聘到满意工作的保障。

（4）通用技能。通用技能也称为“核心技能”“关键技能”或“可转移技能”，指能够支持任何学科学习的技能，以及在高等教育或工作场所可能转移到一系列环境中的技能（Bennett et al，1999）[8]。雇主希望毕业生具备专业技能、知识和理解力外，还希望毕业生在许多领域拥有成熟的通用技能（Harvey et al，1997）[9]，通用技能主要包括：想象力/创造力、适应性、乐于学习、独立工作/自主、团队合作、管理他人的能力、在压力下工作的能力、良好的口头沟通、为不同目的/受众而进行的书面交流能力、计算能力、注意细节、时间管理、承担责任、规划协调和组织能力、使用新技术的能力和创业能力等。

（5）情绪智力。Goleman（1998）[10]为将情绪智力纳入任何就业能力模型提供了强有力的支持，他认为，在一个没有工作安全保障的时代，当“工作”的概念正迅速被“便携技能”所取代时，这些是使我们能够并保持就业能力的主要素质。几十年来，从“性格”和“个性”到“软技能”和“能力”，人们对这些有了更精确的理解，并给他们起了一个新的名字：情商。在未来的知识经济中，随着面向客户工作的预期扩大，情绪智力将变得更加重要，而在这些工作中，人际互动起着核心作用。情商被定义为思考情感的能力、增强思考能力的情感（包括准确地感知情绪、获取和产生情绪以帮助思考、理解情绪等）、重新调节情绪以促进情绪和智力增长的能力。更简单地说，情商是能够识别自己和他人的感受，能够激励自己，能够很好地管理自己和人际关系中的情绪。情商与模型中的所有组成部分一样，为了提升就业潜力，毕业生将需要具备良好的情商能力。研究表明，情商高的人会激励自己和他人取得更多成就。他们也比那些情商低的人享受更多的事业成功，建立更牢固的人际关系。情绪智力可以通过在高等教育环境中的教与学来提高，并且与学业成绩呈正相关，通过实施情商理论和练习，教师将帮助学生成为全面发展的毕业生（Jaeger，2003）[11]。

2.1.3.2 Career EDGE 模型的第二层

为学生提供技能、知识、理解和机会固然重要，但是为大学生提供对已有学习经验的反思和评价机会同样十分重要。没有反思和评价，学生就不可能充分认识到他们在发展就业能力方面取得了多大进展，以及如何进一步发展就业能力规划。个人发展规划是一种非常适合用于反思和评估的工具，在培养就业能力方面得到充分利用。个人发展规划与就业能力之间存在着紧密的联系，并且个人发展规划可以帮助学生计划、记录和反思他们的经验，培养他们与就业相关的技能和自我意识，了解如何在新环境中应用他们的可转移技能。学生根据实际情况，制定切实可行的职业规划，能向雇主展示他们的就业潜力和管理未来职业发展的能力。

2.1.3.3 Career EDGE 模型的第三层

模型的第三层是由自我效能、自尊和自信三部分组成，该层在知识、理解、技能、经验、个人属性与就业能力之间提供了关键的联系。Bandura（1995）认为，自我效能感是指个体对自身能否利用所拥有的技能去完成某项工作行为的自信程度[12]。与就业能力相关的自我效能感的来源包括掌控性经验、在社会模式影响下产生的替代性经验以及社会劝说。掌控性经验是培养强烈自我效能感的最有效途径，在就业能力中发挥着至关重要的作用，可以通过以下方式获得掌控性经验：工作经验、现实的工作环境、现场学生项目（学生向外部机构提供咨询服务）以及一些职业发展学习活动（如申请工作）等。在社会模式影响下产生的替代性经验是指，学生看到其他人取得成功的时候所获得的经验，其他人越接近自己，经验就越有效。例如，成功的应届毕业生返回大学，就如何实现他们的目标，向在校生进行演讲。社会劝说是指鼓励学生付出更多的努力，保持动力，以实现他们的目标。

通过提供掌控性经验、替代性经验和社会劝说并开展反思和评价，可以提高自我效能。一个相信自己能做任何必要的事情的毕业生比一个没有这种自信的毕业生更有可能获得一个职位，并在他们选择的任何职业中获得成功。如果自我效能被视为一种信念，即一个人在特定情况下对自我能力的自信，那么自我效能就可以被视为是对外界的一种预测，自信可以从一个人的态度和行为中表现出来。根据 Goleman（1998）的说法，有自信的人能够自信地展现自己，并且有“存在感”[10]。有人认为，自信可以是一种特质，也可以是某种特定情况下的特质。自我效能的提高应该反映在表现出的自信的增加上。而自尊则能够帮助个体实现自我价值感知并进行客观的自我价值判断。大量的研究表明自尊和成就呈正相关关系。由此得出：自我效能感、自信和自尊三者相辅相成，共同作用于就业能力的提高。

2.1.4 Career EDGE 模型的特点评价

Career EDGE 模型的底层部分展示了具体外化的就业能力，而第二层和第三层则阐述了抽象内化的就业能力表现。该模型中每个组成部分都是极其重要的，任何一个部分缺失都会导致大学生就业能力的下降。从图 1-2 模型中可以看出，模型底层各部分之间存在不同程度的重叠现象，但模型中的重叠没有完全表示出现实中的所有重叠。比如工作经验除了对职业发展学习很有帮助以外，它在一定程度上也能够支持专业学科学习；情商的提高可以帮助毕业生获得更多的工作经验，进而促进他们的职业发展学习。

自我效能感是毕业生就业能力的重要预测指标，而就业能力又可以对自我效能感和职业满意度之间的关系进行反向调节[13]，由此 Career EDGE 模型又得到了进化发展，在构成要素不变的情况下，其位置关系发生了转变，图 2-1 展示了演化后的 Career EDGE 模型，该演化模型用一种更加准确形象的方式解释了就业能力，且体现出不同部分间的重叠现象，同时也表明它是毕业生实现满意就业的钥匙和关键。

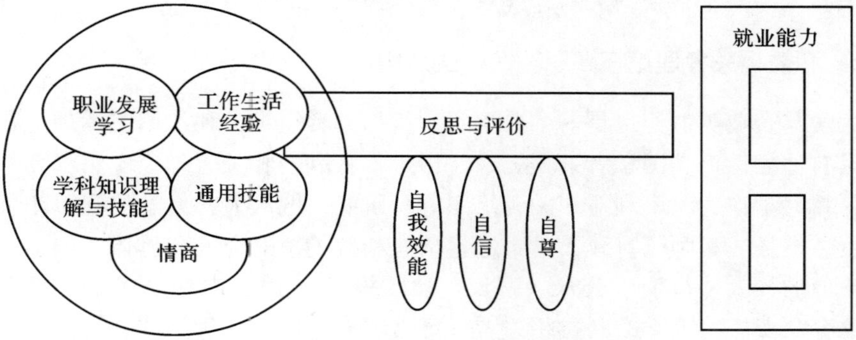

图 2-1 Career EDGE 进化模型

2.2 利益相关者理论

2.2.1 理论概述

20 世纪 60 年代，斯坦福大学研究团队通过对企业内部成员利益关系的分析，首次提出利益相关者概念。美国经济学家 Ansoff（1965）在《公司战略》中正式使用“利益相关者”一词，他认为：“要制定一个理想的企业目标，必须平衡考虑企业的诸多利益相关者之间相互冲突的索取权。”[14]也就是说，在企业制定宏伟目标时，要综合考虑企业股东、管理者、技术人员、员工、供应商和顾客等利益相关者需求，要平衡这些利益相关者之间的相互冲突。安索夫的利益相关者概念主要集中于公司治理理论，用于探讨多元利益主体参与企业治理的问题。20 世纪 70 年代末开始，“利益相关者”概念开始在企业管理流程中得以应用，如皮尔斯认为，企业经营管理中要关注内部和外部利益相关者的利益，满足他们合理的利益诉求。Freeman（1984）在《战略管理：一种利益相关者的方法》一书中对利益相关者给出了更广泛的意义，他认为“利益相关者是能够影响一个组织目标的实现，或者受到一个组织实现其目标过程影响的个体和群体”；在此基础上，他将利益相关者在实现企业目标时相互依存、相互制约且相互影响的关系进行了深入阐述，认为“利益相关者依靠企业实现个人目标时，他们的利益和权力与企业活动息息相关，而企业也依靠他们来维持生存”[15]。这在一定程度上丰富了利益相关者的内涵并得到广泛应用。

利益相关者理论是管理学理论的重要分支，认为各利益相关者是企业的重要组成部分，它能够帮助企业解决所有权的配置与归属问题。利益相关者的各主体不仅投入企业必需的物质和人力资本，还参与企业经营与决策之中且承担一定风险，因此企业必须高度重视各利益相关者的利益需求。现今利益相关者理论已被广泛应用于企业社会责任的研究，企业应该站在一个更高的角度考虑其与所有利益相关者及与整个社会的关系，并且勇于承担相应的社会责任。

2.2.2　利益相关者理论在高职院校中的运用

大学与企业类似，也是一个典型的利益相关者组织，利益相关者理论在大学同样具有适切性。美国学者 Rosovsky（1999）将利益相关者理论应用于高等教育领域，将大学作为一个利益相关者组织进行研究，他认为，大学的利益相关者包括教授、校长、教师、行政人员，还包括有利益关系的个人和群体，如学生以及已经毕业的校友、政府、公众、家长、社区等等[16]。国内外众多学者都支持和认同这个观点，将大学的利益相关者界定为“对大学产生影响或者被影响的个人或群体”，他们在大学组织生态内外共生共赢，对学校的有效治理，发挥积极作用。

随着高职院校的发展壮大与影响力的不断提升，高职院校作为一种典型的利益相关者组织逐渐引起理论界与实务届的关注，利益相关者理论也越来越多地被引入关于高职院校治理的研究。逯铮（2019）从产教融合的角度分析高职院校的各利益相关者及其诉求，并探讨了从体制、校企文化、师资队伍、课程实施和专业建设等方面开展产教融合途径，以促使各利益相关方多层次全方位共同发力，实现人才培养优化[17]。王月婷（2019）从内部和外部不同类型的利益相关者的角度探讨了高职院校人才培养模式[18]。李贺伟（2019）分析职业教育集团内各利益相关者的利益冲突，探索了职业教育集团通过各利益相关者的紧密合作，为区域经济发展或行业发展提供高素质劳动者和技术技能人才与培训服务的路径[19]。

高职院校作为技术技能型人才培养的主阵地，《国家职业教育改革实施方案》提出，经过 5~10 年时间，职业教育要基本完成由政府举办为主向政府统筹管理、社会多元办学的格局转变，由追求规模扩张向提高质量转变，由参照普通教育办学模式向企业社会参与、专业特色鲜明的类型教育转变，从而大幅提升新时代职业教育现代化水平，为促进经济社会发展和提高国家竞争力提供优质人才资源支撑[20]。

高等教育与职业教育相融通，关键在于高校人才培养过程中须对社会人力资源进行有效回应，而高职学生就业能力的培养正是连接高等教育系统与劳动力市场的重要节点，是利益相关者的重要落脚点。高职院校主要以培养高素质技术技能型人才为主，主要服务于地方社会经济发展，高职学生就业能力的提升，地方政府是直接的利益相关者。人才培养是高等学校的根本使命和存在的合法性基础，通过提升高职学生就业能力来获得社会对学校人才培养质量的认可，从而带动学校整体发展。因此，高职院校及其内部机构和教职员工理所当然是重要的直接利益相关者。用人单位（雇主）是高素质技术技能型人才的就业单位，高职学生就业能力的提升不仅直接提升其员工整体素质，而且从长远上讲可节省人力资源成本，是人才培养和高职学生就业能力提升的直接受益者。学生家庭也是高职学生就业能力最重要的直接受益者。由于高等教育明显的溢出效应，人才培养及对高职学生就业能力的开发提升不仅促进学生、学校、企业发展，同时也促进社会多元目标的实现。因此，社会、国家也是利益相关者之一。学生就业问题的多元利益相关者有必要在利益共享、优势互补、责任共担的原则下，共同承担起大学生就业能力开发与提升的责任。

不同主体对高职教育具有不同程度和性质的利益关系，要利用利益相关者理论来分析问题、解决问题，有必要对利益相关者进行科学分类，以便确定其影响方式与影响程度，高职院校的人才培养、教学、服务和管理工作才能为综合平衡各利益相关者的利益要求而开展。利益相关者可以从四个角度进行分类：

第一种，根据所处环境不同，分为内部关键利益相关者和外部关键利益相关者。内部关键利益相关者主要指高职院校、教师和学生等，外部关键利益相关者主要指管理主体、企业和公众等[18]。

第二种，分为确定型利益相关者、预期型利益相关者、潜在型利益相关者，这是米切尔等人从合法性、紧迫性和影响力三个维度来衡量不同群体与高职教育的关系。确定型利益相关者是指高职教育中最为重要、关乎成败的主体，如高职院校、企业、学生；预期型利益相关者是指严重影响高职人才培养模式实施效果的主体，例如教师、家长、政府、行业协会；潜在型利益相关者指媒体、组织、公众等主体[17]，见图2-2。

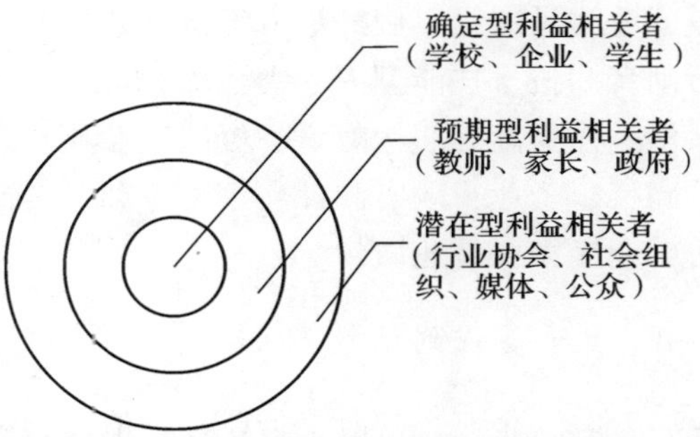

图2-2 确定型、预期型和潜在型利益相关者的基本构成结构

第三种，分为核心利益相关者（指教师、学生、管理人员，即广大师生员工），重要利益相关者（如校友和财政拨款者等），间接利益相关者（指与学校有契约关系的当事人如科研经费提供者、产学研合作者等）和边缘利益相关者（如当地社会和社会公众）[21]。

第四种，按照相关主体向高职院校投入资本的形态不同，如表 2-1 分为四类，从可持续发展角度将自然环境、人类后代纳入高职院校的生态资本利益相关者[22]。

表 2-1　按资本形态分类的高职教育利益相关者

按资本形态分类	具体的利益相关者
物质资本利益相关者	政府及其支持机构、受教育者（在校生）、校企合作单位（用人单位）、贷款提供者及其他捐资助学者
人力资本利益相关者	院校职工（教师、管理人员）、受教育者（在校学生）、校企合作单位（用人单位）、行业（学会/协会）
社会资本利益相关者	校友（已毕业学生）、社会组织（社区、媒体、社会活动团体）、一般公众（特别是具有消费预期的学生及其家庭）
生态资本利益相关者	自然环境、人类后代

无论按照哪种模式划分利益相关者，最终目的都是建立一种自主合作、良性互动、追求多元化和多样化的符合共同利益的高等职业教育体系，并致力于培养学生的职业技能和职业素养，潜移默化地培养具备正确价值观、崇高职业理想、良好职业道德和社会公德的高素质技术技能型人才。

2.2.3　利益相关者理论视角下的高职院校学生就业能力提升的对策建议

高职院校以促进就业为导向、以服务地方经济社会发展为宗旨，以为企业和社会培养高素质的劳动者和技术技能型人才为目标，可见提升学生就业能力是高职院校的核心任务。学生作为高等职业教育的核心利益相关者，提升其就业质量涉及学生及其家庭、高校、企业、政府和社会等多方利益，需要利益相关者共同参与以提升高职学生就业能力和就业质量。

2.2.3.1　利益相关主体责任到位

高职院校、学生、家庭、企业、政府、行业和其他社会组织都是高职学生就业的利益相关者，只有各主体协同配合，才能更好地实现高职学生就业能力提升，但目前学生主体却受能力、专业层次水平的束缚，或多或少存在认识不到位、重视程度不佳、就业观念存在偏差和缺乏学习自觉性和主动性等现象。学校应在人才培养符合社会需求、产教融合提升人才实用性等方面上强化措施的系统性。高职学生就业能力提升主体缺位更为明显地表现在企业（雇主）、政府、社会组织等大学教育的外部主体。企业作为重要主体，在开发提升大学生就业能力上，应多些“推诿型”和“参与型”，真正体现主体地位、发挥主体作用的“共生型”企业。避免这种学校积极、企业推诿所形成的“一面热，一面冷”的“壁炉现象”，促进高职院校学生就业能力的提升。政府在高职院校学生就业能力提升上的作为主要表现在制度安排和政策保障上，应进一步发挥好引导和激励作用。例如，对提供实习岗位、履行实习指导职责的企业进行适当的税收减免，对实习过程中学生的安全事故责任进行清晰界定等。

2.2.3.2　利益相关者对高职院校学生就业能力提升的价值诉求

利益相关者通过共同作用、良性互动和共生共赢，实现高职学生就业能力的提升，从而基于不同的价值诉求，实现各自利益。近年来，高职教育取得的成就很大程度上得益于国家政策的大力扶持和政府的主导，高职教育要成为中国高等教育的品牌，仍然需要政府加强主导，加大财政投入力度，形成持续性的政策导向。工学结合、产教融合是高职教育的一个重要特征，资源共享、互利共赢使高职院校与产业行业企业形成战略伙伴关系。高职学生就业能力的提升与高职院校、教师和学生自身有着密切的联系，但主要利益相关者对高职院校的利益诉求是双向的，是有区别的。见表2-2。

表2-2　主要利益相关者与高职院校的双向利益诉求

主要利益相关者	主要利益相关者对高职院校利益诉求	高职院校对主要利益相关者利益诉求
学生	（1）学习有用的知识技能；（2）优良的专业前景，好的工作和前途；（3）参与课堂的权力，选择授课内容的权力；（4）参与校务管理的权力；（5）良好的学习生活条件；（6）学费合理；（7）良好的高职形象	（1）优质的生源，主动学习并形成良好的学风；（2）学生遵纪守法，维护学校形象；（3）知识技能掌握娴熟、良好的就业形势
政府	（1）培养高素质技术技能型人才；（2）服务技术开发；（3）促进区域经济社会发展；（4）推进民主政治的发展；（5）传承民族优良文化，形成独特的民俗民风	（1）办学经费支持；（2）办学政策支持；（3）良好的办学环境；（4）得到政府的重视

续表 2-2

主要利益相关者	主要利益相关者对高职院校利益诉求	高职院校对主要利益相关者利益诉求
用人单位	(1) 培养专业技能强、职业素养好的学生；(2) 学生有良好的团队意识；(3) 学生有良好的敬业精神；(4) 学生有较强的职业道德和忠诚度；(5) 学生有创新创业意识	(1) 提供更多就业机会；(2) 提供更多的实习机会；(3) 参与学校人才培养；(4) 及时反馈所需人才与岗位信息，为学校人才培养提供参考；(5) 毕业生工作反馈
产学研	(1) 能向企业提供关键研发技术；(2) 能提供高质量的决策咨询与管理建议；(3) 协助企业进行新产品研发；(4) 能为企业提供高质量的人才培训服务与良好的劳动力储备；(5) 良好的科研服务声誉	(1) 提供实习实训场所；(2) 提供经费、设备支持；(3) 积极的科研合作意愿；(4) 共享科研成果

2.2.3.3 内外部利益相关者共同治理模式

借鉴美国专业学位教育吸纳外部关键利益相关者参与机制，以与外部关键利益相关者建立关联为基石，高等职业教育应采取多种途径和方式吸纳利益相关者的参与，与外部利益相关者形成良性的互动和紧密关系，构筑起吸纳外部关键利益相关者参与的机制，从而使高等职业教育更好地契合社会所需，提升高职院校学生就业能力[23]。

(1) 创设专业建设委员会，收集雇主需求信息，实现需求对接。高职教育旨在培养高素质的技术技能人才，以满足社会和地方经济需求。面对新兴行业的不断兴起，劳动力市场需求信息的不断变化，为了更好地匹配市场需求，在增设新专业和调整人才培养之前，需要通过调研的形式掌握就业市场的工作岗位，以及他们对员工所应具备技能的期待。专业建设委员会的作用在于帮助教师加强与职场的联系，并为课程设置提供外部意见，促成高职学生的实习和职业发展。

(2) 吸纳大学内部利益相关者开设“增益课程”，满足外部雇主能力诉求。通过设置“增益课程”（Plus Courses），将雇主的需求识别为能力构成要素并转化到课程中，以满足雇主对未来求职者能力期望的诉求，例如增加项目管理、法律问题、创业家精神、基金申报、知识产权、政策发展和数据分析等课程内容，以提升学生商业实践与伦理、团队合作与团队管理、写作与沟通等技能，同时聘请校外经验丰富的专家授课，以进一步提升学生就业能力。

(3) 追踪毕业生进展，收集毕业生满意度信息。借助外部调查资源，就毕业半年毕业生的就业、薪水及满意度等状况开展调查，以了解毕业生的就业情况、人才培养对社会经济的满足程度等。另外开展校友跟踪调查，周期为 3 年或 5 年开展一次，主要收集在校人才培养质量对毕业生工作满意度和晋升机会的影响，这对后续课程规划和改进极有价值。

2.3 价值共创理论

2.3.1 价值共创的产生与发展

商品主导逻辑下的交换经济时代，商品的生产与消费是分开的，企业和消费者独立扮演着不同角色。企业作为主角生产具有价值的产品并单独创造价值，顾客作为被动接受者，是价值的使用和消耗者，不参与价值创造。企业与消费者二者之间无直接互动，即企业单独生产产品，并通过市场交换实现产品交换价值，在该逻辑下，价值创造的内涵更多强调的是交换价值（Gummesson et al.，2010）[24]。

随着 19 世纪服务经济学的兴起，Ramirez（1999）最早提出价值共同生产的概念，并明确了价值由企业和消费者共同生产[25]。该逻辑表明消费者也是价值的创造者，强调企业和消费者的互动是价值创造的核心，且二者之间不是单向的传递关系，而是通过彼此之间的互动来共同创造价值。共同生产已经开始关注消费者在价值创造中作为一种生产要素资源参与共同生产的现实。但是，其本质仍强调企业在价值创造中起主导作用，共同生产并不等同于价值共创。

Prahalad（2004）等提出“在新的经济背景下，价值共创是构造企业新的核心竞争力”[26]的观点后，价值共创才真正引起学界和业界的广泛关注。在商品主导逻辑和价值共同生产概念的基础上，Vargo et al.（2004）提出价值共创理念，认为消费者和企业一样，也是价值共同创造者[27]。消费者和企业均是资源整合者，并且通过整合资源创造价值，尤其强调价值创造的网络性、互动性、独特性、体验性情境依赖性。服务和体验是一切经济交换的根本，价值共创过程重要的东西不是货物，共创价值不是交换价值，而是消费者在消费过程中实现使用价值，生产者不再是单独的价值创造者，消费者也不再是纯粹的价值消耗者，而是与生产者互动的价值共创者。消费者通过体验，不仅希望和其他消费者分享他们的想法和观点，而且也希望企业能够倾听他们的意见并作出回应。消费者在价值创造中发挥越来越重要的作用，并开始主动参与到合作创新中，为满足消费者的需求及更好地服务于消费者，企业开始与消费者合作共同创造价值。

随着网络经济的发展，消费者的体验和反馈越来越得到重视，在价值创造中的主体地位开始凸显。因此，Prahalad et al.（2004）从企业竞争和战略管理视角提出基于“顾客主导逻辑”的价值共创理论，认为价值共创是企业与顾客通过互动共同创造顾客体验的过程，且价值嵌入在消费者个性化体验中[28]。随后又指出价值共创是顾客与企业通过对话以及积极互动，在产品或服务中重新创造自身体验的过程。

随着价值共创理论的发展，价值共创研究拓展了多个理论视角，包括服务逻辑、服务科学和服务生态系统视角。当前，复杂性科学研究范式因注重现实环境中的多种交互因素，例如社会力量的影响、价值创造双方在社会结构中的位置和角色等因素而被广为接受，已经成为价值共创研究的主要范式。复杂性科学研究范式在理念假设上，认为服务是交换的根本基础。在共创主体上，认为价值是由多个参与者共同创造的，强调以“参与者—参与者”为导向；在价值理解上，不仅包含交换价值和使用价值，还关注参与者的体验价值、环境系统所影响的情境价值、特定社会背景下的社会情境价值和各种形态下的文化情境价值；在共创要素上，强调资源整合、服务交换、互动和制度；在共创层次中，强调包括以企业和顾客为核心的微观层，组织、产业和品牌社群组合的中观层，广泛的社会结构和活动覆盖的宏观层。

研究发现，价值共创会产生价值增值，有助于企业有效降低成本、改善经营绩效、提高创新力、塑造品牌、密切与消费者的关系，也有助于消费者享受共创体验、增强自我效能感和提高满意度、增加心理所有权等，是共享双赢的一种策略。例如小米、携程、优步、淘宝网等企业已经运用价值共创，搭建共建平台，实现价值增值。

2.3.2 价值共创的情境分类和机理

价值共创的发展经历三个不同的阶段，价值共同生产主导逻辑、服务主导逻辑和顾客主导逻辑。不同阶段的价值共创模式、需求来源、所用资源、价值来源、价值共创的主导者、互动方式、顾客和企业的角色都有所区别。

2.3.2.1 价值共同生产主导逻辑

Vargo（2008）认为，生产领域的价值共创是生产领域企业感知顾客的需求，吸引顾客参与到价值创造的过程，主要关注新产品的开发环节，重点强调顾客作为共同生产者与企业互动创造价值[29]。企业为了获得竞争优势，主动将顾客纳入产品创新和新产品开发中，通过了解市场行情及顾客需求，能够更好地实现产品的创新与研发，进而提高企业竞争力及更好地满足顾客需求。顾客贡献自己的智慧和劳动，与企业共同研发、设计、生产，以提供对自身有价值的产品和体验；企业通过整合顾客的想法、知识、能力及需求来协助企业进行研发，进而实现产品的价值增值。顾客参与研发将有利于企业与顾客经常性交流，这无疑会帮助企业了解市场动向、技术发展、顾客偏好等影响新产品开发的关键因素。因此，生产领域的价值共创以企业为主导，企业诉求是为了通过整合顾客资源以优化产品设计使其更好地满足顾客需求，进而实现价值的共创与增值。

2.3.2.2 服务主导逻辑在消费领域的价值共创

消费领域的服务主导逻辑指消费者需求、对生产厂商提供的产品或服务满意度、操纵知识、技能和经验等消费者资源，通过企业对象性资源传导来共创价值，也就是说顾客是价值共创的主导者，顾客用专用知识和技能成为企业竞争优势的关键来源，顾客与企业联合并共同整合资源以创造价值（Vargo et al.，2008）[29]。

在价值共创过程中企业的首要任务就是服务好顾客，满足可感知的顾客需求，不应再把顾客简单视为营销对象，而是将顾客看作主控资源，顾客可以对企业营销过程、消费过程和交付过程作出贡献；企业也不再是单纯地制造产品或服务，而是在价值创造过程中利用自身的专业知识和技能，协助顾客使用产品及服务，尽可能为顾客提供帮助。

顾客需求和顾客满意度是服务主导逻辑下的价值共创特别关注的。消费领域的价值共创以顾客为主导，以顾客需求为推动，顾客创新思想和理念，能够将环境因素与自身因素整合至新产品的创意中，使产品特性与其偏好贴合，从而更好地满足其个性化需求，提升产品价值。良好的顾客满意度能促进顾客积极地投入产品和服务的价值共创中，企业与顾客通过价值共创可以改善顾客对产品和服务的态度，进而影响购买意愿并形成良好的口碑效应。

2.3.2.3 顾客主导逻辑下的价值共创

网络经济的发展，越来越多的企业将焦点转向产品或服务背后的顾客体验上。顾客在消费的过程中，更加注重体验和分享，从现实转向社交网络平台和虚拟品牌社区，与其他消费者分享观点和想法，顾客多样化的个性需求更易感知和传播，并反馈给企业。此时的交互机会和空间比线下更加广阔，更加开放，参与的主体更加多元。供应商、商业伙伴、合作者和顾客等不同主体都可以参与其中并自由互动，分享个人经验，实现生产领域和消费领域相统一的价值共创。

Prahalad et al.（2004）从企业竞争和战略管理视角提出基于“顾客主导逻辑”的价值共创理论，认为价值共创是企业与顾客通过互动共同创造顾客体验的过程，且价值嵌入在消费者个性化体验中[28]。顾客主导逻辑下，顾客通过平台或社区分享经验、表达思想（如经验、信息、知识和社会技能等），而企业通过与顾客进行互动以获取并挖掘顾客多样化的需求来共创价值（Bruhn et al.，2014）[30]。因此，该逻辑下的价值共创既属于生产领域又属于消费领域，既有顾客与企业/平台服务人员之间的互动，也有顾客与顾客之间的互动。企业未来竞争将依赖于以个体为中心的价值共创，顾客通过积极主动参与企业活动从而创造个性化需求，为客户提供难忘的体验。企业的重心转到为顾客提供体验情境，通过彼此间的互动、共享和传播使得顾客加深对企业和品牌的认知，增进忠诚度和满意度，企业挖掘顾客潜在需求，共同改进并完善产品或服务，从而实现价值共创。

2.3.2.4　三种情境下的价值共创内涵

从价值共创的生产领域、消费领域和网络环境等三个情境对价值共创内涵进行梳理[31]，见表 2-3。

表 2-3　三种情境下的价值共创内涵

情境	生产领域下价值共创	消费领域下的价值共创	网络环境下的价值共创
价值共创模式	共同生产	服务主导逻辑	顾客主导逻辑
需求来源	企业感知需求	顾客感知需求	顾客潜在需求
所用资源	以对象性资源为主	以操作性资源为主，通过对象性资源传导	以操作性资源为主，整合对象性资源
价值来源	使用价值	情境价值	体验价值
价值共创主导者	企业	顾客	顾客
互动方式	企业+顾客	顾客+企业	顾客+企业+其他利益相关者
顾客角色	价值共创参与者	价值共创主导者	价值共创主导者
企业角色	价值提供者	价值主张提出者	价值共创辅助者

2.3.3　价值共创在高职教育中的运用

美国著名比较教育专家阿特巴赫指出“高等教育为进行学习和研究的人提供服务，要得到某种所需服务时，消费者必须提供本金，这样，知识的获得就有了交易性。”高职院校提供高等职业教育服务，学生作为高等职业教育中的顾客，投入物质资本与人力资本消费教育服务，因而学校和学生作为利益相关者共同创造价值，这种观点已为越来越多的人所认同。

学生既是高职教育市场的顾客，也是高职教育的服务成果，是衡量高职教育质量高低的重要指标。校企合作单位不仅是高职教育成果的消费者，对学生素质表现出极高的关注度，又担负起高职教育过程参与者的角色，更是校企合作战略联盟的盟友。因此，学生、校企合作单位既是物质资本利益相关者，也是一定程度上的人力资本利益相关者。用人单位作为利益相关者的双重身份是实现工学结合、校企合作的基础。

正因为学生是高等职业教育的核心利益相关者，因而，高等职业教育办学模式改革“必须以学生为基础，而不是以教师或知识为基础”。知识传承固然具有某种服务售卖的特征，但是同时却也是一个消费者共同参与生产的过程。学生消费教育服务不同于消费一般市场上的服务和产品，因为学生所具备的资源、自我激励和技能与产出实现的水平密切相关，产出总是共同生产的产出。学生既是消费生产者又是共同生产者，没有消费者的生产性活动，知识传承的任何价值都实现不了，学生学习知识和技能是一种价值创造的过程。

价值共创是指顾客和企业通过资源整合和互动交换共同创造价值，价值共创理论在经济学、管理学领域获得了较快的发展，在多利益相关主体之间的互动与价值创造方面具有较强的解释力。在职业教育领域，学生作为知识技能的需求者，存在学习和就业的需求；高职院校作为知识技能和人才输送的供给者，存在人才培养的需求；企业作为岗位和知识技能需求的供给者，存在人才招聘和使用的需求。高校、企业和学生三方利益相关者在需求中实现契合，形成价值共创的基础，通过企业与高校，高校与学生，企业与学生不同维度的互动，师资共建、文化共育、实践共享等价值共创行为，企业的人力价值和品牌价值获得提升，高校在为社会培养德智体美劳全面发展毕业生的过程中收获育人价值和社会价值，学生在产教融合的培养中提升可雇佣价值即实现高质量就业，从而形成多方协同的价值共创育人格局。

2.4 成果导向教育

成果导向教育是一种教育理论，其核心是教育系统的每个构成部分都以学习成果为基础或导向，当每个学生完成教育体验后应该实现这种学习效果[32]。高职院校的教育目标是以德智体美劳全面发展的具有高素质技术技能特征的社会主义建设者为根本，这就决定了就业能力是高职学生核心学习成果。成果导向课程开发是以就业能力决定课程体系的反向设计过程，它是学生就业能力提升的基础。

2.4.1 成果导向教育概述

成果导向教育是一种以学生的学习成果为导向的教育理念，它认为教学设计和教学实施的目标是学生通过教育过程最后取得的学习成果。在成果导向的教育中，不存在单一指定的教学或评估方法，教学或评估都应该帮助学生达到规定的学习成果，教师的角色转变为指导者、推动者或辅导者。

成果导向教育是由美国学者 Spady 在 1981 年提出的一种以学生的学习成果为导向的教育理念，经过此后 10 年左右的发展，形成了比较完整的理论体系，已成为美国、英国、加拿大等国家教育改革的主流理念。1994 年，Spady 提出成果导向教育金字塔模型（见图 2-3），标志着该理论越发成熟[33]。成果导向教育强调所有学生毕业后能达成完成某项任务的能力，而相关的教育均应聚焦于促使学生达成该能力。成果导向教育的基本原理是所有学习者均成功，其基本假设是所有学生都是有才干的，每个学生都是卓越的，学生是学习合作而非相互竞争，以及学校是为学生找到成功方法的机构。

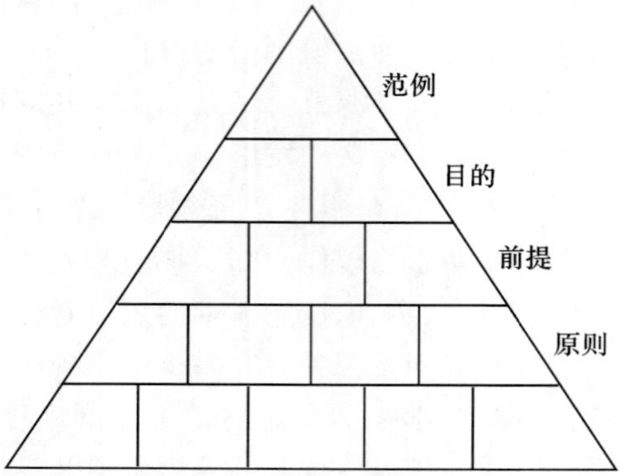

图 2-3　OBE 金字塔模型

成果导向教育金字塔由一个执行范例、二个关键目的、三个关键前提、四个执行原则、五项通用领域的实践构成。院校在实施成果导向教育的时候，应将范例、目的、前提及原则具体化，以免引起误解内涵或者扭曲成果导向的本质。

2.4.1.1　一个范例

范例是指达成与实现愿景的方法。成果导向的范例就是在做决定与具体行动时，依据“什么”与“是否”能成功学习，远比“何时”及“如何”来学习更为重要。成果导向教育范例的内涵在于期待所有学生成为真正成功的学习者。成果导向教育的推动在一开始应有一个清晰的架构或愿景，清楚阐述学生应具备何种能力，接着再有教育行政、课程、教学、评价及配套系统，全力促使学生达到预期的能力。

2.4.1.2　两个关键目的

成果导向教育乃反映所有学生与教职员的成功哲学，其关键目的有二：一是建构成果蓝图：建立一个清楚的学习成果蓝图，并描述出哪些是必备的能力与内容，即确认所有学生在毕业前具备达到成功所需的知识、能力与素质。二是营造成功情境与机会：建置一个让所有学生能够达成预期成果的条件与机会，即营造一个获得成功的情境与机会。

2.4.1.3　三个关键前提

成果导向教育三大关键前提：一是所有学生均能学习并获得成功，但不一定同时或使用相同的方法。二是成功是成功之母，即成功学习促使学生更成功地学习。三是学校掌控成功的条件，即学校的各项作为将直接影响学生成功地学习。

2.4.1.4　四个执行原则

执行成果导向教育的四大原则，包括清楚聚焦、扩展机会、高度期望、反向设计。此四原则乃成果导向教育执行成败的关键。

2.4.1.5　五个通用领域的实践

实践 OBE 五大通用领域，包括定义成果、设计课程、教学授课、结果凭证、决定进阶。

2.4.2　OBE 执行的原则

执行原则是推进成果导向教育实施的核心策略，缺乏对四个原则的深入理解，将难以将成果导向教育的教育理念真正地落实在执行层面。Brandt（1993）进一步从教学设计视角对以上四个原则进行了释义[34]，他认为清楚聚焦的高峰成果应当是学生在整个学习过程结束后能够展示出综合应用所学的能力，而不是一周、一学期或一学年活动本身。反向设计则是以高峰表现为最终目标，课程与教学设计回归到学生能够带走的能力。高度期许意味着教师应当将学生的学习历程视为学生自我实现的高层次挑战，不为学生设置一般性标准，而应期待学生们都能达成自我实现。扩展机会要求教师应以更弹性的方式回应学生的个体需求，并创造机会让学生实践其所学，以证明其学习的有效性和有用性。在成果导向理念里“四个执行原则”被各国学者承继与实践，接下来分别对各项原则进行剖析。

2.4.2.1　清楚聚焦

清楚聚焦是清楚聚焦于重要的高峰成果。Spady 指出，清楚聚焦为成果导向教育（OBE）四项原则中最重要、最不可或缺，也是最为基本的内容[33]。清楚聚焦的内涵有四个方面：（1）协助教师建立一个能清楚预期学生绩效成果的学习蓝图。（2）教学设计与学生评价最优先的原则，是要让学生成功地展现绩效成果。（3）对于预期绩效成果需有清楚的蓝图；并以此蓝图作为课程、教学、评量设计与执行的起点，与所有的学习紧密结合。（4）教师从第一天课堂教学开始分享、解释、示范，并持续到最后，师生如同伙伴般合作以达成目标，秉持平实、毫无惊喜的哲学。

成果导向教育旨在让所有学生未来均能成为成功的学习者。但并非指所有人需在相同时间或采用相同方式学习，教师应持续寻找较好的教学设计与授课方式，协助学生运用不同的方法、不同的学习速度与形式来达成相同成果。Brandt

强调教育应着眼于学生在整个学习历程结束后能真正拥有的能力（综合应用所学的能力），而不是一周、一学期或一学年的课程活动而已[34]。

2.4.2.2　扩展机会

扩展机会乃扩展学习机会与支持成功学习。教师需要给予学生更多学习与展现其学习内容的机会。Spady 指出，机会的五大关键向度为时间、方法与形式、执行原则、绩效标准、课程的实施与建构[33]。

（1）时间。学校的教学时间、学习时间、课程组合与成果绩效的时间息息相关。教学时间乃教师接触学生与支持学生学习的教学时间数量；学习时间乃给予学生的学习时数；课程组合乃学生可在规定的时间内选择特定课程的组合。成果导向教育观点强调可借由扩展“学习机会的持续性、频繁性、发生的精确时间”来提升学生的学习成效。学校或教师宜重新组织教学时间、学习时间与课程组合模式，以掌握学习机会的精确时间。

（2）方法与形式。成果导向学习正视学生的多样性与差异性。必须采用不同的教学形式与学习方法，赋予师生教与学的弹性自主性及多元性。教师运用不同形式的教学方法比仅调整教学时间的长短更可扩大学生成功的学习机会。

（3）执行原则。即同时执行其他三原则。若教师秉持一致性、系统性及创造性，并同时应用清楚聚焦、高度期许及向下设计等三原则来执行，将可扩大学生成功学习的机会，因为清楚聚焦可建立一个清楚的学习绩效目标，高度期许可刺激学生学习动机而达到成功，向下设计则提供学生清楚追求目标与达到预期学习目标的课程。

（4）绩效标准。对所有学生明确定义所被赋予的高期待绩效标准。但不限制多少学生需达到绩效标准，乃积极引导学生迈向成功、扩大学生成功学习的机会。绩效标准乃是让所有学生逐渐迈向成功的关键。

（5）课程的实施与建构。若学校未提供学生所需的课程，或学生只能运用固定的、单一机会或片段时间的学习课程，学生的学习与未来成功的机会将受限。学校必须建构弹性、多元与连贯的学习课程，使学生获得较高层次的复杂思考与批判性的学习经验，方可扩大学生持续改善与深入内化学习的机会。

扩展机会原则不应与其他三原则分离而独立存在，清楚聚焦与高度期许能清楚地定义学校对学生的期许，而向下设计则能确保成果的达成。“成果”一词代表学生必须完成的不只是课程的完成或结束时的任务绩效，更必须表现与达成所有的标准。未达到标准的学生，则有义务努力达成，学生必须努力扩大学习机会，以表现较高程度的能力[35]。

2.4.2.3　高度期许

高度期许即期许并让所有学生都能成功。Spady 提出高度期许三大关键向度：

(1) 提升可接受绩效标准，乃提高学生完成或通过课程的绩效标准，并执行清楚聚焦、扩展机会及向下设计原则，促使学生达到较以往高的标准。(2) 排除成功配额，乃舍弃钟型曲线或评定等级配额，鼓励学生迈向高峰表现。(3) 增加使用高层次课程，因低层次课程让学生停留于低标准的范畴，学校应运用高层次课程引导学生往高标准努力。此三大关键向度可改变学校学习气氛与风气，引导学生在较具挑战性的学习过程中获得较高成就。

Spady 认为高度期许及高标准概念虽接近，但内涵却不同。高度期许强调期待学生达到较高层次的绩效，并增加其发生的可能性。若学校仅提高标准而未增加对学生的期望或促使更多学生成功学习，提高标准只会增加学生成功的障碍与降低学生的通过率。Spady 主张高峰成果代表高程度挑战，然对所有学生的成功均应保持着高度期许，即学校必须设定高且具有挑战性的成果标准。鼓励、支持学生深入学习并达到预期的高峰成果[33]。Brandt (1993) 亦强调教师应期待、鼓励学生迈向自我实现[34]。

2.4.2.4 反向设计

反向设计即从最终高峰成果向下设计。Spady 认为课程与教学从高峰表现向下设计，并确认所有迈向高峰表现学习的适切性。教师教学的出发点不是要教什么，而是预期学生的高峰成果，再考虑教什么[33]。Brandt 强调回归于学生能带着走的能力。以学生高峰表现作为教学最终目标[34]。

成果导向课程设计之“黄金定则”为“一致性、创造性及系统性”，即教师要先建立一套重要的学习经验（高峰）作为一致的高度期许，再决定所需的关键学习内容，并运用创意的教学方法与情境，系统地协助学生成功学习。教师反向设计课程宜掌握两项原则：(1) 从重要的高峰成果向下设计并回溯基础成果，乃从期望学生最终达成的成果来反推、回溯课程及教学设计，并循序增强课程的难度，以引导学生迈向高峰成果。教师应理清高峰成果、基础成果及零碎成果的不同。高峰成果乃所有学生完成学习经验时必须达成的成果，“高峰”为“成果”的同义词；基础成果为高峰成果所依赖的关键基础，亦为学生追求成功绩效的基本；而零碎成果则为较不必要的课程细节。(2) 取代或删除高峰成果中非重要发展内容的零碎成果，即教师必须聚焦于重要、基础、核心、高峰的成果，排除较不必要的课程细节或以更重要的课程来取代，方能有效协助学生成功学习。

反向设计不仅是建立课程优先级与架构的实用方法，更是提供建置高峰成果架构的相关完整指南。然而面临的两项挑战为：“技术”上，必须确定基础成果确实存在于高峰成果之内；“情感”上，教师必须愿意放弃所熟悉、喜爱但非必要的课程细节。

2.4.3 成果导向教育的四架构与通用领域的实践

任何教育组织均包含执行系统与支持系统。执行系统是指与教学及学习过程有直接关系的课程与教学要素；支持系统是指让教学、引导与学习过程得以存在并发挥功用的行政、后勤与资源因素。Spady 提出了成果导向教育的四个执行框架[33]：(1) 绩效标准和资格架构，就是决定如何定义成就与绩效标准，以及如何授予毕业的学分标准和相应的审核架构，此架构包括评价、测验、记录、成绩单、学分、毕业证书，即设置相应的毕业标准和毕业要求。(2) 课程内容和清楚架构，就是决定如何定义、组织、链接学生对于成果导向系统的正式学习经验的课程内容及清楚架构，此架构包括计划、就读系所、学科领域、课程，即课程体系的构建。(3) 教学互动和科技架构，就是决定成果导向系统该运用何工具及技巧，让学生投入课程学习中的教学过程及技术手段的架构，此架构包括教学组织及所运用的科技，即教学的课堂实施。(4) 合格、晋级和指定架构，就是决定哪些学生将与哪些教师、学生在一起，并在何地方、何时、做何事的合格、晋级、指定架构，此架构包括任何与学生分组、安排计划表、人员配置、晋级、及与课程进阶相关的所有事项，即如何进行适合的评价方式。

成果导向教育通过方向设定、课程设计、教学授课、结果验证等呼应四个原则的四个执行策略来串联四个执行架构。在执行层面，提出了五项通用领域的实践与之呼应。实践成果导向教育的五大通用领域主要包括以下五个层面：(1) 定义成果：实施成果导向教育必须清楚明确的定义成果，Maskew Miller Longman (2001) 强调成果包括关键成果、具体成果、评量标准及绩效指标。(2) 设计课程：成果导向教育的课程设计着重将课程架构、教学授课、测验及证书等内容予以整合。(3) 教学授课：成果导向教育的教学强调学生学到什么？做出什么？着重产出与能力，并鼓励批判思考、沟通、推理、评论、回馈和行动。(4) 结果凭证：成果导向教育实施多元评量，评量结果强调达成最高绩效成就的标准及其内涵，而非强调学生间成果的比较。(5) 决定进阶：成果导向教育强调所有师生均应拥有成功学习及教学的机会，在学生迈向高峰成果的历程中设定几个阶段的成果次目标，让学生于过程之中逐步获得成功[35]。

2.5 就业能力协同培养的德国实例

德国职业教育基于大学毕业生就业问题直接相关者的政府、企业、高校、社会的协同，构建了大学生就业能力培养和提升的责任共担协同培养体，显著提升了大学生就业能力的水平，在很大程度上破解了高校毕业生就业时常见的供需失衡矛盾，是值得借鉴的。

2.5.1 “政府主导、四方参与”的大学生就业服务协同体系

德国的主流观点认为高校是学生就业能力培养最为关键的重要场所，尤其是应用型技术大学在人才培养过程中，实现了高等教育和职业教育的融通，知识型专业型人才标准和应用型技术型人才标准的融通[36]。因为大学生就业问题具有社会性且影响力广泛，德国在大学生就业能力培养上搭建了政府占主导，企业和学生为主，高校为中介，社会机构为补充的各方共同参与就业服务体系[37]，切实实现大学生就业能力培养和提升。

2.5.2 政府占主导，支持大学生就业能力提升

联邦劳动与社会部（Bundesministeriumfür Arbeit and Soziales，德文简称为BMAS）是德国政府主管社会就业的机构，其通过制定相关法律、法规和政策来调节社会企业录用大学毕业生的行为，以保障就业机制的顺利运行。政府实施各项优惠政策，包括促进企业吸纳大学毕业生，鼓励失业者或大学生自主创业，并采用政策性补贴；还通过降低劳动成本和税率减轻企业负担。政府也把高校毕业生就业率作为评价学校实力的指标，并与政府的财政拨款挂钩。政府以信息统计、网络服务、职业培训等方式服务就业，并在大学和就业体系之间架起一座桥梁，专门成立了新的服务机构——大学协调中心，其主要任务是咨询指导、信息发布、开办培训班和研讨会、建立联系等[38]。

2.5.3 企业多形式多渠道吸纳大学生就业

企业作为大学生就业能力培养的主体，既是主要的利益相关者，也是未来接受大学毕业生就业的主要场所，通过多形式多渠道吸纳大学毕业生。“双元制”是德国特色的职业教育体系，企业和高校共同致力于人才培养。

首先，企业十分注重吸纳人才的工作，重视保持与政府、高校共同开发培训机构，设立“校企合作委员会”。三方共同制定学生培训计划，在专业设置、课程安排等方面都尽量考虑并满足企业的要求，并聘请有扎实专业知识、丰富实践经验的教师、专家来培养学生的实践能力、创造能力、分析能力及职业适应能力。

其次，承担大学毕业生的实习和培训，并发放一定的薪金。企业会对实习学生进行严格的培训，培训合格后方能上岗，并给学生发放培训津贴。在整个实训与实习中，企业十分强调养成严格、规范的操作习惯。实习中学生必须生产出真实的合格产品，否则需要返工重来。企业除了培训学生的专业知识、技术等“硬”技能外，也很注重让学生掌握“软”技巧，包括领导艺术、交流沟通能力、团队协作能力、人际关系、时间管理和演讲技巧等，让学生了解公司的文化

并认同企业的价值观。实习结束后，公司会对每一位实习生进行考核，并根据公司的业务发展和实习期间的考核来确定是否录用。企业除了提供培训岗位外，还要为学生提供每个月的生活补助，而且，从政府的角度，并不会因此而减免对企业的税收，因为企业用于双元制职业教育的开支，被认为是企业经营成本的一部分。尽管如此企业还是有利益可言的，学生参与到企业的生产活动，降低了企业对劳动力的雇佣成本；学生在实习过程中熟悉了企业的运作流程和企业文化，有利于企业在毕业生中择优录用，且毕业生完全可以实现零距离上岗，为企业节约了大量的再培训费用；企业通过这种渠道引入新的人才，而不是通过大规模的社会招聘，这对于时间和经济，都是一个很大的节约。总之，企业不仅节约了成本，而且企业对培训任务的担当也大大提高了企业的形象和知名度。

最后，企业依托职业院校的人力、智力、技术资源，通过“订单式”模式培养自己需要的技术应用型人才过程中，深度参与到高校人才的培养过程中，成为与大学校园同等重要的人才培养场所，其企业能够主动与学校协同开发大学生就业能力，从其自身的经营实践和人才需求角度，为培训课程提供有实践意义的就业能力开发提升方案。同时“订单式”模式也解决了企业技术人才短缺问题，促进了企业的健康、稳步发展。

2.5.4　社会中介机构为大学毕业生就业提供了有益的补充

众多的社会组织对大学生就业能力的培养起到了积极的助推作用。以德国咨询介绍所为代表的社会中介机构，既是大学生就业信息、工作岗位、实习实践工作体验机会的提供者，也是就业者和雇主之间的纽带，为劳资双方提供免费服务，保证职业咨询介绍的公正性和中立性。为鼓励私人职业介绍所帮助失业者找到工作，社会组织还以公益性基金会的形式为德国的高校职业服务中心提供了一部分经费，德国的职业服务中心在有用款需求的情况下，可以通过向基金会申请或者采取合作的方式来获得资金[39]。

2.5.5　高校承担学生就业能力提升的主体责任

2.5.5.1　一体式和附加式开发并重

德国高校在大学生就业能力培养上，一是将就业关键技能的提升融入专业教育，实现一体化开发，二是在专业教育之外通过讲座、培训等形式，有针对性地提升就业能力，称为附加式。

（1）一体式模式。德国大学在学生就业能力培养的时间安排上，采取贯穿大学学习全过程的做法，教学内容既关注职前就业技能培养，也关注学生职后的职业规划和全面发展，专业教育并不意味着单一理论知识的输入，还注重培养学生的学习能力、合作能力以及实践能力，而且特别看重与社会环境及其需求匹配的创新性能力，从而使得这些能力与就业核心技能实现一体化。

（2）附加式模式。附加式就业能力开发主要是指在专业教育之外，通过讲座、培训、专门项目等形式，有针对性地开发提升学生的就业能力。这些额外的、附加的就业能力培养方式分别针对学生不同的技能欠缺，是对一体化开发模式的有益补充。比如科隆大学通过举办各种课外专题活动有效提高学生的关键技能；奥尔登堡大学则联系专业咨询中心的专家到校给学生开展系列讲座，使得学生大获裨益。德国大学一般都设置有职业服务中心、就业市场学院等专门机构组织开展附加式的学生就业技能培训，包括举办就业讲座、模拟实际招聘、职业心理测评和职业规划指导等，这些项目对开发提升大学生就业能力发挥了重要作用。

2.5.5.2 开展职业生涯指导

对学生进行入学前的咨询指导，帮助学生确定职业生涯及创业目标。德国高校从学生选择学校和专业开始，就依据学生个人能力、兴趣、性格、发展潜力等，帮助学生做好学业生涯和职业生涯规划的设计，并且德国政府和金融研究机构联合在大学开设创业课程，让学生们很早就开始接触和熟悉企业管理及经营知识，初步设立创业目标。比如吕纳堡洛伊法纳大学在课程体系中专门设置了相应的课程模块，以“新生周”的形式集中讲授，并采集社会热点问题或企业技术难点形成学生学习的实践研究项目[40]。

参考文献

[1] Pool L D, Sewell P. The key to employability: developing a practical model of graduate employability [J]. Education Training, 2007 (4): 277~289.

[2] 马永霞，薛晗. 英国大学生就业能力 Career EDGE 模型解析：内容体系与实践应用 [J]. 外国教育研究，2016 (11)：109~119.

[3] Fugate M. Employability: A Psycho-Social Construct, Its Dimensions, and Applications [J]. Vocational Behavior, 2004 (65): 14~38.

[4] Knight P, Yorke M. Learning, Curriculum and Employability in Higher Education [M]. London: Routledge Falmer, 2004.

[5] Law B, Watts A G. Schools, Careers and Community: A Study of Some Approaches to Careers Education in Schools [M]. London: Church Information Office, 1977.

[6] Work Experience Group. Work Related Learning Report [R]. Nottingham: DFES Publications, 2002.

[7] Graduate Prospects. Prospects Directory Salary and Vacancy Survey [R]. Manchester: Graduate Market Trends, 2005 (6): 11~17.

[8] Bennett N, Dunne E, Carre C. Patterns of core and generic skill provision in higher education [J]. Higher Education, 1999 (37): 71~93.

[9] Harvey L, Moon S, Geall, V et al. Graduates "work: organisational change and students" attributes [M]. Birmingham: University of Central England, 1997.

[10] Goleman D. Working with Emotional Intelligence [M]. London: Bloomsbury, 1998.

[11] Jaeger. A Job Competences and the Curriculum: An Inquiry into Emotional Intelligence in Graduate Professional Education [J]. Research in Higher Education, 2003 (44): 615~639.

[12] Bandura A. Exercise of personal and collective efficacy in changing societies [M]. Cambridge: Cambridge University Press, 1995.

[13] Pool L D, Qualter P. Emotional self-efficacy, graduate employability, and career satisfaction: Testing the associations [J]. Austral Asian Journal of Psychology, 2013 (65): 14~223.

[14] Ansoff I. Corporate Strategy: An Analytic Approach to Business Policy for Growth and Expansion [M]. New York: McGraw-Hill, 1965.

[15] Freeman R E. Strategic Management: A Stakeholder Approach [M]. Boston: Pitman, 1984.

[16] 亨利·罗索夫斯基. 美国校园文化——学生、教授、管理 [M]. 济南: 山东人民出版社, 1996.

[17] 逯铮. 利益相关者视角下高职院校产教融合的必然选择与发展路径 [J]. 2019 (05): 75~80.

[18] 王月婷. 利益相关者视角下的高职院校技能型人才培养策略 [J]. 中国成人教育, 2019 (12): 31~34.

[19] 李贺伟, 徐涵. 职业教育集团利益相关者的利益冲突问题研究 [J]. 教育与职业, 2019 (11): 21~28.

[20] 国务院. 国家职业教育改革实施方案 [EB/OL]. 2019, http: //www. gov. cn/zhengce/content/2019-02/13/content_5365341. htm.

[21] 尹晓敏. 利益相关者参与逻辑下的大学治理研究 [M]. 杭州: 浙江大学出版社, 2010.

[22] 黄浩岚. 高职教育利益相关者理论研究的若干问题 [J]. 教育与职业, 2013 (07): 6.

[23] 焦磊, 袁琴. 专业硕士学位教育吸纳外部关键利益相关者参与的机制研究术——美国的经验 [J]. 高教探索, 2019 (11): 52~57.

[24] Gummesson E, MeIe C. Marketing as Value Co—creation Through Network Interaction and Resource Integration [J]. Journal of Business Market Management, 2010 (4): 181~198.

[25] Ramirez R. Value CO-production Intellectual origins and implications for practice and research [J]. Strategic Management Journal, 1999 (1): 49~65.

[26] Prahalad C K, Ramaswamy V. Co-opting customer competence [J]. Harvard Business Review, 2000 (1): 79~90.

[27] Vargo S L, Lusch R F. Evolving to a New Dominant Logic for Marketing [J]. Journal of Marketing, 2004 (68): 1~17.

[28] Prahalad C K, Ramaswamy V. Co—creating unique value with customers [J]. Strategy& leadership, 2004 (32): 4~9.

[29] Vargo S L, Lusch R F. Service—dominant logic: continuing the evolution [J]. Journal of the

Academy of Marketing science, 2008 (36): 1~10.

[30] Bruhn M, Schnebelen S, Schafer D. "Antecedents and consequences of the quality of e-customer to customer interactions in B2B brand communities [J]. Industrial Marketing Management, 2014 (43): 164~176.

[31] 余义勇，杨忠. 价值共创的内涵及其内在作业机理研究述评 [J]. 学海，2019 (2): 165~172.

[32] Wikipedia. Outcome Based Education [EB/OL]. 2010, https: //en. wikipedia. org/wiki/Outcome-Based Education.

[33] Spady W G. Outcome-Based Education: Critical Issues and Answers [EB/OL]. 1994, https: //files. eric. ed. gov/fulltext/ED380910. pdf.

[34] Brandt R. On Outcome-Based Education: A Conversation with Bill Spady [J]. Educational leadership: journal of the Department of Supervision and Curriculum Development, N. E. A, 1993 (4): 66~70.

[35] 李坤崇. 成果导向——大学课程发展 [M]. 中国台北：台湾高等教育出版社，2017.

[36] 李益. 当代德国职业教育与高等教育的关系、融通与交叉 [J]. 德国研究，2016 (3): 112~123.

[37] 黄兴海，熊彦普. 德国大学毕业生就业服务体系与运行机制探究 [J]. 扬州工业职业技术学院论丛，2011 (12): 15~18.

[38] 林文军. 德国高校大学生可雇佣能力开发及其启示 [J]. 西南民族大学学报：人文社会科学版，2018 (4): 199~204.

[39] 张凤有，王大成，王占仁，等. 德国大学生就业工作考察报告 [J]. 中国大学生就业，2010 (S1): 34~36.

[40] 刘学云. 浅析德国应用型大学改革对我国的启示——以吕纳堡洛伊法纳大学为例 [J]. 人民论坛，2016 (2): 165~167.

3　成果导向课程开发是学生就业能力提升的基础

成果导向教育是一种教育理论，其核心是教育系统的每个构成部分都以学习成果为导向，当每个学生完成教育体验后应该实现这种学习效果[1]。高职院校的教育目标是培养德智体美劳全面发展的具有高素质技术技能特征的社会主义建设者[2]，这就决定了就业能力是高职学生核心学习成果。成果导向课程开发是以就业能力决定课程体系的反向设计过程，它是学生就业能力提升的基础。

3.1　成果导向课程体系建构

成果导向课程体系规划主要回答以下四个方面的问题[3]：（1）想让学生取得什么样的学习成果？（2）为什么要让学生取得这样的学习成果？（3）如何有效地帮助学生取得这些学习成果？（4）如何知道学生已经取得了这些学习成果？

成果导向课程体系规划未要求教师和学生采用固定的教学、学习方式，但鼓励教师善于利用批判性思考及广泛、多元的方式，引导学生依其个体差异与需求开展学习，以达到预期学习成果。

3.1.1　课程发展模式

以成果导向教育为基础，以李坤崇教授所提出的课程发展模式[3]为基础，衢州职业技术学院设计基于成果导向教育的课程发展与学习成效评量模式见图3-1。

（1）教育目标。教育目标是指毕业生在毕业3~5年后能够达到的职业和专业成就。核心能力是指学生毕业时必须掌握的知识、技能和能力，是学生完成专业学习后取得的学习成果[3,4]。

（2）短期循环。“短期循环”即课程循环机制，它以学年为周期，以能力指标为关注点，通过课程实施评量学生能力指标达成度，结合评量结果进行教学反思，提出改进措施，形成课程持续改进机制。

（3）中期循环。“中期循环”即核心能力循环机制，即核心能力持续改进机制。具体以三年为周期，以核心能力为关注点，通过顶点课程[5]评量、毕业生核心能力调查问卷、毕业前综合能力测试、顶岗实习单位对核心能力调查问卷、学生核心能力自测量表评量等多元评量方式，评量毕业生核心能力达成度；然后，

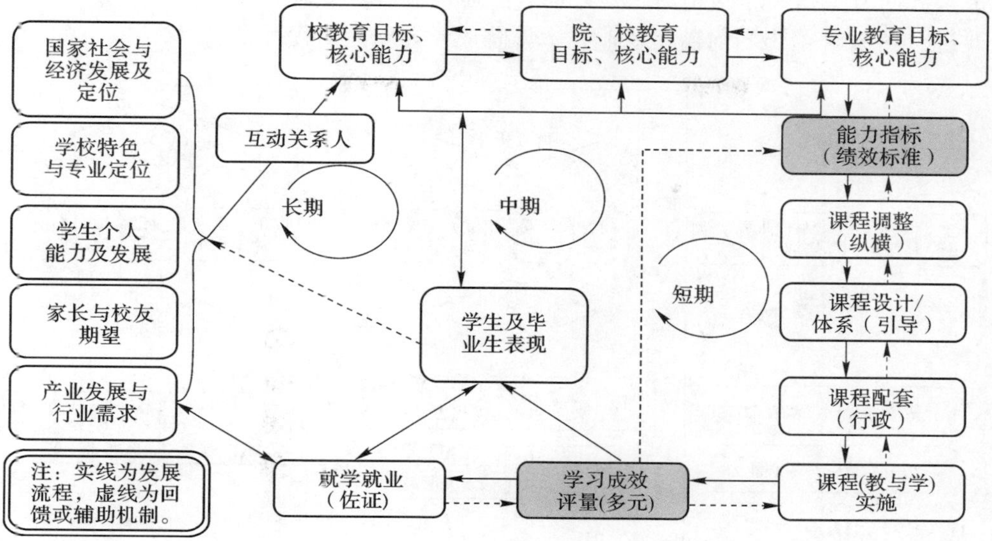

图 3-1 成果导向的课程发展与学习成效评量

召开专业课程委员会和专业外部咨询委员会[6]会议，基于毕业生核心能力达成度评量结果，形成修订专业学生核心能力的决议。

（4）长期循环。“长期循环”即教育目标循环机制，即专业教育目标持续改进机制。具体以六年为周期，以教育目标为关注点，针对用人单位、校友等利益相关方进行教育目标满意度和达成度调研；然后，召开课程委员会和外部咨询委员会会议，基于教育目标满意度和达成度调研结果，并根据国家和社会经济需求、产业及行业发展、家长及校友期望、学校特色及专业定位、学生能力及发展，开展教育目标修订工作。

3.1.2 课程体系开发方法

3.1.2.1 反向设计过程

成果导向的课程开发是从政府、企业、家长、校友等多方需求开始，由需求决定教育目标，再由教育目标决定核心能力，再由核心能力决定课程体系的反向设计过程。完整的设计过程一般可概括为：政府、企业、家长、校友等多方需求→制订学校教育目标，确定学校核心能力→依据学校的教育目标和核心能力，制订二级学院的教育目标和核心能力→结合岗位特点制定专业教育目标和核心能力→研讨并修订校三级教育目标和核心能力→课程或活动调整→确定学校专业和通识课程的核心能力指标预设权重→确定课程结构存在的问题，确定课程调整的策略→调整课程内容和结构→绘制专业课程地图→纵横检视调整后的课程体系→以成果导向教育指导原则制定课程大纲→课程教学活动实施→多元评量考核→持续改进，图 3-2 给出当前衢州职业技术学院成果导向的课程开发过程。

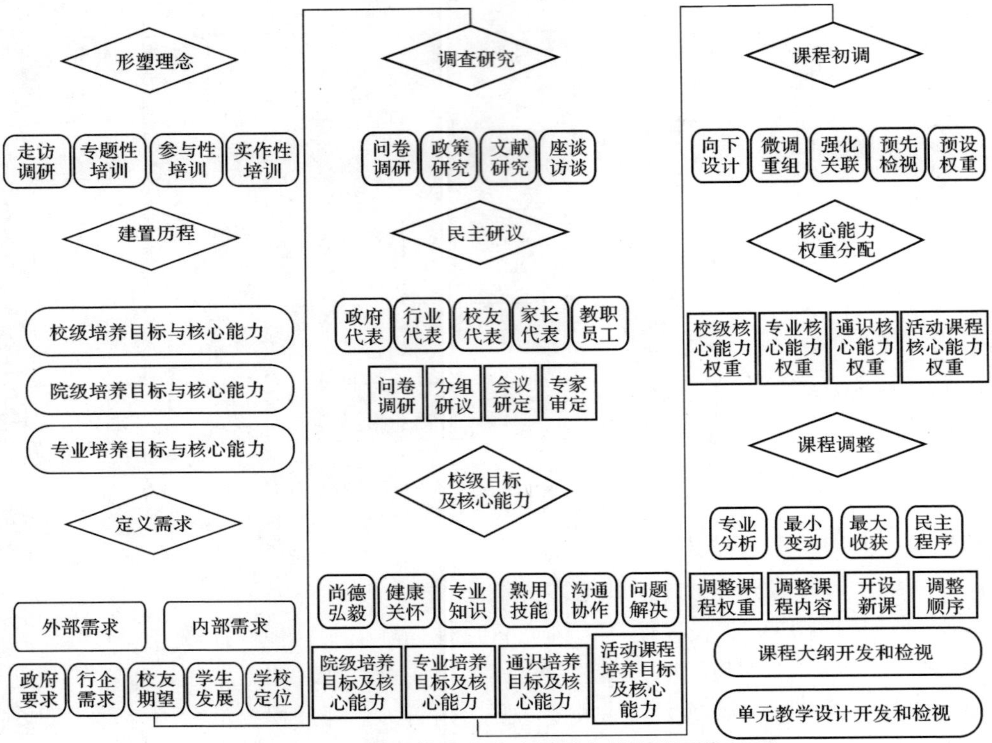

图 3-2　衢州职业技术学院成果导向的课程开发过程

3.1.2.2　核心能力权重分析法

核心能力权重分析法[3]是专业实现课程设计及教学内容与教育目标一致性的主要方法。该方法首先，在三级教育目标（学校教育目标、二级学院教育目标、专业教育目标）和核心能力指标的基础上，以调研分析、民主研议、统筹布局、加权计算为路径，依据校核心能力权重配比，结合专业各核心能力指标的贡献度，确定专业核心能力权重分配；然后，将每门课程的教学目标与专业核心能力指标进行对标分析，确定每门课程的核心能力指标权重；最后，在汇总每门课程的核心能力指标权重后，统计整个课程体系核心能力指标与专业核心能力指标的对应情况，若出现不匹配的情况，则需调整课程和教学内容，最终建立起课程与教育目标、核心能力的关联，构建符合教育目标的课程组合，实现课程设计及教学内容与教育目标的紧密联系，从而解决大部分专业普遍存在的目标链路不贯通的情况。

3.1.3 教育目标

教育目标是学生毕业后3~5年应达成的职业生涯与专业成就，是评价学生毕业后可持续发展的能力，与高职院校实现学生能力培养的价值取向相一致。教育目标的制订是由学校、学院、专业三级教学管理机构共同完成的。

首先，学校成立由主管领导和教务处、科研处、学生处等有关职能部门，以及各院系主管领导参加的工作组，工作组负责制订教育目标的原则意见，并在调研内外部需求的基础上提出学校教育目标，教育目标经民主研议定稿。其中，外部需求主体为国家、社会、行业、用人单位等，内部需求来源于教育教学规律、学校的办学思想与办学定位、教学主体（学生与老师）的需要等。

其次，二级学院以教学副院长为负责人，负责贯彻学校文件，并组织学院各专业负责人讨论学校原则性意见和校教育目标，结合学院特点提出二级学院教育目标，二级学院教育目标经民主研议定稿。

最后，专业负责人组织专业核心团队，在结合专业特点以及校院二级教育目标的基础上，经过研讨，向学院提交专业教育目标，教学副院长再组织包括行业专家在内的专业建设委员会或专业咨询委员会对教育目标进行审议。评审通过后再提交学校教务处组织的专家组评审，审查通过后送学校教学委员会审批。

“立德树人”是我国高等职业教育的根本任务，培养德智体美劳全面发展的社会主义建设者和高素质技术技能人才是我国高等职业教育的基本目标[2]。这就决定了每所高职院校的教育目标必然是，以德智体美劳全面发展的具有高素质技术技能特征的社会主义建设者这一目标为根本，并结合专业、行业、地方、区域经济、学校等特色而形成的。表3-1给出基于上述流程设计的衢州职业技术学院三级教育目标。

表3-1 衢州职业技术学院三级教育目标

教育目标	学校	经济管理学院	信息工程学院	连锁经营管理专业	计算机应用技术专业
一级	具备身心健康、爱与关怀和尚德弘毅的匠心型人才	具备身心健康、爱与关怀和尚德弘毅的匠心型人才	具备身心健康、爱与关怀和尚德弘毅的匠心型人才	具备身心健康、爱与关怀和尚德弘毅的匠心型人才	具备身心健康、爱与关怀和尚德弘毅的匠心型人才
二级	具备一定专业知识、技术和较强技能的实践型人才	具备一定经济管理领域专业知识、技术和较强技能的实践型人才	具备一定电气或电子信息领域专业知识、技术和较强技能的实践型人才	具备一定连锁经营管理专业知识、技术和较强技能的实践型人才	具备一定计算机应用专业知识、技术和较强技能的实践型人才

续表 3-1

教育目标	学校	经济管理学院	信息工程学院	连锁经营管理专业	计算机应用技术专业
三级	具备创新意识、沟通协作和解决问题的发展型人才	具备创新意识、沟通协作和解决经济管理领域问题的发展型人才	具备创新意识、沟通协作和解决电气或电子信息领域问题的发展型人才	具备创新意识、沟通协作和解决连锁经营管理领域实际问题的发展型人才	具备创新意识、沟通协作和解决计算机应用技术领域实际问题的发展型人才

3.1.4　就业能力与核心能力

3.1.4.1　核心能力

（1）核心能力内涵。成果导向教育理念中的核心能力[3]即毕业时的学习成果，是学生毕业时应具备的、助力学生取得专业成就的重要能力，是学生未来获得成功所必备知识、技能和素养的整体行动能力，是个人在不同学习或工作场景以及职业发展历程中所表现出的综合素质。毕业要求[6]是描述学生毕业时通过专业学习必须掌握的知识、技能和能力，是学生完成专业学习后取得的学习成果，所以毕业要求即成果导向理念中的核心能力。

（2）核心能力制定。教育目标确定后，依据教育目标和内部需求，结合学校培养特色及教师、校友、学生等的意愿，形成了核心能力初稿，经过反复研讨，专家审核，确定学校核心能力。各二级学院结合专业群特点，参酌学校核心能力，制订二级学院核心能力。各专业结合专业特点，参酌学校和二级学院核心能力，制订专业核心能力。二级学院核心能力是学校核心能力在专业群具体化的体现，而各专业核心能力则更加具体地体现该专业学生应具有的主要能力，具有鲜明的岗位特点。

高职院校的教育目标是以德智体美劳全面发展的具有高素质技术技能特征的社会主义建设者为根本，这就决定了就业能力[7]是高职学生核心能力之核心，本研究之核心能力主要指就业能力。

3.1.4.2　就业能力

围绕德智体美劳全面发展和高素质技术技能目标，基于 Career EDGE 就业能力模型[8]、IEET TAC-AD 毕业生核心能力[9]、悉尼协议毕业要求[10]、CDIO 教学大纲[11]等标准，本书设计就业能力模型见表 3-2。其中，一级指标代码 C 指职业发展学习；E1 指工作生活经验；G 指通用技能；D 指学科学位知识理解和技能；E2 指情商；R 指反思评价能力。

表 3-2 就业能力模型

一级指标（代码）	二级指标	一级指标（代码）	二级指标
A	1.1 自我评价能力	C	3.12 绿色技能
A	1.2 职业认知能力	C	3.13 时间管理能力
A	1.3 目标设定能力	C	3.14 抗压能力
A	1.4 技能发展能力	C	3.15 质量意思和管理能力
A	1.5 职业生涯管理能力	C	3.16 社会适应能力
B	2.1 熟用特定领域专业实务所需的知识、技能及工具等技术能力	C	3.17 组织管理能力（规划，协调和组织能力）
B	2.2 创新意识、创意思维、创新能力	D	4.1 工作经验
B	2.3 发现、研究、分析、推理及解决（设计与开发）特定领域实际问题的能力	D	4.2 生活经验
B	2.4 创业精神、创业能力	E	5.1 认识自身情绪的能力
C	3.1 职业道德	E	5.2 妥善管理情绪的能力
C	3.2 法律法规	E	5.3 自我激励的能力
C	3.3 终身学习能力	E	5.4 认识他人情绪的能力
C	3.4 判断能力	E	5.5 管理人际关系的能力
C	3.5 社会保护责任	E	5.6 自我管理能力
C	3.6 交流沟通能力	E	5.7 感恩回馈素养
C	3.7 领导力	E	5.8 爱与关怀素养
C	3.8 决策能力	E	5.9 尊重多元观点
C	3.9 团队合作能力	F	6.1 评价能力
C	3.10 跨界整合能力	F	6.2 反思能力
C	3.11 系统思维和应变能力		

3.1.4.3 就业能力达成度评价

专业通过直接评价法和间接评价法两种方式对应届毕业生就业能力（核心能力）的达成情况进行评价。直接评价法包括顶点课程评价、学生核心能力自测量表评价；间接评价包括毕业生核心能力问卷调查和实习用人单位问卷调查两种评价方式。

（1）直接评价法。

1）顶点课程评价。顶点课程[6]是为临近毕业的学生所开设的使学生反思和整合所学知识和技能，帮助学生成功过渡到职业生涯的一门课程，是检视学生学习成果的重要方式之一。该课程教学目标要涵盖专业全部就业能力，即将本专业所要求的就业能力在该实践课程中得以体现。该课程涉及专业人才培养方案中主要核心课程，通过具体工作内容将各课程合理组合在一起，从而在理论上打破传统教学实践中各自为政，环节脱离的缺点，真正意义上融合专业知识和技能。通过本课程的设计与考核，使学生能站在一定理论高度对专业以及自身能力有一个清晰认识与评判。

学生在完成所有内容后，由教师根据完成情况进行评分。评分标准主要依据各项就业能力制定，要求根据任务内容分配各就业能力的分值比重，以达到科学客观的评价目标。同时，专业也必须根据顶点课程成效及毕业要求达成度情况，进行分析与持续改进。

2）学生就业能力自测量表评价。就业能力自测量表是学生就业能力评量的重要组成部分，通过学生就业能力自测量表测试可展现学生具备就业能力，它是教学质量评价的重要参照，是帮助学生了解六项就业能力达成程度的重要依据。

专业因以就业能力指标内涵为切入点，基于国际标准化的量表编制过程制定专业就业能力自测量表[12]。可通过对学生进行预测试，并采取 SPSS 统计方法分析其结果，经内部一致性、内容信度和专家效度测验后，确定了量表的最终题目。为了提高量表的信度，量表中可设计两组一致性题目，若学生一致性题目出现自相矛盾的情况，则视为废卷。

（2）间接评价法。间接评价法是通过就业能力问卷调查展现学生具备就业能力。

1）通过毕业生就业能力问卷调查展现学生所具备就业能力。专业负责设计就业能力调查问卷，就业能力具备程度采用 5 分制，即完全符合 5 分，大部分符合 4 分，多数符合 3 分，少数符合 2 分，极少数符合 1 分。学生根据实际情况量化打分，其结果将作为修订专业教育目标、就业能力、能力指标和人才培养方案的重要依据，此方法可以真实反映应届毕业生就业能力的具备程度，并且可用于教学质量和学生学习成效持续改进的依据。

2）通过毕业生顶岗实习单位问卷调查展现学生所具备就业能力。为间接了解毕业生具备的就业能力情况，进一步掌握实习用人单位的新需求，专业可每年组织顶岗实习单位进行问卷调查，被调查的顶岗实习单位的单位性质和规模要具有代表性。学生就业能力具备程度采用 5 分制，即完全符合 5 分，大部分符合 4 分，多数符合 3 分，少数符合 2 分，极少数符合 1 分。顶岗实习单位根据学生表现进行量化打分，其结果将作为修订专业教育目标、就业能力、能力指标和人才培养方案的重要依据。此方法可以间接反映应届毕业生就业能力的具备程度。

3.1.5　课程体系调整

教育目标和就业能力确定之后，各专业需据此分析现有课程体系，如现有课程体系不足以支撑教育目标和就业能力，则需要进行课程调整。

3.1.5.1 课程体系结构及调整原则

（1）课程体系结构。

课程包含由通识课程和专业课程组成的正式课程，以及整合学生有关活动构成的活动课程组成。通识课程旨在培养学生道德责任、人文底蕴、创新意识、科学精神、独立思考、跨界整合、沟通协作和终身学习等就业能力。专业课程包含专业基础课程、专业核心课程、专业拓展课、独立设置综合实践课程等；专业基础课程主要是培养学生基础知识和基本技能；专业核心课程突出职业岗位与专业的内在联系，旨在岗位核心能力的培养，形成课程结构的核心支撑；专业拓展课程旨在拓宽学生职业能力范围，充实学生的岗位能力；独立设置综合实践课程旨在突出学生职业综合实践能力的培养，以综合实训课程和顶点课程促进学生学习成果的达成；活动课程旨在进一步提升学生专业技能及职业素养，促进学生在团队合作、勤于钻研、学习创新、爱岗敬业、实践动手能力等方面综合素质提升。

衢州职业技术学院活动课程分为大一有礼健康年、大二专业协作年、大三实习就业年。有礼健康年包括衢职有礼、衢职有爱、衢职健康、衢职悦读四个方面活动，旨在培养学生诚信有礼、身心健康；“衢职有礼”活动包括见礼（参观感受）、明礼（学习感悟）、献礼（践行奉献）；“衢职有爱”活动包括拥有爱、感恩爱、奉献爱三个部分；“衢职健康”活动聚焦于心理健康和价值观人格的培养；“衢职悦读”活动包括温故知新、明礼笃学。专业协作年包括衢职强技和双赛双创相关活动，旨在培养学生专业协作、强能强技；“双赛”“双创”包括职业技能、通用技能、创新、创业等活动；实习就业年包括正式课程、非正式课程以及各专业实习就业等活动，旨在帮助学生实习就业和创新创业。

（2）课程体系调整原则[3]。

1）扩大参与者：让所有相关教职员工参与评估现有课程体系并参与课程规划。

2）促进教师间合作：让不同院系、专业、部门的相关教职员工合作进行课程规划。

3）重新排列课程：秉持向下设计和连贯统整原则重新排列课程。

4）审视评价：重新审视为何评价、评价什么、如何评价、如何呈现评价结果，以及如何确保评价与毕业资格一致性。

3.1.5.2 课程体系调整流程

课程体系调整事关教育目标和就业能力的达成。课程体系调整围绕学生就业能力而展开，即依据就业能力在课程量化分析的结果进行课程调整。衢州职业技术学院成果导向课程体系调整过程如下：

（1）设定校院专业的就业能力指标权重。即给就业能力各项一级指标予以权重，当然各一级指标权重和为 100%，设定权重应遵循向下设计原则、沟通共识原则和持续改进原则。向下设计原则即校就业能力指标权重衍生院就业能力指标权重、院就业能力指标权重衍生专业就业能力指标权重。沟通共识原则指因权重设计的困难性，通常采用多元沟通、凝聚共识的方法，即通过教师、教职员工、校友、企业界等多元角色人员进行广泛沟通，逐步凝聚对各项就业能力指标权重的共识。持续改进指第一次设定就业能力指标权重后，应该在 3~6 年内重新审视就业能力指标权重设计的合理性，并改进；即基于持续改进理念，实施周期性的检讨和改善，使之愈趋完善。表 3-3 是衢州职业技术学院连锁经营管理专业和计算机应用技术专业就业能力指标权重分配示例。

表 3-3　衢州职业技术学院连锁经营管理专业和计算机应用技术专业就业能力指标权重

连锁经营管理专业		计算机应用技术专业	
就业能力指标	权重/%	就业能力指标	权重/%
职业发展学习	10	职业发展学习	10
连锁经营管理知识和技能	35	计算机应用技术知识和技能	40
通用技能	25	通用技能	20
工作生活经验	10	工作生活经验	10
情商	15	情商	10
反思和评价能力	10	反思和评价能力	10

根据向下设计原则不同专业的就业能力指标权重衍生于学校的就业能力指标权重，各专业可以依据专业特性根据校的就业能力指标权重做微调，一般每项指标微调在±5%。从表 3-3 可以发现计算机应用技术专业学生的专业技能对就业能力提升具有更大贡献度，而连锁经营管理专业学生相比较而言情商要求更高些。另外需要说明的是为了便于课程分析，权重的设置以 5%的倍数为宜。

（2）设定通识课程、专业课程和活动课程就业能力指标权重。

在确定专业就业能力指标权重后，因为通识课程、专业课程和活动课程在学校分别由不同部门或院系实施，故需要分别确定通识课程、专业课程和活动课程的就业能力指标权重以便于实施。权重设计依据向下设计、沟通共识和持续改进原则。

第一步，确定正式课程和活动课程总权重，具体是按照权重设计的原则，依据正式课程和活动课程对就业能力培养的贡献度确定权重，两者之和必须为 100%，表 3-4 给出衢州职业技术学院连锁经营管理专业正式课程和活动课程总权重。

表 3-4 衢州职业技术学院连锁经营管理专业正式课程和活动课程总权重

课程类型	权重/%
正式课程	70
活动课程	30

第二步，确定正式课程的就业能力指标权重，具体是按照权重设计的原则，依据专业就业能力指标权重，确定正式课程就业能力指标权重。如表 3-5 给出衢州职业技术学院连锁经营管理专业正式课程的就业能力指标权重分配示例，需要强调的是工作生活经验和情商为 0%的含义是正式课程对这两个方面培养的贡献度小于 5%，设置为 0 便于抓住主要矛盾和关键指标。

表 3-5 衢州职业技术学院连锁经营管理专业正式课程就业能力指标权重

就业能力指标	权重/%
职业发展学习	15
连锁经营管理知识和技能	50
通用技能	20
工作生活经验	—
情商	—
反思和评价能力	15

第三步，确定活动课程的就业能力指标权重，具体依据专业就业能力指标权重和正式课程就业能力指标权重，计算活动课程就业能力权重，然后按照权重设计的原则，做±5%内微调。计算方法是：活动课程就业能力某项指标权重 =（专业就业能力该项指标权重-正式课程就业能力该项指标权重×正式课程总权重）/活动课程总权重；例如活动课程职业发展学习权重 =（10%－15%×70%）/30% ≈ －1.7%，依据微调原则和实际情况取 0。如表 3-6 给出衢州职业技术学院连锁经营管理专业活动课程的就业能力指标权重分配示例。

表 3-6 衢州职业技术学院连锁经营管理专业活动课程就业能力指标权重

就业能力指标	权重/%
职业发展学习	—
连锁经营管理知识和技能	15
通用技能	20
工作生活经验	30
情商	30
反思和评价能力	5

第四步，确定通识课程和专业课程总权重，具体是按照权重设计的原则，依据通识课程和专业课程对就业能力培养的贡献度确定权重，如表 3-7 给出衢州职业技术学院连锁经营管理专业通识课程和专业课程总权重，两者之和必须为 100%。

表 3-7　衢州职业技术学院连锁经营管理专业通识课程和专业课程总权重

课程类型	权重/%
通识课程	25
专业课程	75

第五步，确定专业课程的就业能力指标权重，具体是按照权重设计的原则，依据正式课程的就业能力指标权重，确定专业课程就业能力指标权重。如表 3-8 给出衢州职业技术学院连锁经营管理专业专业课程的就业能力指标权重分配示例。

表 3-8　衢州职业技术学院连锁经营管理专业专业课程就业能力指标权重

就业能力指标	权重/%
职业发展学习	10
连锁经营管理知识和技能	55
通用技能	20
工作生活经验	—
情商	—
反思和评价能力	15

第六步，确定通识课程就业能力指标权重，具体依据正式课程就业能力指标权重和专业课程就业能力指标权重，计算通识课程就业能力权重，然后按照权重设计的原则，做±5%内微调。计算方法是：通识课程就业能力某项指标权重=（正式课程就业能力该项指标权重-专业课程就业能力该项指标权重×专业课程总权重）/通识课程总权重。如表 3-9 给出衢州职业技术学院连锁经营管理专业通识课程的就业能力指标权重分配示例。

表 3-9　衢州职业技术学院连锁经营管理专业通识课程就业能力指标权重

就业能力指标	权重/%
职业发展学习	30
连锁经营管理知识和技能	30
通用技能	25
工作生活经验	—

续表 3-9

就业能力指标	权重/%
情商	—
反思和评价能力	15

（3）确定现有课程体系中专业课程的就业能力指标权重。按照权重设计的原则，以专业课程组为核心设置专业课程的就业能力指标权重。在设置专业课程的就业能力指标权重时要注意以下事项：第一，就业能力指标权重必须呼应课程目标，越重要的课程目标，其对应就业能力指标的权重越高；第二，课程目标按条目列出，对应某项就业能力指标的条目数与该项就业能力指标权重成正比；第三，如课程中某项就业能力指标权重大于等于10%，则课程目标必须有与之高度相关的条目；第四，课程呈现大于等于10%的就业能力指标，以聚焦关键指标，如要出现5%指标则需列出就业能力二级指标；第五，如预进行更明确和更精确的分析和设计，可以设置就业能力二级指标权重；第六，每门课程的权重之和为100。表 3-10 给出计算机应用技术专业的专业基础课“数据库技术（MySQL）”的就业能力指标权重。

表 3-10　“数据库技术（MySQL）”课程就业能力指标权重

就业能力指标	权重/%
职业发展学习	—
计算机应用技术知识和技能	70
通用技能	15
工作生活经验	—
情商	—
反思和评价能力	15

（4）确定现有课程体系中通识课程的就业能力指标权重。按照权重设计的原则，以通识课程建设小组（包括英语、数学、社科、体育等相关师资）为核心设置通识课程的就业能力指标权重，注意事项同上。表 3-11 给出学校通识课程“职业生涯规划”的就业能力指标权重。

表 3-11　“职业生涯规划”课程就业能力指标权重

就业能力指标	权重/%
职业发展学习	100
学科学位知识理解和技能	—
通用技能	—

续表 3-11

就业能力指标	权重/%
工作生活经验	—
情商	—
反思和评价能力	—

（5）确定现有课程体系中活动课程的就业能力指标权重。按照权重设计的原则，以相关职能部门（团委、学生处、宣传部等）为核心设置活动课程的就业能力指标权重，注意事项同上。表 3-12 给出衢州职业技术学院“衢职强技”活动课程的就业能力指标权重。

表 3-12 衢州职业技术学院“衢职强技”活动课程就业能力指标权重

就业能力指标	权重/%
职业发展学习	—
学科学位知识理解和技能	50
通用技能	20
工作生活经验	—
情商	20
反思和评价能力	10

（6）计算现有课程体系专业课程的就业能力指标权重。具体采用加权平均法，即：专业课程的某项就业能力指标权重 = Σ（每门专业课程的该项就业能力指标权重×学分数）/专业课程总学分。

（7）分析现有课程体系专业课程的就业能力指标权重合理性。即完成现有课程体系专业课程的就业能力指标权重与第五步确定的专业课程的就业能力指标权重的差异分析，这是专业课程调整的依据。差距分析基本原则如下：1）以必修课为主，选修课为辅；2）整体差距以小于 20%为原则；如某项就业能力指标整体差距大于 20%，则检视各专业课程在该就业能力指标上的赋权，并由专业课程组参照专业课程就业能力指标权重设置办法提出增减差距的初稿；3）调整某项就业能力指标在各专业课程的权重分配，必然涉及该课程其他就业能力指标权重的修正，是一个复杂过程，为简化及均衡小组成员看法，建议所提出的增减差距的初稿以与目标权重落差控制在 5%为宜。

（8）基于专业课程权重差异以及专业课程特色发展需要，提出专业课程调整措施。专业课程调整的目的除避免重复（高于目标权重 5%以上）、弥补缺漏（低于目标权重 5%以上）外，还有增加特色（包括新知识和新技术）、改进优化和跨界复合等，即使与目标权重误差在 5%以内，也可因特色、优化和跨界需要进行调整。

专业课程调整的目标是调整后专业课程的就业能力指标权重与目标权重相比误差在5%以内。专业课程调整方法包括停老课、开新课、课程整合等变动较大调整，也包括修改原有课程的学分、修改就业能力指标权重等较小幅度调整，当然后者必然涉及课程目标、内容、教材、教法和评价方法的调整。

因专业课程事关教师切身利益、实训实验设备建设绩效、学生利益及专业发展，实践中最大的阻力是专业课教师。故专业课程调整应采取以下基本策略：1）最小变动、最大收益策略。即基于最小变动、最大收益策略，提出具有说服力的分析和数据，让专业课教师认可专业课调整的必要性、可行性和可接收度。2）积极倾听、持续协商。采取积极倾听、持续协商态度，以诚意、耐心化解专业课教师的疑虑和对立。3）充分表达、民主决策。善于利用充分表达、民主决策方法，如采取无记名投票表达建议或意见的方法，以民主程序，少数服从多数的手段，达成具有约束力的决定。4）适当配套、充分支持。即将课程调整与教师发展、经费配套、实训配套等保障支持系统同步思考和计划。

（9）基于通识课程权重差异以及通识课程特色发展需要，提出通识课程调整措施。课程调整目标、方法和策略同上，所不同的是通识课程调整主体是不同的。

通识课程调整主体是通识课程师资团队，因通识课程师资团队涉及不同基础教学部门，调整的策略需要增加第五点，从上至下，部门协同；即建立学校分管教学副校长牵头，教务处负责，各基础教学部门协同的组织保障体系。

（10）基于活动课程权重差异以及活动课程特色发展需要，提出活动课程调整措施。课程调整目标、方法和策略同上，所不同的是活动课程调整主体是不同的。

活动课程调整主体是学工线的师资团队，因活动课程师资团队涉及学工部、团委、宣传部、二级学院学工办等部门，调整的策略同样需要增加第五点，从上至下，部门协同；即建立学校分管学工的副书记牵头，学生处和团委等分类负责，相关部门协同的组织保障体系。

（11）调整后课程体系论证。完成调整后课程体系需要经过专业咨询委员会或专业建设委员、学校教学委员会、用人单位和校友等不同主体不同形式的论证，论证通过的课程体系是课程开发的逻辑起点。

3.1.5.3 用课程地图展示课程体系

为了让学生清楚的了解专业课程体系与以及专业学习路径，可以绘制方便学生识读的课程地图[3]。课程地图以学生在校学习时间为横轴，以学校课程结构为纵轴，全面体现专业的教育目标、对应就业岗位、职业资格、课程组成、学分设置、毕业要求及学习路径，图3-3展示的是衢州职业技术学院计算机应用技术专业2019级课程地图。

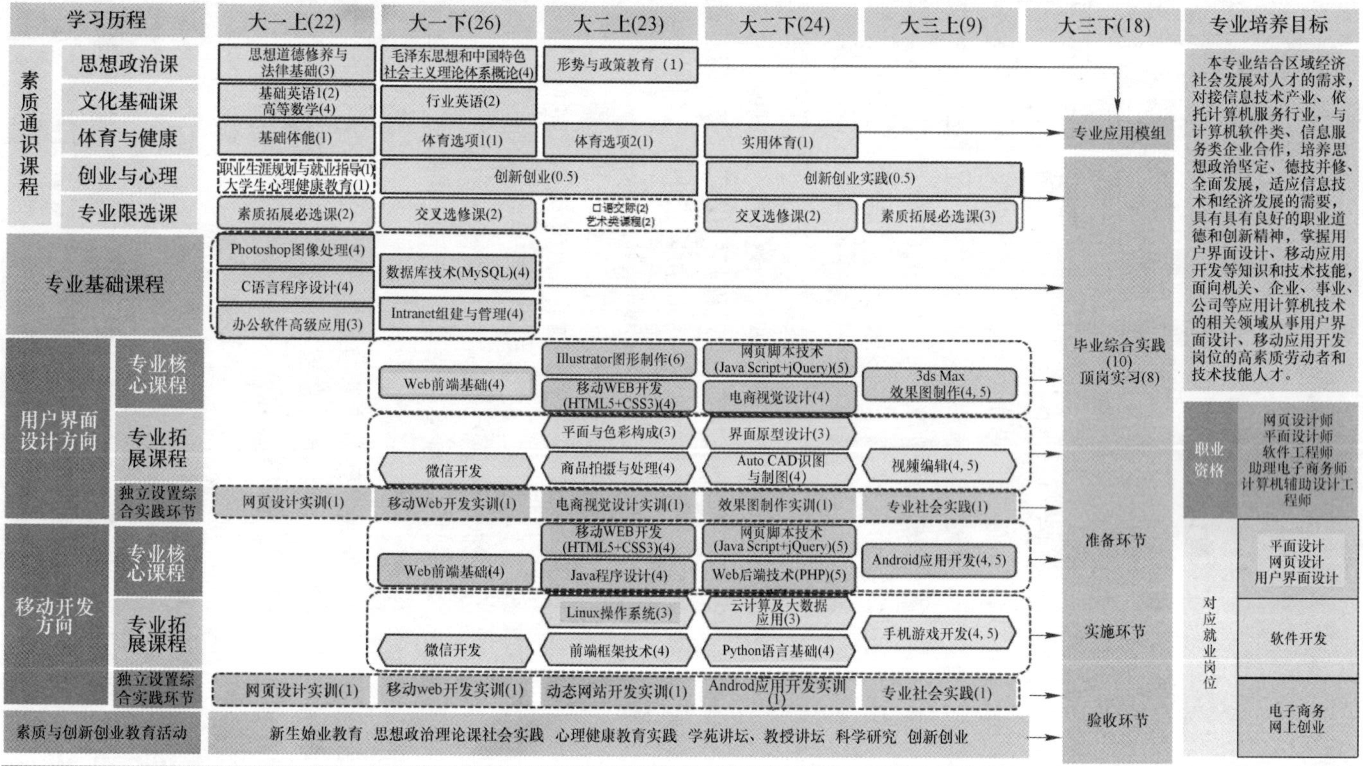

注：1.实习学分制和弹性学制，毕业最低学分为146学分，学制3~6年；
2.毕业最低学分含通识课程52学分、专业课程70学分、独立设置的综合实践课程24学分；
3.本专业学生必须修满4学分的人文艺术或社会经济类通识课；
4.学生在校期间，必须参加一定量的第二课堂活动，完成5学分素质拓展课程；
5.学生在完成必选类通识课的同时，还应当再修读12学分的选修类通识课程，其中10学分从素质与创新创业教育活动中获得；
6.专业社会实践安排在大二的暑假，总计不少于2周，1学分，毕业综合实践安排在第六学期，不少于8周，8学分；顶岗实习安排在第六学期，不少于8周，8学分。
7.职业资格（技能）证书1学分。

图3-3　衢州职业技术学院计算机应用技术专业2019级课程地图

课程地图有四个基本特征：（1）学习指引，即课程地图是学生学习的引导工具，能协助学生依据其职业发展规划，规划出大学期间清晰、完整修课和活动学习路径；（2）连贯统整，强调专业课程、通识课程、活动课程的纵向连贯与横向统整，突破专业课程、通识课程和活动课程的藩篱，强化其完整性；（3）结构化，凸显课程间的系统性和层次性；（4）课程检视：检视课程内涵的横向与纵向关系，作为课程持续改进对话、决策及课程评价的重要依据。

3.2 成果导向的课程开发

课程是人才培养计划实施的最基本的实施阵地，如何保证课程设计与课堂实施的质量，课程开发尤为重要。成果导向的课程开发是指在成果导向教育执行原则指导下完成课程大纲制定。

3.2.1 课程开发原则

3.2.1.1 课程开发任务

在完成专业课程体系调整后，负责课程开发教师组依据课程就业能力指标的权重开发课程大纲，课程大纲中要将专业确定下来的就业能力指标权重分配到每个章节；课程大纲要体现就业能力指标权重的教学方式和多元评价方法。最终实现专业教育目标与课程设计内容的一致性，实现课程与教育目标、就业能力的紧密联系。专业所开设的每门课程至少对应一项核心能力。

3.2.1.2 课程开发原则

（1）说到：制定课程目标，用以描述学生在课程完成后，学生应该具备的知识、能力、素质三方面的收获，并且该目标的条目应该呼应专业的就业能力指标。专业中各课程就业能力以量化的课程权重进行标识，方便后续对能力指标进行评价。课程目标也作为课程设计的起点，以明确应该掌握的就业能力为目标，反向设计教学过程。

（2）做到：教学内容的选择，因基于反向设计的原则，即所有的教学内容的选择，都应围绕课程目标中就业能力指标的达成进行选取。各教学内容所需的教学课时、理论实践比例均应呼应课程就业能力指标，并能与相应的权重成正比关系。

（3）教到：教学方式的选择应以“学生怎么学”为出发点进行选择，而不是以“老师怎么教”为出发点。教师通过对学生学习活动的指导来影响学生，让学生通过主动的探究和实践过程来获得就业能力的提升。

（4）评到：学习的评价方式应该聚焦在学生所获得的就业能力的评价上面，通过多种形式的评价确保学生能达到课程的学习目标。评价方式一般应采用多元的评价方式，更应注重一个阶段或者时期内取得的成果，而非在课程结束时的统一一个评价方式。在课程结束时，需要教师对学生的学习成果进行分析与评估，以期对学生是否达到课程的学习目标以及学生的就业能力有相对准确的判断。

3.2.2 课程大纲结构和特征

课程大纲是编写教科书和教师进行教学的主要依据，也是检查和评定学生学业成绩和衡量教师教学质量的重要标准。基于成果导向理念的课程大纲，不仅要清晰地描述课程的教学目的，任务，教学内容的范围、深度和结构，教学进度以及教学法上的基本要求等；而且还应该能作为学生进行自主学习的重要依据，能让学生清晰地理解本门课程，即要学哪些内容，如何进行学习，怎样检验学习效果，以真正地做到以学习者为中心的学习。

3.2.2.1 课程大纲结构

课程大纲可分为两部分，第一部分是呼应教育目标部分，该部分经专业建设委员会或课程建设委员会等学校或学院的专业或课程咨询或建设机构论证通过，教师不得自行修改。第二部分是教师教学或专业自主部分，即教师自主决定部分。第一部分包括课程基本信息、课程描述、课程目标、就业能力、课程权重、教学内容大纲等；其中课程目标是由课程委员会制定的课程学习之低标，教师据此引导学生达成此目标。第二部分包括教学方式、学习评价、进度表、建议教材、参考书籍等，由授课教师负责。

课程大纲的各部分都是以学生为中心，并服务于就业能力的达成。课程大纲的制定，是一个严谨、严格、严肃的过程，一旦课程大纲形成，任何人不得随意地修改大纲的第一部分。当然，教学工作又是一份有灵魂的事业，面对不同的教学对象，要视具体情况，调整授课进度、授课方式等第二部分内容。

3.2.2.2 课程大纲系统性

课程大纲共分为16个部分，每个部分相互之间是相互关联、相互支撑，有机的统一体，不能割裂地去看待大纲的任何一个部分。课程大纲中的课程基本信息部分，课程名称、课程类型、授课学期、实践学时等就隐含了课程类型是倾向于实践还是理论。在课程描述中，也能体现课程类型的偏向，进而决定了教学目标的撰写以及核心能力指标的标注偏向。课程教学目标（标注就业能力指标）的条目数，决定了课程的权重，而课程体系中的各门课程的权重，又决定了课程体系对专业教育目标的支撑。图3-4给出课程大纲各部分内在联系逻辑图。

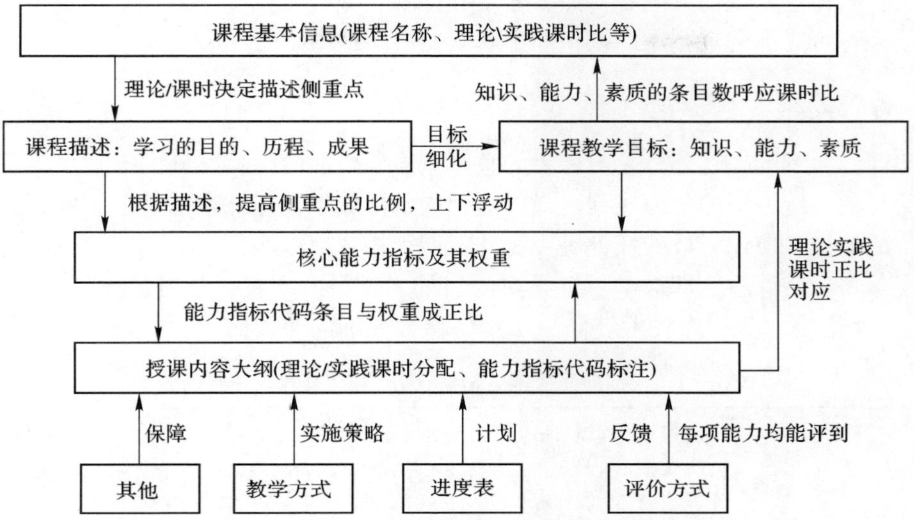

课程分析与评估（评价学习成效以及学习目标的达成度）

图 3-4　课程大纲各部分内在联系逻辑图

3.2.3　课程大纲设计

3.2.3.1　课程基本信息

课程的基本信息包括课程大纲抬头信息和课程信息两部分，抬头部分明确开课学期、专业、班级，明确授课对象。课程大纲的制定一定是依据各专业、各年级的学生学情的不同而制定，同一门课程修读的学生不同，相应的课程大纲的各部分的要求也应不同，因此，对于抬头部分一定要明确。表 3-13 给出“数据库技术（MySQL）”课程大纲的基本信息部分。

表 3-13　“数据库技术（MySQL）”课程大纲基本信息部分

<table>
<tr><td>课程名称</td><td colspan="5">数据库技术（MySQL）</td><td>课程代号</td><td>××</td></tr>
<tr><td>课程类型</td><td colspan="5">□通识 ☑专业基础 □专业核心 □专业拓展 □综合实践</td><td>授课教师</td><td>××</td></tr>
<tr><td>修读方式</td><td colspan="5">☑必修□必选（方向课）□选修（公共课）</td><td>学分</td><td>4</td></tr>
<tr><td>开课学期</td><td>2</td><td colspan="2">总学时（授课）</td><td colspan="2">64</td><td>实践学时</td><td>32</td></tr>
<tr><td>办公地点</td><td>720</td><td>课外答疑时间</td><td colspan="2">周一中午
12：30-13：30</td><td>联系方式</td><td colspan="2">×××</td></tr>
</table>

课程基本信息部分包括课程的名称、代码、课程类型、修读方式等。其中课程类型可依据本校的课程设置方式自行修改。总学时和实践学时的比例，一定程度上凸显了课程的特点，该课程如果是以掌握技能为主，则实践学时的比例应该

占主要的比重。该部分内容对照人才培养计划，务必要填写正确，以便学生通过研读大纲可对课程有基本的认识和了解。

3.2.3.2 课程描述

课程大纲的描述部分是对课程的整体概述，要能清晰、准确的概述出课程学习的目的、所经历的学习过程、最终达到的学习成果，即课程的性质、在课程体系中的地位、应该完成的任务等。此外，课程描述应以学习者为中心，以学习者的视角来看待课程，即对学习者学习的目的、学习的历程、学习的成效的描述。表 3-14 给出“数据库技术（MySQL）”课程大纲的课程描述。

表 3-14 “数据库技术（MySQL）”课程大纲课程描述

A 课程描述	本课程旨在引领学生掌握 MySQL 数据库管理、维护和设计的基本方法，通过 MySQL 图形化管理工具和命令两种方式，实现对数据库的操作和数据库的日常管理，提升解决问题和团队合作的能力，培养在学习过程中的反思能力

首先，要描述出学习的目的，可以从知识、能力、素质三方面，根据课程的特点进行选取。此处，课程为专业基础课，以知识、技能的掌握为主。也可表述为：课程旨在引领学生掌握 MySQL 数据库管理、维护和设计的基本方法和进行数据库操作的技能，此处下划线部分清晰地描述出学习者学习的目的，就是掌握数据库管理方面的方法和技能，包括知识目标（数据库管理、维护和设计的方法）和技能目标（数据库的操作技能）。

其次，应着重描述学习者的学习历程，可以是具体的学习内容、要掌握的技能、具备的素质方面的内容。也可以是学生进行学习的方式、方法等。如可表述为：通过学习 MySQL 图形化管理工具和命令两种操作方式，此处下划线部分描述出了学习者的学习历程，为具体的学习的内容，即图形化管理工具和命令的学习。也可采用第二种表述为通过教师演示项目、学生自主操作、教师辅导、成果点评分享等方法。

最后，应着重描述学习者的学习成果，此处的成果可以从知识、技能、素质三个方面进行呈现。注意一些程度词的使用，具体可参照表 3-4 认知教育目标分类中的相关知识。可表述为：实现对数据库的操作和数据库的日常管理，提升解决问题和团队合作的能力，培养在学习过程中的反思能力。

3.2.3.3 课程教学目标

（1）设置原则。课程教学目标应该从学生通过课程学习后，从知识、能力、素质三方面应该并能够达到的目标进行描述。此处的描述，应以学生为中心、学习成果为中心进行描述，且呼应课程的描述，即每一条均应体现课程描述的重要内涵。课程教学目标的设定不宜过高，也不宜过低，目标要70%以上的学生能够达成目标。课程目标要限制在课程范围之内，不宜为了体现课程的重要性，而过多的拔高课程目标，纳入过多非课程范围之内的内容。反之，也不宜片面追求让学生能够达到目标，而降低目标的难度，缩减课程的范围，降低课程的要求，而不能体现课程的内涵。

（2）表现形式。在表现形式上，可以将目标设定为4~8项，以不多于8项为原则。每条目标的描述应该专注于某一特定类别的能力的达成。知识、能力、素质等目标归类要适合准确，描述的目标程度的动词应该切合知识、能力、素质等发展层次，各动词表现的程度细分，请参考3.4节教育目标分类中的相关描述。且要求在每一条目标后标注就业能力指标。表3-15给出“数据库技术（MySQL）”课程大纲的课程教学目标。

表3-15 “数据库技术（MySQL）”课程大纲课程教学目标

B课程教学目标（标注能力指标）	1. 知识 1.1 了解数据库的基础知识 B 1.2 掌握MySQL数据库设计的基本方法 B 2. 能力 2.1 熟用工具和命令两种方式实现数据库操作 B 2.2 具备MySQL数据库系统设计的能力 B 2.3 具备解决数据库设计及安装过程中出现问题的能力 B 3. 素质 3.1 提升组织协调和团队分工合作能力 C 3.2 培养对自己采用的方法和操作以及由此产生的结果进行审视、分析、调整的意识和能力 F

（3）与课时分配关系。将课程目标设置成知识、能力、素质三类目标，此处可将知识目标的获取主要途径归因于课程的理论课时，能力目标的获取主要途径归因于实践课时，而素质目标的获取途径既可归因于课程的理论课时，也可归因于课程的实践课时。在设计课程教学目标条目时候，应该考虑课程基本信息中的理论课时与实践课时比例。以数据库技术（MySQL）课程为例，该课程的理论课时32课时，实践课时32课时，比例为1∶1。此处设置知识目标2条（理论），能力目标3条（实践），素质目标2条（侧重于理论），各类目标设置条目数和理论课时与实践课时比例基本一致。

（4）知识目标条目。知识目标条目描述学生通过本课程的学习，在知识层面应该有哪些成果，要求每条聚焦一个主要知识学习目标。数据库技术这门课程从知识层面上讲，就是对数据库的基本知识有所了解，对MySQL数据库掌握其基本的设计方法；故可细分成两条知识目标，即了解数据库的基础知识、掌握

MySQL 数据库设计的基本方法。

（5）能力目标条目。能力目标条目指学生通过本课程的学习，在能力层面应该有哪些成果，每个条目体现一个学生学习结束后应该获取的主要能力。数据库技术这门课程从能力层面上讲，就是数据库操作能力，数据库系统设计的能力、解决数据库设计及安装过程中出现问题的能力；按照一个条目对应一个主要内涵的原则，将能力目标细分成三条能力目标，即熟用工具和命令两种方式实现数据库操作、具备 MySQL 数据库系统设计的能力、具备解决数据库设计及安装过程中出现问题的能力。

3.2.3.4　课程就业能力权重

课程体系调整（见章节 3.1.5）结束后，每门课程的各项就业能力指标权重已经确定，将其直接填入课程大纲相应位置即可。表 3-16 给出“数据库技术（MySQL）”课程的就业能力权重。

表 3-16　“数据库技术（MySQL）”课程大纲课程就业能力权重

C 就业能力	A 职业发展学习	B 知识和技能	C 通用技能	D 工作生活经验	E 情商	F 反思和评价能力	备注
D 课程权重	—	70	15	—	—	15	合计 100%

要强调的是，就业能力指标权重的填写，要与课程教学目标相一致，一般按照条目的数量，算出一条的平均值权重，并根据课程性质和特点，每个值可上下浮动 5% 左右，具体由本门课程的所有任课教师协商确定。以“数据库技术（MySQL）”课程为例，该课程标注的能力指标有 B、C、F，分别为 5、1、1，共计 7 条，则一条能力指标的比重约为 14.3%，则 B 对应 71.4%，C 对应 14.3%，F 对应 14.3%，微调后将对应比例填入上表。通过填写课程的就业能力指标权重，可相对量化课程对专业就业能力培养的贡献度，既能让学生对自己所学，又能让教师对自己所教，有清晰的认识，且有利于对课程体系进行调整。

3.2.3.5　课程内容大纲

课程内容大纲包括授课内容以及对应的能力指标代码和相应的学时分配。其中，授课内容应该从知识、技能掌握以及素质培养方面，对应课程教学目标，能够充分、完整的支撑教学目标的实现。每一条的授课内容的书写，建议采用动宾结构，动词应能体现掌握的程度和教育目标的目标分类。宾语能充分、完整的、精炼的体现知识、能力、素质的相关内容。课程教学目标、就业能力指标、授课内容应该是有机统一、相互渗透、融合的整体。故在授课内容后面，应该标注对应该授课内容的主要的能力指标代码，为了更加清晰明了，标注项目不宜超过三项，且标注条数应与就业能力指标权重成正比关系。

学时分配按照授课内容的难易程度，结合授课老师的实际授课经验，合理分配学时。普遍的认知里面，我们认为知识目标的实现一般对应的是理论课时的贡献；能力目标的实现一般对应的是实践课时的贡献；而素质的培养目标实现，既可视为理论课时，也可视为实践课时的贡献。故学时分配中，对应每一条的授课内容，理论、实践课时比例要和能力指标代码条数成正比关系，总计的理论、实践课时比例，也应该与课程目标中知识、能力、素质对应的条目数成正比关系。表 3-17 给出“数据库技术（MySQL）”课程大纲的课程内容大纲。

表 3-17 “数据库技术（MySQL）”课程大纲课程内容大纲

	课程内容（能力指标代码）	学时分配		
		理论（实务）	实践	合计
F 课程内容大纲	1. 认知数据库基础知识 B	2	2	4
	2. 掌握数据库设计 B、C	6	6	12
	3. 掌握数据定义 B	4	4	8
	4. 熟用数据更新 B	2	2	4
	5. 熟用数据查询 B、F	6	6	12
	6. 熟用数据视图 B	2	2	4
	7. 能应用索引 B	2	2	4
	8. 能应用数据库编程 B、C	4	4	8
	9. 掌握数据库管理 B、F	4	4	8

“数据库技术（MySQL）”课程的授课内容从知识、能力掌握，以及素质培养方面，共分为九个教学单元，分别填入相应的表格。以第一条为例，认识数据库基础知识，此内容包括对数据库的基本认知以及 MySQL 数据基本操作的掌握，包含知识和能力部分，故标注能力指标 B；分配 4 个课时，知识、能力的指标条数比是 1∶1，故理论填写 2 课时、实践填写 2 课时。将九部分授课内容全部填写完毕后，理论实践课时比为 1∶1。对照课程教学目标的知识和能力指标条数，比例也大致是 1∶1，相互呼应。

3.2.3.6 课程教学方式

任课教师依据课程的特点、学情分析结果、教学设施设备情况，选择适合的教学方式。一般是多种教学方式的结合，而不是拘泥于一种教学方式，如所列教学方式不能包括，可在其他中填写。表 3-18 给出“数据库技术（MySQL）”课程大纲的教学方式。

表 3-18　“数据库技术（MySQL）”课程大纲教学方式

G 教学方式	☑讲授 ☑讨论或座谈 □问题导向学习 ☑分组合作学习 □专题学习 ☑实作学习 □发表学习 □实习 □参观访问 □其他（　　）

“数据库技术（MySQL）课程”开设在第二学期，作为专业基础课程，以教学做一体为主，故教学方式选择讲授、实作学习，课程中安排了分组的讨论和协作学习，故选择讨论和分组合作学习选项。

3.2.3.7　课程学习评价

（1）基本原则。课程大纲的设计中，不仅要让学生清楚要学到哪些内容，学到什么程度，最重要的是怎么进行有效、合理的评价，让教到、学到、评到成为一个整体。学习评价方式的设计，是非常重要的一个环节，设计时，不仅要能够进行有效的评价，而且还要方便教师进行操作和执行。

（2）基本结构。表 3-19 给出课程大纲的学习评价结构。对每个成绩项目，都有相应的配分，以及对应的评价方式，以呼应就业能力指标，并给出相应的说明；说明中包含详细执行细则，以及相应评分标准，要求用最简明扼要的描述，让学生明白，是如何对自己进行考核的。

表 3-19　“数据库技术（MySQL）”课程大纲的学习评价

	成绩项目	配分	评价方式（呼应能力指标）	细项配分	说　明
H 学习评价	作业成绩	30	实作评价（观察）B、C	30	取所有作业的平均分，每次作业的评价标准，详见作业评价表
	阶段考 1	10	纸笔测验 B、C	10	学习通生成试卷，自动评分
	阶段考 2	10	纸笔测验 B	10	学习通生成试卷，自动评分
	期中成绩	20	实作评价 B	20	实作评价（技能测试），参见期中试卷及评分标准
	期末成绩	20	实作评价 B	20	实作评价（技能测试），参见期末试卷及评分标准
	平时成绩	10	实作评价（观察）F	10	取阶段性反思能力评价的平均分，每次反思能力评价的评价标准，详见反思能力评价表

（3）设计说明。学习评价设计，应基于课程特征，以学生为中心，强化过程性考核。下面以“数据库技术（MySQL）”课程大纲的学习评价设计为例进

行说明。

“数据库技术（MySQL）”课程大纲的学习评价的成绩项目包括作业、阶段考1、阶段考2、期中测验、期末测验、平时成绩等五项，分别从知识、技能和素质三方面进行评价，在成绩配分中，注重课程的形成性评分。

1）作业项目。将课程每次的作业，都纳入考核中来，故作业项目配分30分，且在说明中给出详细的作业评分标准；此处，考虑到教师在执行过程中的自主性（如作业布置，应以学生的掌握情况，适时地进行调整）和便捷性，取每次作业的平均值。本课程的作业均为同类作业，以实际的数据库操作和团队完成情况为主，故设计成实作评价的评价方式，对应考核操作数据库的能力和团队合作能力。

依据本课程作业均为同类的特点，设计一套相对通用的作业评价量规（Rubric），包括相应的评价项以及评价标准。评价项依据课程的特点，设计完整度、完成速度、准确度和团队合作能力四类评价项目；并引入多主体的评价，评价主体包括学生、团队和老师，让学生参与评价过程，使评价的过程，既是一个自我审视的过程，又是一个对知识、技能掌握的过程。表3-20和表3-21是“数据库技术（MySQL）”课程作业评价表和评价标准。

表3-20 “数据库技术（MySQL）”课程作业评价表

学生姓名：__________ 学号：__________ 班级：__________

评价日期： 年 月 日

各位同学：请针对下列评价项目并参照「评价标准」，在自评字段打「A、B、C、D、E」其中一项后，再请组长组评。

各位组长：请针对下列评价项目并参照「评价标准」，在组评字段打「A、B、C、D、E」其中一项后，再请老师复评。

评价项目	自评、老师复评（A至E）		
	自评（25%）	组评（25%）	老师（50%）
1. 完整度（30%）			
2. 完成速度（10%）			
3. 准确度（40%）			
4. 团队合作能力（20%）			
合计			

表 3-21　“数据库技术（MySQL）”课程作业评价标准

作业表现评价标准					
符号	A（90~100 分）	B（80~89 分）	C（70~79 分）	D（60~69 分）	E（0~59 分）
1. 完整度（30%）	作业中所有的题目均能完成	完成作业中的大部分题目	完成作业中的一部分题目	完成作业中的少部分题目	根本没有完成作业
2. 速度（10%）	班级前 10% 完成作业	班级前 60% 完成作业。	班级前 80% 完成作业	班级前 90% 完成作业	班级前 100% 完成作业
3. 准确度（40%）	全部题目正确，存在细小的瑕疵	大部分题目正确，存在瑕疵	部分题目正确，存在一定的错误	少部分题目正确，存在较多的错误	极少数题目正确
4. 团队合作能力（20%）	在服务意识、沟通意识、责任担当、团队协调等方面表现出优秀的团队合作能力	在服务意识、沟通意识、责任担当、团队协调等方面表现出良好的团队合作能力	在服务意识、沟通意识、责任担当、团队协调等方面表现一般，无亮点无过错	在服务意识、沟通意识、责任担当、团队协调等方面没有明显消极行为	在服务意识、沟通意识、责任担当、团队协调等方面有消极行为

2）阶段考。阶段考共设计两次，每次配分 10 分，以知识掌握考核为主，借助学习通等信息化教学手段，既能减轻教师的工作量，又能让学生考核结束后，马上就能明确自己的薄弱环节，又利于教师进行统计分析，及时地进行课程内质量控制的小循环与持续改进。学习通中的试题的编写，以纸笔测验为主，具体编写参见 3.4.4 节中纸笔测验的编写原则。

3）期中和期末考试。期中和期末考试以实作评价为主，每次配分 20 分，试卷的编写参考 3.4.4 实作评价的编写原则，以操作技能和解决问题的能力的掌握为主。

3.2.3.8　课程分析与评估

课程分析与评估，是在课程结束之后，对课程的一个回顾与总结，分析学生各项就业能力达成度，便于进一步地对教学进行改进。如果学生平均成绩在 75 分以下，需要进行额外的分析以说明导致平均分较低的原因是什么，后续的改进措施是什么。课程分析评估共分三部分进行阐述，包括学习成效分析、就业能力检讨、以及其他情况说明。

（1）学习成效分析。主要从整体目标、知识、能力、素质目标分析学生的达成情况，并对学习成效做整体分析。首先，总体目标要和课程描述相呼应，从整体概述是否达到了课程描述的学习成果；其次，是从知识、能力、素质三个方面呼应课程教学目标，去分析、描述是否达到了相应的教学目标；最后，从课程执行层面分析所采用的教学策略、教学手段等，是否有利于课程目标的达成。

（2）就业能力分析。首先，要对照各项就业能力指标进行分析，逐条分析是否达到了相应的知识、能力、素质目标，并表明对应就业能力目标，在本课程的具体体现和应用。其次，对就业能力达成从整体进行分析，着重描述学生通过课程的学习，自身各项知识、能力和素质得到的提升，以呼应课程描述。

（3）其他部分。主要对课程实施过程中存在的不足进行分析，并提出课程的进一步的改进方向和措施。首先，是学习成效之评析与改善部分，即针对学生在学习过程中和成果中出现和存在的问题和不足，进行分析，并有针对性地提出相应的改善措施。其次，是就业能力指标之评析与改善部分，即针对课程对于就业能力指标掌握的程度进行分析，查找不足，并提出相应的改善措施。表 3-22 给出计算机应用技术专业“数据库技术（MySQL）”课程大纲的课程分析与评估示例。

表 3-22 “数据库技术（MySQL）”课程大纲的课程分析与评估

<table>
<tr><td rowspan="2">O 课程分析与评估</td><td>平均成绩</td><td>74</td><td>及格率</td><td>96%</td><td>修课人数</td><td>53</td></tr>
<tr><td>1. 学习成效分析</td><td colspan="5">1-1 总体目标：通过本课程的学习，多数学生能掌握 MySQL 数据库管理、维护和设计的基本方法，通过 MySQL 图形化管理工具和命令两种方式，实现对数据库的操作和数据库的日常管理；
1-2 知识目标：多数学生能够掌握 MySQL 的安装、配置和日常管理的知识，正确理解 MySQL 的语言结构，掌握 MySQL 数据库设计和操作的基本方法；
1-3 能力目标：多数学生能掌握 MySQL 与第三方图形管理软件的安装与配置；熟悉运用 MySQL 图形化管理工具对数据库进行用户、日志、备份等日常管理；能熟练运用工具和命令两种方式实现对数据库、表、查询、视图、索引的基本操作；具备 MySQL 数据库系统设计的能力和解决数据库设计及安装过程中出现问题的能力。符合本门课程以实作为主的性质；
1-4 素质目标：多数学生能提升团队合作意识和能力、在学习过程中的反思意识和能力；
1-5 整体分析：本课程的教学策略，通过课堂实践操作增加学生的数据库系统设计能力，并通过课堂讲授及操作演示，增强学生能熟练应用 MySQL 图形化管理工具和命令两种方式，实现对数据库的操作和日常管理的能力</td></tr>
</table>

续表 3-22

<table>
<tr><td rowspan="3">O 课程分析与评估</td><td>平均成绩</td><td>74</td><td>及格率</td><td>96%</td><td>修课人数</td><td>53</td></tr>
<tr><td>2. 就业能力分析</td><td colspan="5">2-1 各项就业能力指标分析：本课程与就业能力指标 B（知识和技能）、C（通用技能）、F（反思和评价能力）之培养有关。B 和 C 达成度较高，F 尚需加强；
2-2 就业能力整体分析：通过本课程的学习，学生具有熟练应用 MySQL 图形化管理工具和命令两种方式，实现对数据库的操作和数据库的日常管理的能力，具有数据库系统设计的能力，能提升反思能力及团队合作能力</td></tr>
<tr><td>3. 其他</td><td colspan="5">3-1 学习成效之评析与改善：通过实践项目任务讨论提升学生学习动机，因此学生学习的兴趣和主动性普遍高，课堂上的互动更为活跃；此外，平时作业和实践操作的表现总体不错，但是有个别学生由于学习态度不够端正，不认真完成作业，导致不能通过本门课程的最终考核。针对这些平时不爱学习的学生，要加强个别沟通与交流，增加平时的辅导工作；
3-2 就业能力指标之评析与改善：综合学生本学期之各项表现，可以得知就业能力指标 F 需再加强，或许可以通过多安排有明确要求的反思任务予以改善</td></tr>
</table>

3.2.3.9　课程大纲其他部分

课程大纲编写中，还包括进度表、建议教材、参考书籍、先修课程、教学资源、注意事项等。

（1）I 进度表：进度表是针对授课内容，按照实际的教学周，针对各教学单元做出的授课时间安排。此处进度表设计包括周别、单元名称与内容以及相应的能力指标代码。周别按照人才培养方案中设置的教学周进行填写。如为实训课程，可按照课次填写。一个单元名称对应授课内容大纲的一条内容，并在其下方填写本单元相对详细的授课内容。最后标注能力指标代码。此进度表，可在每个学期初，由课程组的全体人员协商、修订完成。具体执行过程中，可根据实际授课情况，以及学生的学情不同，进行适当调整。

（2）J 建议教材，课程组共同讨论确定，可在每个学期结束时，对建议的教材进行修订，可根据学科和课程特点进行选用。

（3）K 参考书籍，至少提供一本，能够拓展学生知识面，是帮助学生自主学习的书籍。

(4) L 先修课程，要指明该课程开设之前，已经开设的和本课程关联度较大的课程。

(5) M 教学资源，可以从教师资源、学校资源以及网络资源等方面进行填写，方便学生在学习过程中，查找相关资料，完成课前预习、课后的复习等。

(6) N 注意事项，说明大纲执行过程中，需要特殊说明的部分。主要包括两部分内容，一为对进度表的说明，可以根据教学需要进行调整。二为对知识产权保护说明。

3.2.4 课程大纲检核和完善

课程大纲应是同一门课程的课程团队共同制定，制定完成之后，需要经过课程检核委员的检核，才能付诸实施。进入实施阶段，课程大纲除了教学进度可根据教学需要，由任课老师自主调整外，其他部分不能随意变动。可在课程实施完成以后，需要根据实际情况对课程大纲进行修订，不断地进行改善、完善。

课程检核委员可由专业主任、对该课程熟悉富有经验的课程教师、企业专家等担任。可依据课程大纲检核表，对课程大纲进行检核，提出相应的意见。撰写大纲教师依据检核结果，对大纲不断地修订、完善，再次送交检核，直到所有检核项均达到 A（非常符合），即大纲得到课程组教师、检核委员等的认可，方可算完成，并在学期初公布给学生作为学习参考。表 3-23 和表 3-24 给出李坤崇教授指导下设计的衢州职业技术学院课程大纲检核表和各检核指标的评价规准。

表 3-23　衢州职业技术学院课程大纲检核表

衢州职业技术学院课程大纲检核表

二级学院：　　　　　　　　　　专业：

课程名称：　　　　　　　　　　撰写教师：

检核项目	检核指标	检核结果	建议事项（勾选 C、D 必填）
基本资料	A1 课程名称、类型、修读方式正确		
	A2 开课学期、学分、总学时、实践学时正确		
课程描述	B1 明确阐述科目之目的、历程或结果		
	B2 呼应课程名称及其要旨、专业需求		
	B3 力求扼要精简，以 50~150 字为原则		

续表 3-23

检核项目	检核指标	检核结果	建议事项（勾选 C、D 必填）
课程教学目标	C1 目标呼应课程（科目）要旨及专业需求（明确标示重点在理论/知识或实务/实操/实践）		
	C2 知识、能力、素质等目标条次能呼应课程名称的重点方向		
	C3 目标叙述能包括课程描述的重要内涵		
	C4 目标叙述以学生、成果为中心，而非教师中心		
	C5 知识、能力、素质等目标归类适切，且动词切合知识、能力、素质等发展层次		
	C6 标注能力指标能呼应目标，掌握判别重点，对应能力（非仅知识），且一目标对应一能力指标		
	C7 目标设定数量于 4-8 项，以不多于 8 项为原则		
	C8 目标叙述七成以上学生能达成目标		
	C9 目标确保能达成，且设定谨守课程范围		
能力权重	D1 能力权重适当，充分呼应课程名称要旨及目标		
	D2 能力权重与次数成正相关，以 5% 的倍数填写，100 除以条次后得上下调整 5%，合计为 100%		
学分数分配	E1 各项分类的学分数放置、数量及总学时适切		
	E2 各项分类学分数能对应能力指标权重		
	E3 各项分类学分数能呼应教材内容大纲中之学时分配（非仅知识理论/实务或实践）		

续表 3-23

检核项目	检核指标	检核结果	建议事项（勾选 C、D 必填）
教材大纲	F1 具体呈现各单元主题名称，活化且能判别层次		
	F2 标注能力指标能掌握单元主题的内涵重点，不超过 3 项能力指标为原则		
	F3 标注能力指标内涵及先后顺序能呼应学时分配（理论/实务或实践）		
	F4 标注能力指标条次、先后顺序能呼应能力权重、目标条次		
	F5 直接呼应教学目标，以 6~12 项为原则		
	F6 同一科目授课教师的最大公约数		
教学方式	G1 教学方式适当，且呼应课程目标		
	G2 教学方式多元，活泼富创意		
学习评价	H1 各评价阶段、配分的配分合理、周延		
	H2 评价方式呼应目标、能力指标，且多元		
	H3 评价方式标示的能力指标适切，且包括所有目标的能力指标		
	H4 评价说明力求周全、清晰扼要，学生易懂		
	H5 评价标准应包括相应的评价规准及附件		
教学进度	I1 单元名称与内容能呼应、衍化自课程大纲		
	I2 单元内容应精简扼要呈现，但不流于简略		
	I3 单元名称与内容对应能力指标及其顺序，应呼应教程大纲的能力指标及顺序		
	I4 进度次数以周为单位呈现为原则，一学期约为 16 周；若非每周上课宜让学生清晰了解进度（如以 2 节或半天为单位）		

续表 3-23

检核项目	检核指标	检核结果	建议事项（勾选 C、D 必填）
建议教材及参考用书	J1 建议教材至少指定一本		
	J2 建议教材写法比照论文参考书目格式		
	J3 尽量呈现最新、重要的参考书目		
	K1 具体指出先备课程或科目（视需要呈现）		
	K2 具体指出先备能力（起点能力）		
	L1 呈现必要的教学资源		
	L2 呈现必要的学生学习资源（视需要呈现）		
	M1 纳入：得视教学需要调整之		
	M2 规范课堂学习的重要行为（视需要呈现）		
课程分析与评估	N-1 平均成绩符合预期目标、适当		
	N-2 及格率符合预期目标、适当		
	N-3 修课人数符合规定、适当搭配教学法		
	N-4 课程概述（预期成果）叙述适当、前后呼应		
	N-5 学生学习成效能充分分析、评估各项课程目标		
	N-6 核心能力（指标）能充分分析、评估各项核心能力		
	N-7 其他（持续改善）能自我反思，提出改善作为		

检核委员签名：　　　　　检核日期：　年　月　日

表 3-24　衢州职业技术学院课程大纲检核表评价规准

各检核指标的评价规准				
	A 非常符合	B 大部分符合	C 少部分符合	D 不符合
代码	A	B	C	D
配分	2	1.5	1	0
各检核指标（右列规准得权衡调整）	1. 完全掌握指标内各项重点 2. 精准达到指标应有的质量	1. 大部分掌握指标内各项重点 2. 大致达到指标应有的质量	1. 少部分掌握指标内各项重点 2. 尚能达到指标应有的质量	1. 完全未能掌握指标内各项重点 2. 未能达到指标应有的质量

3.3 成果导向的课程教学

成果导向教育强调教学的输出，即学生的学习成果。只要有助于学生的学习成果获得的策略和方法都可以作为成果导向教学模式，鼓励采用问题教学法、项目教学法等学习策略，小组任务和独立研究等学习方法，电子化学习和虚拟仿真等学习技术。

基于成果导向的教学模式[13]，是一种通过教学活动的开展来支撑学习结果的方法或者途径。成果导向教育主要有三大构成：预期学习结果、教学活动和结果评估。预期学习结果用来描述学生在规定的课程结束时预期达到的成果；教学活动环节的关键点在于教师想要学生学到什么，而不是教师怎么教，或者教什么；在评估环节，使用多种真实性的评估任务来进行评价，并且鼓励学生进行自我反思以培养探究与创新等能力。

成果导向教学模式打破传统的“以教师为中心”“以知识体系为导向”，是一种强调学生主体地位的教学模式，实现了教学范式由“内容为本”向“学生为本”的根本转变。相对于传统教学，该模式在教学目标、教学内容、教学过程和教学评价等方面具有如下特点：

(1) 在教学目标上落实就业能力要求。相对于传统的“以学科知识为主”的正向教学模式，成果导向教学模式注重学生综合能力的培养，将目标明确地聚焦于学生最终有意义的学习结果上，强调学生的“知识、能力、素质”三维教学目标，突出能力本位。它不再是正向的知识灌输，而是围绕学生的最终“成果”来组织和开展教学，以明确的综合能力的掌握为目标反向设计教学过程，最终促成学习成果的达成。

(2) 在教学内容上更注重选择性。相对于传统的“统一”教学，成果导向教学模式在教学内容选择上具有更大的灵活性。教师根据学生的情况，选择不同的教学内容供不同能力水平的学生选择，学生则根据自己的不同情况和能力期望来选取相应的、适合自己的教学内容。这也改变了传统教学中教与学“两张皮”的状况。

(3) 在教学过程上更注重以学生为主体。如果教学过程中关心的问题是“教师怎么教”，这是以教师为中心的教学。而成果导向教育模式下的教学关注更多的则是“学生怎么学”，教师通过学习活动指导影响学生，使他们提高“应该学习什么”的感知，从学生的内外部需求出发，使学生能动地“创造”而不是被动地“接受”，通过主动的探究和实践过程培养多方面的能力。

(4) 在教学评价上注重多元化。成果导向教学模式在于确保所有的学生在离开教育系统时能够拥有今后走向“成功”所需要的知识和能力，但不要求他们在同一时间、用相同的方式达成。针对此，成果导向教学模式的评价体系也不同于传统模式的统一测评等方式，其将评价焦点放在学生的“就业能力指标”

上，通过多方面的评价确保学生达成预期学习目标。

(5) 教学方法上强调与教学目标的适应性。成果导向教育模式没有固定的教学方法，其主导思想是只要有助于学生自我表现和学习成果习得的策略和方法均可以采纳，项目教学法、问题教学法、案例教学法、交互式教学、游戏化教学、情景教学等都属于选项，因此在教学方法的选用上具有更大的灵活性。教学目标是多元且分层的，这就决定了即使对同类教学目标，其教学方法也应该是多元的。如对于知识目标，认知层面的知识目标强调培养学生用追忆或再认法记忆所学知识，并学习如何借助暗示、信号与线索将习得知识有效回忆的能力；理解层次知识目标侧重培养学生领会人际间彼此沟通信息的能力；应用层次知识目标培养学生在不同情境中运用已学知识的能力；分析层次知识目标则是培养学生将整体分解成各种因素的能力；综合层次知识目标培养学生对各种要素、组成部分和片段进行处理加工的能力；评价层次知识目标则可培养学生对资料和方法进行评鉴的能力。

3.4 成果导向的多元评价

文献［12］指出评价是经由观察、表现与专题评定或纸笔测验获得学生学习信息，并对学生学习进展予以价值判断。评价要回答的问题是“这个人表现得有多好?”，兼顾量化描述（测量）和质性描述（非测量）；测量是获得量化的过程，用于描述个人拥有特殊特征的程度，其要回答的问题是“这个人表现了多少?”。基于成果导向的教学模式的最后一个环节是学业评价环节。课程学业评价是对每个学生取得的具体课程学习成果度量，即用于检验课程教学目标的达成度，更应用于教与学的改善。

3.4.1 成果导向的评价特征

有效的评价方法要采用不同的方式以配合相应的学习成果，即不同类别的学习成果需要不同考核方法，同时要注意评价数据的可靠性和有效性，以使对学生学习效果的判定具有更高的可信度。

成果导向教育设定了多元的教学目标，选用了多样化的教学方法，这决定了多元是学习成效的评价的主要特征。成果导向教育的评价方式，应该能从效度、信度的评价来验证学生学习成效，同时又能解析教育目标与就业能力达成度，并可作为可持续改进的依据。因此，在评价过程中不能单一的采用单一评价主体、评价工具、评价角度进行评价，也不能以单次评价作为最终评价。需要加强过程性的评价，对于学生在学习过程中，体现出的成长性基于正向的反馈，让学生在评价过程中，能够体会到成功的激励，最终达成就业能力提升[14]。

3.4.2 多元评价

学习者的学习成效是多方面的，学生在学习过程中，表现出来的能力不是单一维度的数值反映，而是对多维度、综合能力的体现，因此对学生学习成效评价应该是多方面的。多元评价理论[15]体现在主体多元化、内容多维化和方法多样化，它对促进学生全面发展起到了很好促进作用。

（1）评价主体多元化。评价主体是指那些参与教育评价活动并按照一定的标准对评价客体进行价值判断的个人或团体。评价主体多元化主要体现在：参与评价活动的人除了教师外，还可以包括行业企业专家、专职的评价机构、教育决策机构、学校管理人员、学生家长、学生群体和个体以及学校以外的其他有关人员。多元评价理论强调充分发挥评价主体的作用，使评价结果更为客观，以激发学生的学习积极性。

（2）评价内容多维化。美国心理学家 Gardner 的多元智能理论[16]认为人至少有七种智能：语言智能、人际关系智能、音乐智能、自我认识智能、身体运动智能、空间智能、逻辑数学智能。在这七种智能中每个人都各有所长，不能单独从一个方面去评价学生技能的高低，而应综合各方面内容对学生进行评价。其后在其模型中加入第八种智能，即自然智能。

（3）评价方法多样化。依据评价主体不同，可采用自我评价和他人评价。自我评价是学习者按照一定的评价目的与标准，对自身的工作、学习、品德等方面的表现进行价值判断；他评是指学习者以外的人所进行的评价。自我评价能充分调动学生学习积极性，而他人评价可信度较高，具有一定权威性。

依据评价内容不同，可采用量化评价和质性评价，量化评价是指运用数学、统计学工具，收集、处理评价对象的资料，通过数量化的分析和计算，进而对评价对象做出价值判断的评价方法，一般包括标准化测验、常模测验等；质性评价是指确定评价对象主流是否积极、方向是否正确而对某些细节和小的利弊得失采取模糊评价的方法，一般包括课堂的行为记录、项目调查、书面报告、作业、学习态度等方法。依据评价手段不同，可采用人工评价和计算机评价。

3.4.3 教育目标分类

确定教育目标是教学设计的首要环节。故对教育目标的准确分类，具有重大意义。而在众多的教育目标分类理论[17]中，Bloom 关于目标分类的理论与 Gagne 对学习结果分类的理论[18,19]等都十分具有代表性，这些理论对教师分析、设计和评价教学目标都具有重要的借鉴和参考价值。Bloom 将教育目标分为认知领域、技能领域和情意领域三类。李坤崇教授在文献［20］中指出针对知识、能力、素质目标可采用下列不同的认知模型，即知识教育目标分类采用 Anderson 等人修订 Bloom

的认知教育目标分类架构[21]、能力教育目标分类采用 Simpson 技能教育目标分类[21]、素质教育目标分类采用李坤崇教授在文献［22］中设计的情意教育目标分类。

3.4.3.1 知识教育目标分类

Bloom 将认知教育目标由最简单到最复杂分为六个层次，依序为：(1) 知识或认识：指对具体事物和普遍原理的回忆、对方法和过程的回忆，或者对一种模式、结构或框架的回忆；具体包括三个亚类别，即具体的知识，处理具体事物的方式方法的知识、学科领域中的普遍原理与抽象概念知识。(2) 领会或理解：包括转化、解释和推断；转化指个体将交流内容转化为其他术语或转化为另一种交流形式；解释指对交流内容的说明或总结，是对材料的重新整理、排列或提出新的观点；推断指根据对交流内容中所描述的趋势、倾向或条件的理解，作出估计或预测。(3) 应用：在某些特定的和具体的情境里使用抽象概念。(4) 分析：将整体分解成各组成要素或部分，以把握各概念间的层次或关系，包括要素分析、关系分析和组织原理分析三个亚层次。(5) 综合：把各要素和组成部分组合成一个整体。包括三个亚类别：进行独特的交流、制定计划或操作程序、推导出一套抽象关系。(6) 评价：指为某种目的，对观念、作品、答案、方法和资料等的价值作出判断。

本书知识教育目标分类采用 Anderson 等修订 Bloom 的认知教育目标分类架构，见图 3-5。

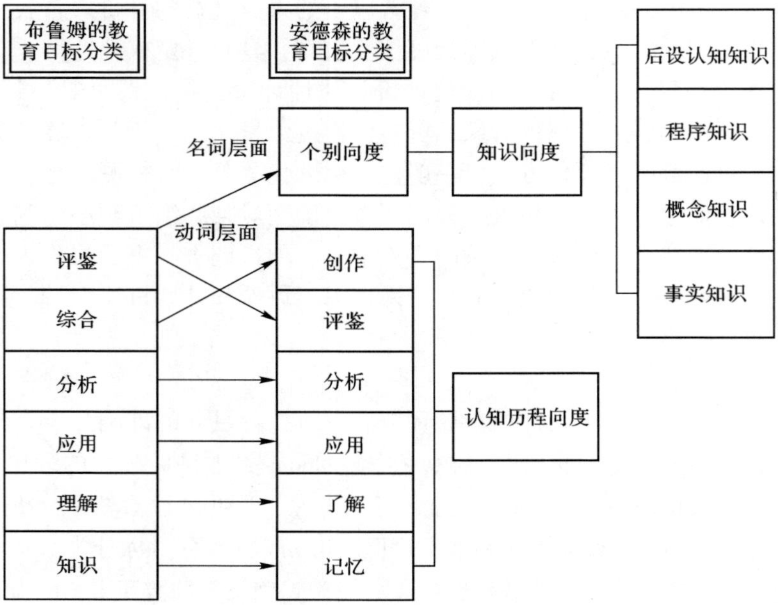

图 3-5 认知教育目标分类架构比较

Anderson 等人将认知教育目标由最简单到最复杂分为六个层次，依序为：(1) 记忆：指从长期记忆中提取相关知识，记忆又包括再认和回忆；(2) 了解：指了解教材意义、新知识与旧经验连接，了解可细分为诠释、举例、分类、摘要、推论、比较、解释；(3) 应用：指以程序（步骤）来解决问题，可细分为执行、实行；(4) 分析：指部分间，及部分与整体结构的关联，可细分为区辨、组织、归因；(5) 评鉴：指根据某些规准进行价值判断，可细分为检查、批判；(6) 创作：指形成一个完整且具有功能的整体，可细分为生产、计划、制作。

在课程大纲、单元设计以及评价的设计中，对于教学目标的描述、课程内容的描述、评价工具的设计中，不同层次的认知教育目标，要对应能够表现不同层次的动词，见表 3-25。

表 3-25 知识教育目标对应动词表一览表

知识教育目标分类	对应描述的动词
6.0 创作	提出、假设、设计、建造、创作
5.0 评鉴	协调、检视、实施、判断
4.0 分析	区别、分别、聚焦、挑选、寻找、连接、形成体系
3.0 应用	运行、运用、应用
2.0 了解	阐明、解释、陈述、翻译、举例、举实例、分类、归类、建立、概括、归纳、推断、插入、预测、对照、模比、配对、建立、建造
1.0 记忆	记得、认得、认出、知道
在具体的描述过程中，还应参考相应的名词进行判断，不能机械地搬用对应的动词。	

3.4.3.2 能力教育目标分类

Bloom 本人并没有编写出动作技能领域的目标分类，这个领域出现了好几类分类法，尚无公认的最好分类，最常被引用的是 Simpson 的分类。他把动作技能领域的教育目标，分为感知、准备状态、引导反应、机械化、复杂的外显反应、适应、独创七级。动作技能的各个层次，也均有各自的一般目标，这些目标可以用一些特殊学习结果和行动的动词加以表示。表 3-26 和表 3-27 分别列出 Simpson 技能教育目标分类和能力教育目标对应动词表一览表。

表 3-26 Simpson 技能教育目标分类

主阶层	次阶层
1.0 感知	1.30 转换 1.20 线索选择 1.10 感官刺激

续表 3-26

主阶层	次阶层
2.0 准备状态	2.30 情绪状态 2.20 生理状态 2.10 心理状态
3.0 引导反应	3.20 尝试错误 3.10 模仿
4.0 机械化	
5.0 复杂的外显反应	5.20 自动表现 5.10 解决不确定性
6.0 适应	
7.0 独创	

表 3-27 能力教育目标对应动词表一览表

能力教育目标分类	对应描述的动词
6.0 独创	制造、设计、发展、筹划、编辑等
5.0 复杂的外显反应	组合、修缮、解决、折叠、改正、计算、示范
4.0 机械化	操作、装卸、练习、改换、修理、固定等
3.0 引导反应	制作、赋值、混合、依从、建立等
2.0 准备状态	选择、建立、安置等
1.0 感知	描述、使用、抄写、理解、解释、研习等

注：在具体的描述过程中，还应参考相应的名词进行判断，不能机械地搬用对应的动词。

3.4.3.3 素质教育目标分类

李坤崇教授在文献［22］中提出情意教育目标分类进行分类，见图 3-6。

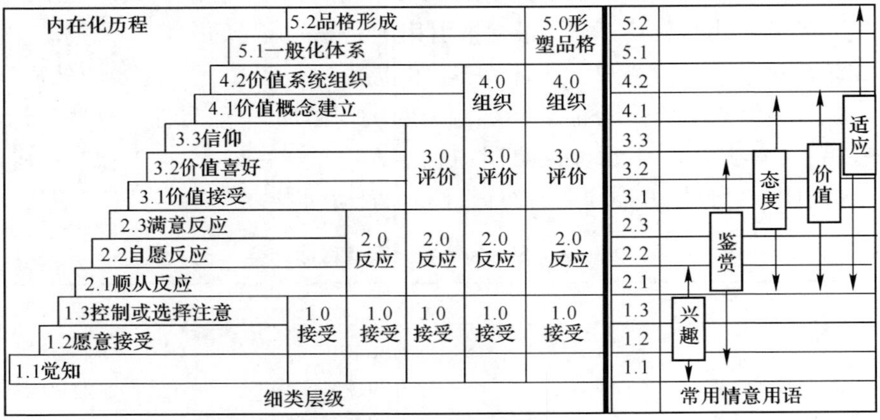

图 3-6 情意教育目标分类之细类层级及常用情意用语

按照素质教育目标的分类，在课程大纲中描述课程素质教学目标时，对目标的描述，要首先判断其所在的层级，从接受开始，直至形塑品格，再选用恰当的动词和名词进行描述。表3-28提供一个素质教育目标分类对应的动词表。

表3-28　素质教育目标分类对应动词表一览表

素质教育目标分类	对应描述的动词
5.0 形塑品格	养成（习惯）、建立（一致信仰、人生观或者人生哲学）、秉持（做人处事原则）、建构（理念）、塑造（人格）涵养（一致态度、负责的态度或者情操）、展现（一致的行为）、发展（某种信息）、培养、养成
4.0 组织	有关价值的组织、重组、合并、综合、整合、融合、关联、类化、调整、和谐、归纳、坚持、改变、重改
3.0 评价	价值判断、评价、接受价值、接纳价值、喜好价值、追求价值、支持价值、寻求价值、重视、尊重、欣赏、坚信、确信、承诺、说服、宣扬、推荐、崇尚、爱护、珍惜、拥护，或者冠以接受、喜好、信仰价值等相关形容词或者副词的动词
2.0 反应	顺从、服从、默认、自觉、自愿、愿意、同意、赞同、反对、主动参与、积极参与、关心、关怀、快乐、满意、喜欢、讨厌、爱惜，或者冠以顺从、自愿、满意等相关形容词或副词的动词
1.0 接受	接触、倾听、觉知、感受、体会、经历、体验、接纳、接受、忍受、选择性注意、密切注意、深究、关注、观察、认同、感兴趣、或冠以觉知、愿意接受、注意等相关形容词或副词的动词

注：在具体的描述过程中，还应参考相应的名词进行判断，不能机械地搬用对应的动词。

3.4.4　多元评价编写原则

多元评价的方式有纸笔测验、实作评价、口语评价、档案评价等。以下从评价的编写原则进行简单阐述。

3.4.4.1　纸笔测验的编写原则

（1）纸笔测验。纸笔测验，是指在纸上呈现标准化试题，受测者按题意用笔回答的测验。纸笔测验是侧重于评定学生在知识方面学习成就高低或在认知能力方面发展强弱的一种评价方式。这类评价方式包括：传统的考试、教师自编成就测验、标准化成就测验或其他作为教学评价辅助工具用的各种心理测验等。此方式实施方便，既经济又省时，评分也较为客观、迅速，是一种有效的考核方式。但是，纸笔测试常见问题有缺乏规范与违反命题原则。

（2）纸笔测验原则。纸笔测验在设计、命题、组织与实施、结果分析的全过程都应以科学的考试理论去指导，即纸笔测验必须符合学生的身心发展规律、符合课程大纲的要求、符合以学生为本原则，符合学生全面发展需要。纸笔测验的目的不仅是为了给学生一个分数，或排出名次，而是能真实地反映学生掌握知识、能力、技能的水平。

纸笔测验命题原则包括：试题分布依据双向细目表，且题目内容依据有代表性；叙述扼要、直接切入重点；使用字汇适合受试者；试题必须是公认的正确答案，避免争议性；符合受试者的视觉走线。

（3）纸笔测验编写细则。纸笔测验常见试题有选择题、判断题、填空题、论述题等。

1）选择题编写原则。选择题是所有试题类型中作用最广泛的，可考查学生记忆、了解、应用、分析、评鉴、创作等能力。

编写选择题的原则有：每个试题题干不应中断；试题应测量重要的学习结果；试题题干应完整、清晰界定问题；以简短、清晰的用词陈述试题题干；题干避免使用否定句、若需采用则宜强调否定字词；尽可能将各选项共同字词放在题干中；标准答案必须是正确或最佳的答案；专有名词或术语如引用外文宜附注原文；各选项应按逻辑顺序排列；各选项应避免有内涵重叠现象，数字、数据类试题宜避免范围重叠；提高诱答似真性与吸引力；谨慎使用“以上都是”或“以上都不是”等用语；除已被普遍使用的缩写外，应避免使用缩写等。

2）判断题编写原则。编写判断题的原则有：每题仅包含一个重要概念，避免出现两个及以上概念；叙述力求简洁、明确，避免使用复杂的句型结构；尽量少用否定叙述，尤其要避免双重否定叙述；答案应避免引起争议；试题叙述避免含糊不确定的文字、数量语词；避免使用含有暗示的线索；对错两种答案的题数应该有恰当的比例，且采用随机方式排列；意见叙述必须指出来源或依据；试题文句需重新组织，避免直接抄录教材文句等。

3）填空题编写原则。编写填空题的原则有：试题答案应简洁、具体、明确；填充式答案以一个为原则，空格不可太多；问题不应直接抄自教科书或参考书；编写试题以“直接问句”较“不完全叙述句”优先；答案必须为问题之重要概念，而非零碎知识；答案空格应一致，且尽量将空白留在句子末端；避免提供作答之线索；答案若是数字，应指出要求之精确程度和单位名称等。

4）论述题编写原则。对于考察组织、表达、创意、完整思考过程能力，适合使用论述题。论述题分为两种，一种是学生有充分自由呈现其答案，题目只需做适当限制。另一种是只给学生部分作答的自由，使用列出、界定、说明理由等术语或限定学生作答篇幅。

编写论述题的原则有：问题应测量复杂、高层次的学习结果；问题应为拟测量的重要学习结果；问题应明确界定预测量的行为；不应允许学生选择试题作答；以多题短答的限制反映问题取代少题长答的论文题等。

（4）纸笔测验编写流程。李坤崇教授在文献［22］中指出纸笔测验编写包括决定测试目的、设计双向细目表（含试题类型和题数）、编拟测试试题、审查与修改试题、编辑测试试题。

1）测试目的。测试目的必须以课程教学目标为主要依据，辅以参考教学内容、教材、学生能力和努力程度、家长和学校期待、教师本身教学风格等。

2）设计双向细目表。明确了测验目的和评价教学目标和教材内容后，接下来就以教学目标为横轴、教材内容为纵轴来设计“双向细目表”。

双向细目表的编制可以有效地规范纸笔测验。双向细目表包括各章教材内容、认知层次、试题类型及教材内容各章节配分等。教师命题时首先应确定测验的教学目标与教材，然后选取试题类型，接着评估教材内容、教学目标、各试题类型的相对重要性，最后决定各项的配分与题数。表 3-29～表 3-31 分别给出《电子商务概论》课程期末考题型及配分、期末考试卷各章配分和期末考试卷双向细目表（仅列出第二章），双向细目表中的认知层次包括记忆、了解、应用、分析、评鉴和创作六个认知层次。

表 3-29 “电子商务概论”期末考题型及配分

题型	配分（题数）	预期难度	预期分数
单项选择题	20（10）	80	16
填空题	20（10）	80	16
名词解释	20（4）	70	14
简答题	24（4）	70	16
案例分析	16（3）	50	8
合计	100（31）		70

表 3-30 “电子商务概论”期末考试卷各章配分

教材内容（章）（期末考范围）		CP1 电子商务概述	CP2 电子商务模式	CP3 电子商务支付	CP4 电子商务物流	CP5 电子商务安全	CP6 电子商务营销	CP7 客户关系管理	CP8 电子商务法律
教学时间		4	12	4	4	4	10	6	4
占分比例	理想	8	26	8	8	8	22	12	8
	实际	7	25	8	9	9	24	10	8

表 3-31 “电子商务概论”期末考试卷双向细目表（仅列出第二章）

教学目标		记忆	了解	应用	分析	评鉴	创作	合计
教材内容	试题形式							
CP2 电子商务模式	单项选择题	2（1）	6（3）		2（1）			10（5）
	填空题							
	名词解释		3（1）					3（1）
	简答题	6（1）	6（1）					12（2）
	案例分析							
	小计	8（2）	15（5）		2（1）			25（8）

注：1. 试题形式中，（ ）内的数位为题数，（ ）前的数字为配分；

2. 本表得视教学目标、实际教学及命题需要调整

3）编拟测试试题。教师应兼顾双向细目表、试题难度、命题原则（前述的纸笔测验的命题原则和编写细则）开展命题工作。教师应依据双向细目表中细格的题数与分配进行命题，且试题难度不可偏离测试目的与教学目标。

4）审查与修改测试试题。审查的重点包括：试题类型与测量学习结果的适切性、每个试题内涵以及其与双向细目表中细格的契合度、试题论点的清晰度、试题内容的精简度、试题答案应是专家一致认可的、试题符合命题原则、避免无关线索的程度。

5）编辑测试试题。编辑测试试题的原则包括：依据试题类型来排序、依据试题难易来排序、将同类型的试题编排在一起、一个试题不应该被分割为两页、将选择题的选择项置于题干的下一行、试题应明确标号、版面安排应易于评分和计算成绩等。

3.4.4.2 实作评价的编写原则

（1）实作评价。实作评价用于评价学生所知、所能所呈现的学习成果，可使用评价表或者检核表来评价技能与情感教育目标。评价表是指一组用来判断行为或特质的程度或等级的量表或问卷，可用于评价学生学习态度、兴趣、情感发展与技能表现情况。检核表则是一组用来判断行为或特质是否呈现的量表或问卷。

（2）实作评价原则。所评价行为或特质应呼应教育目标、重要学习结果；评定行为或特质应可直接观察；清楚定义量表或问卷特质；选择最适合的评价内涵与目标的评价、检核程序；评定等级最好在三至五个，且宜让评定者适切批注；结果评价或检核一次只评阅一项实作专案；设计简易纪录与使用说明，便于纪录与运用；评价或检核时，最好不知学生姓名；若实作评价为长期结果，应整合数个观察者的结果。

3.4.4.3 口语评价的编写原则

（1）口语评价。在大学课堂中，口语评价主要基于个人或小组汇报，例如对于一个学习案例或者项目进行中期或终期的汇报答辩。教师、学生根据汇报情况进行评价或打分。

（2）口语评价原则。口语表达需与教学目标相关；避免广泛、模糊的题目；使用直接、简单的问题；允许学生有充足时间回答；候答态度应和蔼，避免给学生压力；审慎衡量运用时机；事前建立公正客观的口试评价标准；事先让学生了解口试程序与评价标准。

3.4.4.4 档案评价的编写原则

（1）档案评价。档案评价适于资料收集整理、书面报告、专题报告、制作等方面评量。档案评价时教师应依据教学目标与评价设计，让学生持续一段时间并主动收集资料，通过反思学习成效以评定其努力进步成长情况。档案评价类型有成果、过程、评价、综合四种类型。

（2）档案评价规划历程。

1）准备与规划档案评价：在准备与规划档案评价时，从准备与规划到制作使用说明，都应该详细规划。需评析学生所需的先备知识与技巧，循序渐进地引领学生成长。准备好评价所需资料、物品或相关说明，并向学生介绍评价目的、意义与制作的注意事项。

2）界定档案评价的目的：界定档案评价的目的应依据教学目标及用途。

3）决定档案评价的类型：档案评价目的确定后就需要确定档案评价的类型，对于不同的学习侧重点应使用不同的评价类型。

4）制定档案绩效指标：在确定评价类型后就需要制定档案绩效指标，此指标即为教师教学目标的具体化。制定档案绩效指标的原则有：呼应评价目标、力求周延、注重高层次认知、力求规准相互独立、视需要请学生参与。

5）转换档案绩效指标为档案项目：接着将档案绩效指标转换为档案项目，档案项目的多少应与学生的能力、程度、所需时间、经费、家长或学校的经费配合度相结合。档案项目也应与资料呈现方式相配合。

6）拟定绩效指标的评分规准：为实现客观并省时目标，档案评价需要事先拟定绩效指标的评分规准。评分规准应包括“能力”“努力”两个方面，结果可采用“文字描述”“决断点”“等级”“计分”等方式，可呈现“整体档案”或“分项档案”。同时，进行档案评价时，评分者不仅有老师，还可包括学生、家长、企业等的评价。

7）制作使用说明：为提高档案评价的信度和效度，还需要制作档案评价的使用说明，让学生、教师或相关人员能清晰了解档案制作过程与评价方式和评价标准。

参考文献

[1] Wikipedia. Outcome Based Education [EB/OL] 2010, https://en.wikipedia.org/wiki/Outcome-Based Education.

[2] 国务院. 国家职业教育改革实施方案 [EB/OL]. 2019, http://www.gov.cn/zhengce/content/2019-02/13/content_5365341.htm.

[3] 李坤崇. 成果导向——大学课程发展 [M]. 中国台北：台湾高等教育出版社，2017.

[4] 黄旭伟. 引入《悉尼协议》加强高职工程技术教育类专业建设 [J]. 高等工程教育研究，2017 (03)：203~206.

[5] 李坤崇，王晓典，柏定国. 成果导向教育与工程教育认证 [M]. 哈尔滨：哈尔滨工程大学出版社，2018.

[6] 吕良正，刘曼君. 2019 学年 IEET 工程及科技教育认证 [R]. 2019, https://wenku.baidu.com/view/b4420d9fa48da0116c175f0e7cd184254b351be2.html? from=search.

[7] 王峰. 基于供需耦合的大学生就业能力结构优化及实证研究 [D]. 北京：中国矿业大学，2018.

[8] Pool L D, Sewell P. The Key to Employability: Developing a Practical Model of Graduate Employability [J]. Education Training, 2007 (4): 277~289.

[9] 中华工程教育学会. 工程技术教育认证规范_副学士学位（TAC-AD2018） [EB/OL]. 2010, https://www.ieet.org.tw/FileSystem/0202_(2021) 工程技术教育认证规范_副学士学位（TAC-AD2018）.pdf.

[10] 郑琼鸽，吕慈仙，唐正玲.《悉尼协议》毕业生素质及其对我国高职工程人才培养规格的启示 [J]. 高等工程教育研究，2016 (4)：136~140.

[11] 胡兴志，丁飞己，王纪坤. 从 CDIO 教学大纲变动看 CDIO 课程改革 [J]. 高等工程教育研究，2015 (03)：194~197.

[12] 李坤崇. 学业评价：多种评价工具的设计及应用 [M]. 上海：华东师范大学出版社，2013.

[13] 王金旭，朱正伟，李茂国. 成果导向：从认证理念到教学模式 [J]. 中国大学教学，2017 (6)：77~82.

[14] 李坤崇. 大学课程发展与学习成效评量 [M]. 中国台北：台湾高等教育出版社，2011.

[15] 贝兰卡，查普曼，斯沃茨，等. 多元智能与多元评价——运用评价促进学生发展 [M]. 北京：中国轻工业出版社，2004.

[16] 闫莉. 基于多元智能理论的学生评价研究 [D]. 西安：西安电子科技大学，2010.

[17] 李坤崇. 教学目标、能力指标与评量 [M]. 中国台北：台湾高等教育出版社，2006.

[18] Krathwohl D R. A Revision of Bloom's Taxonomy: An Overview [J]. Theory Into Practice, 2002 (4): 212~218.

[19] 吴红耘. 修订的布卢姆目标分类与加涅和安德森学习结果分类的比较［J］. 心理科学，2009（4）：994~996.
[20] 李坤崇. 成人成才成功的成果导向教育［M］. 中国台北：台湾高等教育出版社，2018.
[21] 盛群力. 21 世纪教育目标新分类［M］. 杭州：浙江教育出版社，2008.
[22] 李坤崇. 认知情意技能教育目标分类及其在评量的应用［M］. 中国台北：台湾高等教育出版社，2009.

4 “三教”改革是学生就业能力提升的核心

高职院校的教育目标是以培养德智体美劳全面发展的、具有高素质技术技能特征的社会主义建设者为根本，就业能力是高职学生核心能力的核心。以就业能力决定课程体系的反向设计过程完成课程开发后，成果导向课程实施是提升学生就业能力的基本途径[1]。成果导向课程实施包括实施基础和教学活动，实施基础包括教学条件和教学资源组成的支撑系统、师资条件、规章制度建设等，其中教师和教材是实施基础的关键，教法是有效教学活动基础。教师、教材和教法不是相互独立，而是相辅相成，在产教融合、校企合作和人才培养的过程中，实现教师思维和能力上的跨界，教材内容上的跨界，教法途径上的跨界。

4.1 就业能力培养与“三教”改革

“三教”改革是落实《国家职业教育改革实施方案》[2]的根本要求，是进一步推动职业教育发展方式由注重规模扩张向质量提升转变的必由之路，是新时代推进中国特色高水平高等职业学校和专业建设计划（简称“双高计划”）[3]建设的重点内容。实施“三教”改革，根本任务是立德树人，是培养德技并修的高素质劳动者和技术技能人才，学生就业能力提升是其核心目标。

4.1.1 教师、教材和教法是就业能力培养的关键

4.1.1.1 成果导向课程实施是就业能力提升基本手段

成果导向课程实施是实现成果导向教育预期结果即就业能力提升的基本手段。课程实施的关键是课程设计的落实程度，它是课程设计方案动态的执行过程，作为课程执行者的学校和教师，应当很好地理解和运用课程，忠实地执行课程设计中规定的项目。课程实施效果如何，决定于课程执行者对课程设计的理解水平和落实程度，最终体现在学习效果的达成度和就业能力的提升度。

成果导向课程实施是在一定的实施条件下通过教学活动将课程设计付诸实践的过程，包括实施条件和教学活动两部分。教学活动不仅仅是教师教的过程，更是学生学的过程，成果导向的教与学倡导学生主动参与、乐于探究、勤于动手，即提倡和发展多样化的学习方式，特别是自主、探究、合作的学习方式，让学生

成为学习的主人，使学生的主体意识、能动性和创造性不断得到发展。

成果导向课程实施条件包括教学条件和教学资源组成的支撑系统、师资条件、机制和制度建设等。如课程持续改进机制建设，可以建立以学年为周期，以就业能力为指标，基于“评价—反馈—改进”循环的课程持续改进机制；首先，通过课程实施的评价、毕业生就业能力问卷调查、顶岗实习单位问卷调查、课程成绩的权重统计等多元评量方式，评量学生就业能力指标与人才培养目标的达成度；其次，结合评量就业能力指标达成度，课程团队进行教学反思，提出课程设计、课程实施、课程检核等环节的改进措施，最终形成课程诊断和改进计划；第三，将课程诊断和改进计划经过专业建设指导委员会和专业外部咨询委员会的讨论将最终决议反馈给课程负责人及其团队，并修订新一轮的课程大纲；最后，将各门课程的修订意见反馈给专业负责人由其带领专业建设团队修订新一轮专业课程体系，形成课程及课程体系的持续改进机制。

4.1.1.2 成果导向教育扩充六架构

执行系统是任何教育组织的主要部分，它指与教学及学习过程有直接关系的课程与教学要素。Spady 提出了成果导向教育的四个执行框架：绩效标准-资格架构，课程内容-清楚架构，教学互动-科技架构，合格、晋级-指定架构[4]。鉴于课程实施的重要性以及成果导向教育的四个执行框架缺少了课程实施层面架构，故在 Spady 的四架构的基础上，结合 IEET 的教育目标、学生、教学成效及评量、课程组成、教师、设备及空间、行政支持与经费、领域认证和持续改善成效等九方面 TAC-AD 认证规范，拓展出适合高职层面执行的六架构，该架构以所有学生获得显著的就业能力为核心。

扩充六架构中新增两个课程实施层面的架构，即师资素质与师资数量架构、教学条件与教学资源架构。师资素质与师资数量架构是指保障教学的实施，所需要的师资应该具备的素质以及相应的数量，即师资条件。教学条件与教学资源架构就是指能推动教学完成的教材、图书、实验实训设备、系统、网络教学资源等构成的支撑系统。

4.1.1.3 教师、教材和教法是成果导向课程实施的核心

成果导向课程实施包括实施条件和教学活动，实施条件包括教学条件和教学资源组成的支撑系统、师资条件、机制和制度建设等，其中教师和教材是实施条件的关键，教法是有效教学活动基础。

“教师”“教材”“教法”贯穿人才培养全过程，事关职业教育“谁来教”“教什么”和“怎么教”，直接影响教育教学质量，是新时代职业教育改革发展的重中之重。

教师的就业能力、专业能力和教学能力，是实施成果导向教育的基础。如果期望让教师培养学生就业能力，那么教师作为一个群体，就应该具有这些就业能力以及更高层次的专业能力，从而为学生做好榜样；另外，如果教师期望采用成果导向教育模式开展教学和评量，那么他们需要有机会去发展和提高这些教学能力。

教材是成果导向课程大纲的具体化，是学生学和教师教的主要依据，教材质量与课程实施效率和课程实施效果密切相关，低质量教材将很大程度上导致课程实施的失效。教材目标、内容、组织、正确性、前瞻性等都会影响教材质量，高质量教材必须符合以下要求，即教材目标符合课程目标、教材内容符合学生学习生活经验、教材难度符合学生认知水平和经验、教材内容能激发学习动机和兴趣、教材内容符合多元评价且评价方法适用、教材中教学活动设计对教师实施教学具有较大参考价值、教材内容能反映最新科技成果和技术发展、教材内容排列符合认知逻辑顺序和教学规律、教材内容有充分的连贯性和统整性及系统性、教材中作业或练习的编排符合学习规律、教材内容必须正确前瞻与完整等。

教法要解决怎么教，更重要的是怎么学的问题，是课堂教学的难点，也是实施成果导向教育变革的阻力点和成功与否的关键。成果导向教学关注的是学生的学习成果，只要有助于学生的学习成果获得的教与学的方法都可以采用，但强调教学方法与教学目标的适应性，鼓励基于项目教学法、问题教学法、案例教学法、交互式教学法、游戏化教学法、情景教学法等进行系统化设计和组合运用。

4.1.2 "三教"改革的紧迫性

浙江省教育评估院2019年4月对全省高职123297名2018届毕业生、117146名2016届毕业生职业发展状况和人才培养质量调查[5,6]显示，全省2018届高职毕业生就业率为97.6%，毕业生对母校的总体满意度为87.74%，但专业相关度指标得分仅为64.58%，而离职率却高达52.89%；全省2016届高职毕业生就业率为97.63%，毕业生对母校的总体满意度为89.55%，但专业相关度指标得分仅为58.98%，而离职率却高达67.74%。专业相关度指标数据总体较低，且离职率指标数据偏高，表明高职教育所培养人才的就业能力还有很大提升空间，也表明"三教"改革迫在眉睫，势在必行。

2019年，国务院颁发《国家职业教育改革实施方案》，将推动实施"三教"改革作为职业教育的重要抓手加以强调，可谓切中时弊。事实上，对于高职教育而言，实施"三教"改革极具紧迫性和针对性。为更好落实《国家职业教育改革实施方案》，提高人才培养质量和学生就业能力，高职院校必须将"三教"改革作为强化内涵建设的切入点和推进高职教育高质量发展的突破口，确立符合教育规律的"三教"改革路径。一是坚持"教师"为育人根本，强化师德为先、教师本位、团队建设，提升教师队伍整体素质；二是坚持"教材"为育人纲要，健全教材建设制度，完善教材选用机制，强化教学资源库建设，提高课程教材整体质量；三是坚持“教法”为育人手段，适应“互联网+职业教育”发展需求，运用现代信息技术改进教学方式，创新教学模式，推进教学改革创新发展。

2019年，国务院颁发《实施中国特色高水平高职学校和专业建设计划的意见》，“三教”改革是推进“双高计划”建设的重点内容。当前，国家正在紧锣密鼓启动实施中国特色高水平高等职业学校和专业建设计划，建设一批引领改革、支撑发展、中国特色、世界水平的高等职业学校和骨干专业（群），这为高职院校“三教”改革提供了重要的契机，因为中国特色高水平高职学校和专业建设必须落实在教师、教材、教法等各个方面。在新的人才观、教学观和质量观的要求下，“三教”改革成为推进高职教育“双高计划”建设的主要抓手[7]。

2019年，孙春兰副总理在全国深化职业教育改革电视电话会议上强调，各地各职业院校要认真落实职教改革方案，加大教师、教材、教法“三教”改革力度。她指出，解决“双师型”教师不足的问题，需要在教师的选聘、编制、管理等方面加强改革创新；教材建设的重点是解决陈旧老化的问题，教育部将启动新一轮国家规划教材建设；在教法方面，要坚决扭转“理论灌输多、实操实训少”的状况。

2019年，教育部、国家发展改革委、财政部、人力资源和社会保障部联合印发《深化新时代职业教育“双师型”教师队伍建设改革实施方案》（简称“职教师资12条”），提出到2022年，职业院校“双师型”教师占专业课教师的比例超过50%，建设100家校企合作的“双师型”教师培养培训基地和100个国家级企业实践基地，建成360个国家级职业教育教师教学创新团队，教师分工协作进行模块化教学的模式全面实施。四部门同时公布了首批全国职业教育教师企业实践基地名单。

2019年，根据《国家职业教育改革实施方案》有关要求，教育部启动了“十三五”职业教育国家规划教材建设工作。规划将分批遴选、建设1万种职业教育国家规划教材，其中2019年遴选3000种左右，2020年遴选、建设7000种左右。重点规划建设服务国家战略和经济社会发展急需、量大面广的专业领域，注重引导和组织开发市场供给不足、紧缺专业教材。在此次的建设中，教育部着重倡导使用新型活页式、工作手册式教材并配套开发信息化资源，以此解决职业院校的教材建设与企业生产实际脱节、内容陈旧老化、更新不及时、教材选用不规范等问题。

4.1.3 “三教”改革的实施路径

（1）“三教”改革目标。实施“三教”改革，其直接目标是打造一支德技精湛与专业教学相结合的结构化教师队伍，建设一批内容形式精良的教材，形成一套精准施教的有效教法，进而实现深化高职院校内涵建设，推进高职教育高质量发展，提升学生就业能力的最终目标[7]。

（2）教师改革。教师是推动“三教”改革的主体，要坚持“教师”为育人根本，强化师德为先，全方位提升教师整体素质，加强教师团队建设，制定教师标准，为教师“赋能”，提升教师职业素养和实践能力，为教师成长发展营造良好环境和机制，以实现其立德树人、教书育人的崇高使命。

（3）教材改革。教材是客体，为教师和学生的教育教学活动提供了学习的对象和条件。要坚持“教材”为育人纲要，以课程建设为统领，制定教材标准，加快教材改革与创新，健全教材建设制度，完善教材选用机制，强化教学资源库建设，重视课证融通和教材内容更新，融入行业产业发展新技术新工艺，开发活页化、工作手册式的教材，以提高课程教材整体质量。

（4）教法改革。教法是工具和手段，是连接教师和学生的桥梁和纽带。要坚持“教法”为育人手段，适应“互联网+职业教育”发展需求，运用现代信息技术改进教学方式，实施团队合作新方式，推进教学组织、教学过程、教学内容、教学模式改革创新，以学生就业能力培养为导向，通过有效的教学方法调动学生学习积极性和学习兴趣。

4.2 提升就业能力谁来教：教师

无论从国家、社会、学校还是学生的角度出发，高职院校都要以促进就业为导向，把提升学生就业能力作为人才培养的目标，全力打造学生就业能力。教育部部长陈宝生提出“改革要坚持内涵发展，要来一次深刻的课堂革命”，他强调，课堂是教育教学的主战场、主阵地，只有课堂进行了革命，教育才能真正革新，要从“心灵、内容、方法和技术、服务和管理”进行一场课堂革命[8]。其中，心灵放在了第一位，可见心灵的重要性。心灵革命的关键在哪里？心灵革命的关键在教师。课堂是高职教育的主战场，而教师是课堂革命的第一责任人。高职院校的教师迫切需要来一场“心灵革命”，一切从学生出发，着力转变课堂观念，让课堂教学活动更好地满足企业岗位发展的需求。

4.2.1 教师道德和立德树人

4.2.1.1 师德师风是落实立德树人根本任务的关键

百年大计，教育为本；教育大计，教师为本。教师是推动“三教”改革的主体，是学生就业能力培养的重要力量，更是学生能走向更好岗位的引路人。教师职业道德即师德。“爱国守法、敬业爱生、教书育人、严谨治学、服务社会、为人师表”是对教师职业道德的简明阐述。习近平总书记强调，“要加强师德师风建设，坚持教书和育人相统一，坚持言传和身教相统一，坚持潜心问道和关注社会相统一，坚持学术自由和学术规范相统一，引导广大教师以德立身、以德立学、以德施教”[9]。教师“四个相统一”是习近平总书记关于教师教育思想的重要论述，是高校教师落实立德树人根本任务的基本标准和重要遵循。在国家职业教育改革形势下，高职院校培养的人才是适应新型工业化道路和产业结构优化升级要求的高素质技术技能人才，高职院校是实现国家制造强国战略的助力，而高职院校教师是立德树人的责任主体和实施主体，因此师德师风显得尤为重要。教师只有以身作则、率先垂范，才能把真善美的种子撒播到学生的心中，才能成为学生成长成才过程中的指导者和引路人。因此，立师德成为高职院校落实立德树人根本任务的关键。

4.2.1.2 教师道德和立德树人对于学生就业的重要性

(1) 为培养高素质技术技能人才，高职院校教师立德树人刻不容缓。国家职业教育改革形势下，职业院校在办学定位上呈现出与以往不同的新变化，主要体现在国家将职业教育服务能力显著提升作为2035年主要发展目标，这就在国家层面明确了职业教育在现代教育体系中的重要地位。2018年，全国高职院校共有1418所，在校生达到1134万人[10]，毕业生主要分布在现代制造业、战略性新兴产业和现代服务业等领域，可以说高等职业教育有力提升了人力资源素质，支撑了国家经济高速发展。

习近平总书记在党的十八大报告中首次把“立德树人”作为教育的根本任务，在十九大报告中提出“落实立德树人根本任务”，2018年在全国教育大会上再次强调“立德树人”的重要性，要求将“立德树人”贯穿于基础教育、职业教育、高等教育各领域，切实落实“立德树人”。习近平总书记始终强调，培养什么人、怎样培养人、为谁培养人是事关党和国家前途命运的重大问题，是我国教育事业必须要解决好的根本问题，并在多次重要会议及讲话中强调立德树人的重要性。高等职业教育作为与普通教育不同类型的教育，在承担着培养德智体美劳社会主义建设者和接班人的同时，在人才培养的全过程落实立德树人根本任务，更加凸显出“高素质”“技术”“技能”等职业教育特色。

(2) 为培养具备工匠精神人才，高职院校教师必须立德树人。党的十九大报告明确指出，“要建设知识型、技能型、创新型劳动者大军，弘扬劳模精神和工匠精神，营造劳动光荣的社会风尚和精益求精的敬业风气”。《国家职业技能标准编制技术规程》已将工匠精神和敬业精神内涵融入国家职业技能标准，作为职业道德要求的重要内容[11]。就高职毕业生而言，工匠精神越来越成为比知识能力更为重要的综合素质，不仅能够增强个人核心竞争力，同时还能增加个人精神层面的成就感。高职院校承担了培养大国工匠、建设制造强国产业人才储备的重要任务，工匠精神现在已经成为高等职业教育人才培养的衡量标尺，成为引领人才培养方向的新规范和新目标。因此，培养学生具备工匠精神是高职院校落实立德树人根本任务的切入点和落脚点。

4.2.1.3　立德树人对学生就业能力提升的影响

（1）引导学生树立正确的就业观。2019年全国高校毕业生834万人，毕业人数创历史新高。而存在的困境是，企业招聘不到合适的人才，毕业生也找不到合适的岗位。事实上，并不是学生找不到工作，而是学生找不到自己理想的好工作。毕业生普遍想进大城市大公司，想要待遇高福利好，也不想工作太辛苦，觉得自己去个平凡的岗位是大材小用，即毕业生不愿意干较为普通的工作。抑或是毕业生想进事业单位、国企、央企或是当公务员，想有个“铁饭碗”。近年来，国家为了支持西部与欠发达地区的发展，同时也为了缓解当前高校毕业生的就业压力，推出了“志愿服务西部计划”“三支一扶”等一系列政策，鼓励大学毕业生投身基层建设，其效果却不尽如人意。

相当一部分毕业生认为只有在发达地区才能发挥自己的才能，缺乏一定的志愿奉献精神，价值取向功利化。高职院校开展思想政治教育，落实立德树人可以切实有效地引导大学生调整就业期望值，科学定位自身发展，树立建设基层、投身基层的“德”；高职院校需要以“立德树人”作为就业指导工作的中心思想，推动高校人才主动适应经济社会发展需要，调整学生自身就业期望，实现高素质人力资源的合理配置。此外，高职院校引导学生就业时不仅思考“我要干什么”，同时也应当考虑“我适合干什么”及“社会需要我干什么”，树立符合当前国家需要的正确的就业观。

（2）提升学生综合素质。习近平总书记说：“好的思想政治工作应该像盐，但不能光吃盐，最好的方式是将盐溶解到各种食物中自然而然吸收。”好的高职教育，不只是对高职学生的职业技术技能培养，更是对他们的品德培养以及全面培养。高职院校需要做好价值观教育及职业生涯规划的引导，为学生扣好人生的第一粒扣子。据调研，用人单位认为应届高职毕业生存在心理承受能力差，团队精神欠缺、怕吃苦、稳定性差等问题，与用人单位期望的人才存在差距。用人单位对于高职学生是否具备职业操守、敬业精神、企业认同、团队协作、吃苦耐劳等综合素养尤为关注，且礼仪也是大多数用人单位提到的关键点。很多学生在工作中不重视礼貌，例如：见面不打招呼、同事发了微信不及时回复等现象。而教育服务于产业、学校服务于企业，高职院校的人才培养应重视企业需求和关注，帮助高职学生更好地了解“社会需要我干什么”“企业看中我哪些素质”。因此，教师将立德树人融入高职教育显得尤为重要，立德树人能够帮助学生提高综合素质从而提升其就业能力。

4.2.2 教师培养的“四个层次”提升

教师教育是教育事业的工作母机，是引领教育现代化的动力源泉。高职教育的人才培养特点要求教师不仅需要拥有先进的教学理念和实践教学能力，更需要始终确保具备对接行业企业发展的专业技能，即不仅是教学专家，更应是行企专家。教师的培养从多方面、多层次进行，开展包括教师教育师资队伍的提升、教师实践教学改革、教师专业发展培训改革以及教师教育“短板”的补齐“四个层次”提升。

4.2.2.1 教师教育师资队伍提升计划

高职教育的高素质技术技能人才培养其本质内涵是以市场的人才需求为导向，以理论知识“必需够用”、职业技能“熟练过硬”、职业素质“德才兼备”为目标，实现高质量就业。师资队伍的提升是培养学生就业能力的关键。因此，需要打造一支结构合理的师资团队。高职院校的教师除了要有良好的教育教学能力和技巧、扎实的专业知识，更要有丰富的专业实践经验和动手能力。那么，这样一支既有高学历又有高技能的师资队伍应该如何打造呢？

（1）严把高职院校教师入职关口。高职院校教师和本科院校教师有很大的区别，高职院校教师围绕教学、科研、社会服务，培养实践能力强的复合型人才。因此，教师不仅仅是唯学历论，在需要高学历的同时，也需要具有丰富的企业工作经验，更好地指导和帮助学生更好地适应未来的工作。目前，各高职院校的专业教师学历大部分为研究生，而且很多是刚刚从学校毕业的研究生，社会实践经验缺乏。《国家职业教育改革实施方案》明确指出，从2019年起，职业院校、应用型本科高校相关专业教师原则上从具有3年以上企业工作经历并具有高职以上学历的人员中公开招聘，特殊高技能人才（含具有高级工以上职业资格人员）可适当放宽学历要求，2020年起基本不再从应届毕业生中招聘[2]。

（2）打造专兼结合的“新”团队。《国家职业教育改革实施方案》提出启动“学历证书+若干职业技能等级证书”（简称“1+X”证书）制度试点工作[2]。“1+X”证书制度的提出，使得学历证书和职业技能等级证书有机衔接，体现了职业教育的特质。通过这项举措，能够提升职业教育质量，推进职业教育改革，拓宽技术技能人才持续成长和终身学习通道，有利于学生更好地就业和企业招聘到更加优秀的员工。因此，高职院校需要打造一支能精准把握“1+X”证书制度相关理念，掌握职业技能等级标准和专业教学标准，能有机融合双标准，满足新技术、新技能培养培训需求的教师队伍，即高职院校需要打造校企合作、专兼结合的“新”团队，全面提高专业师资团队的教学与培训能力[12]。

“新”团队的打造要从以下方面着手：一是团队成员的知识结构、能力结构、年龄结构要合理。既包含掌握公共基础知识、专业基础知识、专业核心知识的成员，也包含对接市场需求、掌握新技术、新工艺的成员；既包含新生力量成员，也包含教学经验丰富、企业工作经验丰富的成员；既包含校内全职教师，也包含企业兼职教师。二是提升“双师型”教师占比，丰富“双师型”教师内涵。三是加强校外兼职教师的聘任和管理，引进掌握行业最新技术、工艺、规范、要求的企业兼职教师，打造校企合作、专兼结合的团队。

（3）鼓励教师参加培训。随着社会经济的发展，新工艺、新技术和新岗位层出不穷，对高职教育教学带来新的挑战，加上目前高职院校的教师大多数是“从学校到学校”，缺少企业工作经历，缺乏专业的师范教育和学习。因此，高职院校需要组织教师参加各类培训，包括职业技能等级标准培训、专业教学标准培训、课程开发培训、教学方法培训、最新技术工艺培训等，全面提升教师教学、培训能力。同时鼓励教师不断自我“充电”，获取新的知识和技能，例如：参加互联网+创业培训、雨课堂或超星等信息化教学培训、课程思政能力培训等。此外，定期派教师到企业实践，参与行业企业各项专业技术活动，提升教师实践指导能力，同时完善教师教育师资“双向挂职”制度，支持高职院校与企业紧密合作，协同建立教师教育师资共同体。

4.2.2.2　教师实践教学改革深耕计划

为促进高职学生高质量就业，提升学生实践能力，浙江省针对教师培养方面开展教师实践教学改革深耕计划，即全面落实《浙江省教师发展学校建设实施方案》，进一步完善地方教育行政部门、高校共同参与、协同实施的教师培训实践环节，全面开展教师发展学校等级建设和规范化管理，探索建立教师发展学校激励政策，以教师发展学校和企业实践基地为依托，加强实践指导教师队伍建设。

（1）鼓励教师去企业顶岗实践。学生就业率和就业质量的提高，必须是通过教学实践性的提升达成的，教师是重要抓手。高职院校通过教师到企业进行实践，熟悉企业的岗位职责，能够进一步提升专业教师的操作技能及实践教学能力，从而更好地培养学生，提升学生就业能力。

作为高职院校的教师，不仅要具有较高的专业理论知识，更要有很强的实践操作能力。高职教师通过去企业的实践锻炼，这不仅使实践教学能力得到提高，更是在教育教学理念上有更加深刻的体会及反思。教材的内容一般都滞后于行业企业的发展，而时代也在不断变化，这就要求高职院校教师要紧扣行业发展方向，与行业、企业专家沟通交流，了解企业的发展和需求，提炼职业能力要求和岗位职业素养以及企业文化等，并融入专业教学中，使课堂教学内容结合企业工作任务，使教学紧扣行业发展。

（2）鼓励教师围绕就业能力进行教学。教师在教学过程中可融入行业企业文化，营造职场氛围，加强对学生创新能力的培养，提升学生就业能力，符合企业人才需求。高职教师通过重构课程体系，建立以工作过程为导向的培养就业能力教学模式，强化实践教学环节。同时，通过深化校企合作，引入企业真实项目，探索实施项目教学，提升学生的实际操作技能和培养学生的实践动手能力。通过以培养就业能力为核心的教学，提升学生工作适应性，实现高质量就业。

（3）教师队伍的建设需加强实践能力。高质量的职业教育，必须有一支高素质、精技能的职教师资队伍作为重要保障。然而，职业教育的教师队伍仍是当前职业教育发展的一块短板。教师的综合素质，特别是专业实践能力还未完全满足当前职业教育改革发展的需要。在继续推进教师下企业实践锻炼的同时，可以招聘一批有企业工作经验的教师（同时也具备高学历）以提升职业院校教师的实践教学能力，这样能够培养一批专业理论扎实、实践能力突出、教学能力较强的职业教育骨干教师。同时，通过聘请行业、企业专家或技术骨干担任兼职教师，参与实践教学、人才培养方案制定、课程建设等，让教学团队成员的实践性更强。

4.2.2.3 教师专业发展培训改革深化计划

根据企业的专业人才需求调研显示：高职院校的学生需要具备一定的专业知识，及通用技能，包括学生的表达能力、解决问题能力、分析能力、学习能力，且能够运用自身的专业素养解决工作中的难题。教师作为培养学生专业技术技能、通用技能及解决问题能力的主体，教师的专业发展培训改革也刻不容缓。教师专业发展培训改革深化计划包括：教师培训资源的优化、加强教师培训需求诊断、新教师培训制度的完善等。

（1）教师培训资源的优化。提升高职学生就业能力的关键在于教师能力的提升。教师能力的提升需要对教师进行一系列培训，那么对教师培训资源的优化就显得尤为重要了。浙江省在教师培训资源的优化上进行了有效探索，例如：实施高职教师培训者能力提升计划，提升教师培训基础能力。鼓励建立跨区域培训联盟，鼓励引进省内外优质培训资源，充分发挥长三角合作优势，有效提升教师专业发展培训的整体水平。实施新教师规范培训制度，完善校本研修的管理制度和服务体系建设。开展互联网教学、深入实施“双名双特”和“浙派教育家”工程，着力培养浙江基础教育领军人才和教育家型教师。

（2）加强教师培训需求诊断。加强教师培训需求诊断，可优化培训内容，创新培训模式，提升培训的精准化、智慧化。针对青年高职教师，加强基本教师技能方面的培训，并参加顶岗实践（基层岗位）。而针对经验较为丰富的中年教师，可以以专业教学能力、专业技能、专业技术职务资格等综合提升为主，同时可以去企业的核心岗位进行顶岗实践，了解企业的核心人才需求，帮助学生了解未来入职的发展方向，并对行业动态也有更加深入的认识，帮助学生知己知彼。

不管是青年教师还是经验较为丰富的教师，对于他们的培训都需要针对其需求，缩短教师岗位的过渡期。同时，通过精准化、智慧化的培训，引导教师树立终身学习的思想和坚持学习、不断进步的意念。

（3）新教师培训。目前，职业院校的年轻教师占了很大的比例。青年教师一般从学校到学校，缺乏社会实践的经验，存在教学理论性过强的问题。高职院校需要从源头抓起，即新教师的培训尤为重要。当新教师入职前，需要制定一系列的培训计划，包括新教师人才培养能力、岗位专业技能培养等满足新教师教学和科研等多方面的需求。可以针对新教师进行职业生涯设计，明确未来的职业发展方向，具备应用性科研能力，这也是现代学徒制制度下教师必备的技术能力。此外，应重视新教师的教学理念与教学理论的更新，让其教授更加与时俱进的内容，这样学生才能获取到更加与时俱进的知识，更加利于其与未来的工作接轨，与社会接轨。高职新教师也应该进入企业展开应用型研究，在技术研发和实践过程中提升其专业教师的学术水平、专业能力。例如以连锁经营管理为例，实训环节中的教学团队由教师与连锁行业企业人员共同组成，专业教师在实践实训的过程中了解到连锁企业服务岗位的工作职责及具体内容等，才能在指导学生的环节中更加目标明确，这也是新教师必备的技术能力。

4.2.2.4　教师教育短板补齐

众所周知，职业教育和本科教育以及研究生教育有着截然不同的人才培养模式。其培养的方向和重点是培养应用型人才和专项型人才。那么，高职教师在学生时代受到的教育和高职学生接受到的教育也是不一样的。因此，高职教师应该进行定向委培，从而对其的教育短板进行补齐。可实施如下措施：（1）全面实施职教师资素质提升工程，鼓励各地通过定向招生委托培养方式补充紧缺专业职教师资。（2）支持相关高校探索中职与本科、本科与硕士一体职教师资培养模式，建设“双师型”教师培养培训基地和技能大师工作室。（3）完善非师范毕业生的“教师教育+职业技能”入职培训制度，规范职教师资下企业实践管理。

通过上述教育短板补齐计划，对于高职教师的短板可进行修正，也能收获一位更加有实践经验的教师，并在理论与实践的结合下实现由学校到岗位的无缝连接，缩短了其胜任岗位工作的适应期。

4.2.3　教师跨界培养的“双师三能”

4.2.3.1　何为跨界培养

在职业教育中，何为跨界培养？有关跨界培养，相关专家做了如下论述：姜大源认为“作为一种教育类型，职业教育与普通教育的本质区别在于，促进就业导向的职业教育已跨越了传统学校的界域”，“跨界的职业教育必须有跨界的思考，职业教育的发展与改革，要‘跳出学校看学校，跳出教育看教育，跳出知识看知识’，也要‘跳出企业看企业，跳出培训看培训，跳出技能看技能’，以逐步形成‘合作办学求发展、合作育人促就业’的良性互动机制”[13]。毛燕在《关于职业教育中“跨界”教学组织的若干思考》[14]，陈克军在《“跨界”的高职课程改革与实践探索》[15]中也对“跨界”的含义，尤其是高职课程“跨界”的含义做出了相应的界定，意指在高职课程建构方面打通学校与外部世界的相互壁垒，走出高职课程建设的“固守”状态，实现学校人才培养与企业人才需求的双向满足，深化校企合作关系，解决职业教育人才培养瓶颈。其实，高职课程教学的“跨界”是跨越学校课程“固守”学校本身的狭小边界，一方面是从课程建设理念方面解放固守的“唯知识”“唯能力”“唯人格”等片面的培养思路，用“人本化、整合性”的思维观照课程建设的行动；另一方面在课程的具体分类中实现各版块“跨界”，即“人文基础课程”与“专业课程”“理论课程”与“实践课程”“校内课程”与“校外课程”“线下课程”与“线上课程”等[16]。因此，培养“跨界”人才并不仅仅是培养跨专业人才，而是培养基本功扎实、知识面广、适应性强的“通才”，包括知识复合、能力复合、思维复合。

高职教育需要跨界，高职学生需要跨界，作为三教改革中课堂革命的第一责任人，高职教师更应该进行跨界培养。高职教师跟着学生一起学习、进步，可以起到示范、引领的作用。你的英语是体育老师教的？你的数学是美术老师教的？网络上一直流行这样的话，原来是调侃的味道。然而，在生活中，这种段子话变成真实的教育场景，跨界教师成为“香饽饽”。教师“跨界”能让视野变得更宽广，更容易在教学中总揽全局。此外，“跨界”对于教师而言是一件很幸福的事情，当一个教师不断地面临着新知的学习和挑战，探索跨界的范式和融点，始终会有着激情涌动和叛逆冲动，能更好地帮助教师专业上的成长，从而帮助学生更好地成长。

目前，也有越来越多的职业院校开始培养跨界教师。浙江某高职院校为了培养跨界教师，要求每一位教师都要学习第二专业。专业课教师学习与产业经济相适应的第二专业，文化课教师学习所任教班级的专业知识并考取相应专业的初级工证书。浓厚的跨专业学习氛围，使得主动学习第二专业、下企业实践成为教师们的自觉行为。懂技术、能服务、知营销的一体化人才是未来企业人才需求的趋势，而教师的跨界培养其背后的核心观念是把专业调试和跨界融通一并考虑，为学生提供未来就业、创业时的非对称性竞争优势，并“以就业、职业、创业为导向”，促进学生成长为“全面的人”“发展的人”。

4.2.3.2 教师跨界培养之“双师”

为促进学生成长为“全面的人”“发展的人”，帮助学生更好地就业，教师需要跨界培养。而跨界培养的重要一环则是将高职教师培养为“双师型”教师。《国家职业教育改革实施方案》提出职业教育专业师资队伍建设的目标是：“到2022年，“双师型”教师（同时具备理论教学和实践教学能力的教师）占专业课教师总数超过一半，分专业建设一批国家级职业教育教师教学创新团队，且多措并举打造‘双师型’教师队伍。”[2]可见跨界培养的“双师型”教师的重要性。

（1）高职院校的“双师”。高水平“双师型”教师队伍建设是当前高职院校各项事业发展的根本保障与动力之源，也是高职院校人才培养质量提高的客观需求。那么，如何准确把握新时代“双师型”教师的内涵，不断拓展“双师型”教师队伍体量，切实提升“双师型”教师队伍质量，为“双师型”教师队伍专业成长营造良好的发展空间与环境，从而帮助学生提升就业能力是我们需要解决的问题。因此，跨界培养“双师”刻不容缓。

高职院校的“双师”是什么，如何更好地理解“双师”？高职院校“双师型”教师教学能力界定为：在以培养具有理论知识和较强实践能力，面向基层、生产、服务和管理一线高端技能型人才为特定目标的高校，具有所教授学科或从事领域理论知识与实践能力的教师为实现教学目的、完成教学任务所具备的知识、技能与情感态度。此概念包含了四层内涵：一是高职院校“双师型”教师要以培养具有理论知识和较强实践能力，面向基层、生产、服务和管理一线高端技能型人才为己任；二是高职院校“双师型”教师应同时具备理论知识教学能力（或素质）和实践技能示范能力（或素质）；三是高职院校“双师型”教师教学能力的维度延伸到了知识、技能与情感态度层面；四是高职院校“双师型”教师教学有其特定的教学目的，即为达到培养具有理论知识和较强实践能力，面向基层、生产、服务和管理一线高端技能型人才[17]。

（2）如何跨界培养“双师”。

1）打造“双师型”教学团队。教师是教学改革的主体，是“三教”改革的关键。当前，我国职业教育师资队伍建设仍然是我国职业教育发展最为薄弱的环节，强化职业教育内涵发展，提升职业教育育人质量关键是要打造一支高素质的“双师型”师资队伍。首先，确定“双师型”团队的构成，包括学校专业教师、技能教师、企业技术人员、兼职教师等。其次，选拔出有技能潜力的专业教师。一是从能力角度出发，通过教师技能大赛选拔技能水平较高的专业教师。这些教师有一定技能操作基础，有技能提升潜力，强化训练效果较好。二是从意愿角度考虑，通过报名，按照教师个人意愿，组织有意愿参加技能强化训练的教师。这部分教师一般主动性较强。三是从教学工作的需要，选择技能教学需要的教师。四是现有学历相对较低的部分实习指导教师。五是将学生技能大赛中成绩最好且有潜质的优胜者留校任教，他们是刚从学生技能训练中走出来，在技能学习方面有深刻的感悟，需要进行理论课程的提升学习以及学历的提升[18]。

2）专业强化培训。为提高教师的实践能力，必然要进行一系列的培训，通过强化培训提高专业教师的技能操作水平。一是脱产到国内高水平企业进行全日制“顶岗培训”，在企业生产一线实践锻炼，时间应该在两年以上，全面学习提高其技能操作水平，全面熟悉企业实践环境。“顶岗培训”类似于学生毕业前的“顶岗实习”，让一批职业学校专业教师具有在真实企业实践的经历。二是制订持续性的短期技能强化训练计划，在企业或培训中心对选拔出的教师进行持续强化训练。三是在部分实训条件优良的高职院校或技师学院，聘请企业高级技能人员，进行专项技能提升培训，但这种方式不能较好地熟悉企业生产环境。四是选送部分专业教师到国（境）外进行技能培训学习，对其技能教学理论和技能操作水平进行再提高。这种培训方式费用高，应以短期提升为主。五是提高部分学历较低技能教师的学历水平。主要是针对实习实训指导教师和留校任教的优秀毕业生。再通过一系列“名师带动”“企业顶岗”“挂职锻炼”“访问工程师”“专业进修培训”等模式，加强产学研合作，既解决教师专业实践经验不足的问题，又提高他们的岗位实践操作能力，努力把教师培养成拿起书本能讲理论、挽起袖子能干活儿的“双师型”教师[15]。

此外，建立从国家到地方的阶梯化职业教育师资培训网络。为了能够更加高效地开展职教师资培训工作，应该建立从地市、省一直到国家三个层面的职业教育师资培训机构网络。“三个层面的功能定位有所不同，国家与省市层面的培训应定位于国家重要职业教育改革思想宣传与专家型教师的培养。这个层面的培训覆盖面不会很大，但专业水准要高，所培养的专家型教师将在地市级教师培养与学校课程、教学改革中发挥重要作用。地市层面的培训应定位于教师的基本教育教学能力培养。这是规模最大、覆盖全员的培训，也是最为重要的培训，它必须使每位教师达到教师能力标准要求。”[19]通过打造阶梯化、系统化、网络化的职业教育师资培养体系，能培养出更加具备“双师”素质的教师，这对于帮助学生提升就业能力的作用也是不言而喻的。

4.2.3.3 教师跨界培养之“三能”

职业教育的特点要求教师不仅要具备跨界的思维，还需要有跨界的能力。在教师培养的过程中，以团队带个人，在团队中实现能力的跨界和提升，培养教师具备“能开金课、善于创新实践、胜任行企培训”的“三能”。

（1）“思政教师+专业教师+企业兼职教师”组合模式的课程思政示范教学团队。课堂教学是育人的主渠道，课程思政是全员全程全方位育人的有效方式，以“思政教师+专业教师+企业兼职教师”组合模式创建课程思政示范教学团队，集“课程思政”之共识，汇“团队智慧”之合力，积极推进“课程思政”教学改革，同时提升教师的跨界教学能力。

结合育人目标和专业特点，团队教师通过集体备课，交流讨论等方式，汇聚团队智慧之合力，分别从思政、专业、职业等方向着手，找准“课程思政”切入点，深度挖掘课程中的育人元素和所承载的育人功能，开放式地探索“课程思政”教学设计和实施，做到专业知识与育人元素的有机融合，“润物无声”地实现“知识传授”和“价值引领”有机统一，提升育人效果，并进一步提高教师团队“课程思政”教学能力。

（2）“专业教师+实践教师+行企专家”组合模式的技能竞赛教学团队。职业院校技能大赛在深化职业教育教学改革，推动产教融合、校企合作，增强职业教育的影响力和吸引力做出了重要贡献，是呈现职业教育发展状态和推进职业教育内涵式发展的“载体”和“推手”之一。职业技能竞赛对教学有一定的导向作用，也可以反思教学，进而改善教学方法，提升教学质量，促进教学改革。

以“专业教师+实践教师+行企专家”组合模式构建技能竞赛教学团队，引入行企专家，带来行业动态前沿及专业技术技能指导，不仅有助于提升学生技能竞赛水平，也有利于促进专业建设和课程改革，并提升教师创新能力。

（3）“专业教师+实践教师+技能专家”组合模式的行企培训教学团队。职业院校具有实施学历教育与培训并举的法定职责，按照育训结合、长短结合、内外结合的要求，面向在校学生和全体社会成员开展职业培训。引导行业企业深度参与技术技能人才培养培训，促进职业院校加强专业建设、深化课程改革、增强实训内容、提高师资水平，全面提升教育教学质量。

以“专业教师+实践教师+技能专家”组合模式构建行企培训教学团队，通过团队开展培训项目建设、培训内容规划、培训要点提炼、培训开展与实践等活动，在共同学习和实践中，提升教师培训育人能力。

4.2.4　衢州职业技术学院的做法与实例

衢州职业技术学院历来重视教师、教材、教法改革工作，并积累了一定的改革业绩。一是成立教师发展中心，青年教师培养成效突出，强化教师进修培训，探索结构化教学团队建设。在 2016 年成立教师发展中心，统筹学校教师专业发展工作。推行新任教师“半年师范教育+半年企业实践+一年助讲”培养制度，取得了较好的成效，工作特色被《浙江教育报》专题报道，培养策略入选省高校教师教学发展优秀工作案例。二是强化教师进修培训，近五年专任教师年人均培训进修天数达 32. 3 天、年人均顶岗实践天数达 24. 47 天。三是开展“专业教师+企业教师+校外导师”组合模式的“双十百人”教师团队、教学能力比赛教师团队等项目建设，探索结构化教学团队建设。四是开展以成果为导向的结构化教学团队建设，探索“思政教师+专业教师+企业兼职教师”组合模式的课程思政示范教学团队、“专业教师+实践教师+行企专家”组合模式的技能竞赛教学团队等不同类型结构化教学团队建设。

4.3 提升就业能力教什么：教材

4.3.1 高职教材转型的必要性

在高职教育发展历史进程中，人才培养始终是首要和根本任务，高职人才质量的提高取决于高质量的高职教材。《教育部关于深化职业教育教学改革全面提高人才培养质量的若干意见》要求，职业教育课程改革要根据行业标准、职业标准和岗位规范，根据岗位的实际工作调整课程结构和更新课程内容。这是在国家层面上首次官方提出面向工作过程的高职课程改革，为高职教材建设指明了正确的方向，对于进一步提高高职院校人才培养质量具有积极的指导意义。

4.3.1.1 教材是科学技术快速发展的需要

目前，我国科技进步产业转型发展迅猛，社会对高素质技术技能人才需求的内涵发生深刻的变化。随着许多职业岗位和岗位群的知识与技术发生变化，高职教育也要紧跟步伐与技术发展速度相适应，这对作为知识载体和教学工具的教材提出了更高的要求。因此，高职院校必须以教材转型为发力点，结合科技发展产业转型的背景，针对学生具体情况，通过树立面向工作过程并以创新创业能力培养为导向，渗透思政教育的教材建设理念，引领教学模式和教学方法的变革。

高职教材应充分反映科学技术发展、详细介绍各岗位及人才培养的相关技能及素养要求，在编写中注重岗位知识的针对性和实效性，以创新创业能力培养为导向，渗透思政教育的同时提升学生的就业能力。

4.3.1.2 教材是高职院校教育教学工作的重要组成部分

随着人工智能、工业 4.0 及“互联网+”的迅速发展，高职院校人才培养过程中面临的挑战越来越多，在科技进步产业转型升级的过程中，高职院校以往的人才培养模式已经无法满足企业的需求，传统高职教材已无法满足学生未来岗位和职业发展的需要。

高职教材一般是沿袭本科教材的编写体例，编写体系仍偏向学科化。注重学科理论体系的完整性，没有体现职业教育注重实践能力培养的教育特点[20]。编写结构大同小异，通常第一章是总论，每一章的第一节是概述，每一节的第一点是定义，即便呈现为项目或模块，也只是对章节更换一种表述而已，体现的仍然是一种学科结构。与改革前的高职教材相差无几，人才培养的目标仍然体现为学术能力，而非职业能力，属于典型的本科教育思维范式[21]。教材作为知识载体和教学工具，直接关系到高职院校是否能够依据技术发展培养出高素质高技能的应用型人才。因此，高职教材在人才培养中的地位与作用十分重要，教材是实现教学目标、呈现教学内容的重要媒介，教材转型是提高高职人才培养质量的制约点。当前，高职教材必须与岗位工作过程密切关联，教材需有效体现职业性、开放性和实践性。教材呈现的知识应与新岗位、新技术、新技能无缝对接，通过不断推进教材转型，建立工学结合运行机制，提高学生综合素质和培养学生健康人格。

4.3.1.3 教材是高职院校专业建设和课程建设的需要

专业建设是高职教育与行业、企业及职业相衔接的桥梁，是高职院校办学特色的集中体现，是培养高质量人才的关键。专业建设是一个专业发展的灵魂，一个高水平的专业，不仅要贯彻立德树人的根本任务，还要认真回答培养什么样的人、如何培养人和为谁培养人的问题，而且要培养有素养有技术有技能的人才。一个高水平的专业必然是拥有高水平专业必需的核心课程教学资源。

课程建设是高职院校教学工作的核心，是高职院校培养模式、教学模式和创新教育的集中体现，是落实专业人才培养方案的关键。

教材作为知识载体和教学工具，既是联系教与学的主要媒介，也是专业建设和课程建设的重要组成部分。教材是课程的物化，是培养学生职业操守、职业技能、创新创业、就业能力和学习能力的重要载体，是人才培养质量的重要影响因素。

目前的高职教材存在内容陈旧、与职业不符、形式单一等问题，因此需要引领教材转型，优化教材结构，创新教材呈现形式，推进教材立体化建设等，打造专业精品教材体系。

4.3.2 “1+X”证书与课证融通教材

4.3.2.1 何为“1+X”证书

《国家职业教育改革实施方案》提出启动“学历证书+若干职业技能等级证书”（简称“1+X”证书）制度试点工作中强调鼓励职业院校学生获得学历证书的同时，积极取得多种职业技能等级证书，职业技能等级证书分为初级、中级、高级，是职业技能水平的凭证，不同专业对应不同证书，重构新时代职业教育，培养具有专业复合、能力复合、素质复合和创新精神、职业素养的复合型技术技能人才，从而拓宽就业能力和创业能力。

“1+X”证书制度是一个多维度、多元化、发展性的概念，反映了社会、市场、企业和学生个人发展需求的满足与扩张的演变。从制度本身看，在政府职能“放管服”改革转型背景下，“1+X”证书制度以社会化运作方式促进学习者满足人才市场对技术技能人才的需求；从教育领域来看，“1+X”证书制度的实施，不仅将推动职业院校开展复合型技术技能人才培养培训模式改革，同时还将带来复合型技术技能人才在校学习经历的过程性评价与技术技能的终结性评价相结合的教育评价制度改革；从人才供给领域来看，“1+X”证书传递了求职者的职业能力信号，用人单位根据这种职业能力信号筛选适合不同岗位的劳动者，所以说

"1+X"证书制度其实也是一项就业筛选机制。综上所述，"1+X"不是学历证书与若干职业技能等级证书的简单机械相加，而是职业教育学习过程与具体职业工作实践活动的有机融合，是学生就业能力、工作能力、创新创业能力等多元化能力习得的过程[22]。

4.3.2.2 构建课证融通"新"教材

"1+X"证书制度的提出，确保高职教育能紧跟行业企业变化，确保培养吻合行业企业技术技能人才综合职业能力的人才，使学历证书和职业技能等级证书有效衔接，体现了职业教育的特质。实施"1+X"证书制度能够提升职业教育质量，促进职业教育改革，拓宽职业教育就业能力，保证职业教育技术技能人才可持续发展的能力，促进学生从阶段化、终结性的受教育转向终身受教育。同时对高职院校如何做到学历证书与职业技能证书的有机融通提出了挑战，高职院校需要构建对接职业技能等级标准的"新"教材。

（1）教材融入职业技能等级标准。在重构与职业技能等级证书相融合的课程体系，校企合作开发"1+X"课程建设标准，教材融入职业技能等级标准，但不是简单的增加几本教材，不是用职业技能鉴定大纲取代实训大纲，也不是强调操作忽视应用创新，而应结合若干职业技能等级证书优化专业人才培养方案中陈旧、不合理的内容，培养学生就业能力，如学习能力、沟通能力、团队工作能力、人际交往能力，也要培养学生对相关岗位群的工作实践能力、创新能力、解决问题能力等，因此必须对职业技能等级标准的相关要求及对应岗位的职业能力进行深入学习、系统研究。

（2）对教材进行系统梳理。对教材进行系统梳理，重构与职业技能等级证书相融合的教材，研究所涉及的职业技能等级证书培训内容及对应岗位的职业能力与要求、课程教学内容深度融合的核心问题，以及课程开发的理念与思路，按照科学、进阶式地对教材进行梳理。研讨新型教材开发标准，强化职业教育的类型特征，立足于企业生产实际和岗位需求，将专业教学标准、职业岗位标准融入教材。教材内容无法与证书培训的内容相一致，要对比现有教材中已有和未有的职业技能等级标准内容，对未有的标准内容进行合理编制教材。

（3）及时更新教材。随着经济社会的发展，技术革新、产业转型升级速度不断加快，职业技能等级标准也会根据国家、政府、行业、企业相关要求随时调整内容，教材也需要时时更新，紧跟技术、工艺、规范、要求的发展速度，但纸质教材编写出版周期较长。因此，除了开发书面教材，可以引入活页式教材、工作手册式教材，构建以多媒体技术、网络技术为依托的数字化教学体系，构建线上信息化学习教材，如建立数字化教学资源库、网络课程资源库等。

4.3.3 高职教材跨界开发的新形态模式

中国产业发展正面临新挑战新机遇，产教融合、校企合作一直是高职教育办学的基本模式，在新时代新形势下，高职教育必然要进行教学改革。因此，如何对接行业企业新标准、新岗位需求及技能要求将其融合到人才培养方案中是高职教育改革的方向。

2016 年 3 月，《中华人民共和国国民经济和社会发展第十三个五年计划规划纲要》中指出，推行产教融合、校企合作的应用型人才和技术技能人才培养模式，促进职业学校教师和企业技术人才双向交流。推动专业设置、课程内容、教学方式与生产实践对接。

2017 年 12 月，国务院办公厅印发了《关于深化产教融合的若干意见》指出受体制机制等多种因素影响，人才培养供给侧和产业需求侧在结构、质量、水平上还不能完全适应，“两张皮”问题仍然存在。因此，深化产教融合，促进教育链、人才链与产业链、创新链有机衔接，是当前推进人力资源供给侧结构性改革的迫切要求，对新形势下全面提高教育质量、扩大就业创业、推进经济转型升级、培育经济发展新动能具有重要意义。同时指出应深化引企入教改革，支持引导企业深度参与职业学校、高等学校教育教学改革，多种方式参与学校专业规划、教材开发、教学设计、课程设置、实习实训，促进企业需求融入人才培养环节。推行面向企业真实生产环境的任务式培养模式。职业学校新设专业原则上应有相关行业企业参与。鼓励企业依托或联合职业学校、高等学校设立产业学院和企业工作室、实验室、创新基地、实践基地。

2018 年底，在中华职业教育社专家委员会会议上，专家围绕走进新时代，指出新经济、新业态、新技术呼唤新职教；破解难题、补齐短板、创新机制，推进新时代职业学校校企合作；多元协同，激发产教融合新动能；发挥企业主体作用，实现产教融合等。重点围绕产教融合校企合作的核心和切入点最终必须落到课程上。因此以产教融合、校企“双元”合作开发推进教材建设将有助于高职院校快速发展。

《国家职业教育改革实施方案》：遴选认定一大批职业教育在线精品课程，建设一大批校企“双元”合作开发的国家规划教材，倡导使用新型活页式、工作手册式教材并配套开发信息化资源。每 3 年修订 1 次教材，其中专业教材随信息技术发展和产业升级情况及时动态更新[2]。

4.3.3.1 建立教材开发机制

加强校企合作，实现产教融合不仅是高职教育的必由之路，也是高职院校教材开发建设的必然选择。随着我国进入新的发展阶段，行业企业对人才的需求越来越紧迫，高职教育变得更加重要，但在校企合作开发过程中，普遍存在企业积极性不高、参与度不够，政策机制不到位等问题。

因此，应建立高职院校教材开发机制，政府必须建立推进产教融合过程中企业和高职院校的权利与义务，强调企业的主体地位，支持企业深度参与高职院校教材开发建设，同时给予企业一定的激励政策，通过制定一些有利于企业发展且能够带动高职院校改革创新的政策来推动产教融合。

4.3.3.2 制定高职教育教材开发标准

我国高职教育事业蓬勃发展，面向职业岗位为企业输送了大量的生产、建设、服务和管理的一线人才，为加快发展壮大现代化产业体系作出了重大贡献。高职教育的职业性决定了教材开发标准必须与工作或岗位要求相吻合。随着时代的到来，技术革新、产业转型不断加快，工作岗位知识与技能也随之改变，这些变化要求教材时时更新，对教材开发标准提出了更高的要求。

高职院校要深化产教融合，促进教育链、人才链与产业链、创新链有机衔接，在编制教材开发标准前必须紧跟当前社会经济发展步伐，对行业企业的人才标准进行收集统计分析，同时要以行业企业对人才的要求来确定教材开发标准，以行业企业的标准为教材开发标准的纲领。教材开发建设过程中紧跟行业企业产业结构转型升级的变化而变化，调整课程开发标准，进而调整相关教材的编制。

校企共同开发反映行业企业新技术、新工艺、新流程、新规范的新形态教材，教材开发标准必须与行业企业专家共同编制，即充分利用行业企业的力量校际间联合编制，来解决教材建设存在与企业生产实际脱节，内容陈旧且更新不及时、教材选用不规范等问题。

4.3.3.3 新形态一体化教材

在分析高职院校毕业生就业质量年度报告，调研行业企业人才需求及用人单位职业能力评价的同时，高职院校应结合自身特点和人才培养需要，与具备条件的企业开展校企合作的同时共同编制新形态一体化教材，推进校企双元合作开发教材。互联网技术的快速发展，为教学内容的表达和学生个性化自主学习提供了多种手段：二维码技术、增强现实技术、互联网应用，使纸介质教材成为可连接各种教学素材的载体；在线课程、微课、云平台服务，进一步丰富了课程的学习方法[23]。新形态一体化教材应拥有大量的教学素材，即运用互联网技术建立大量的教学素材，除了纸质教材包含的基本知识点、技能点、原理及相应的文字或数字或图表等形式展示信息外，还应有课程标准、课程整体设计、课程单元设计、课程教案、课程演示文稿、课程视频动画或微课、课程教学案例、课程题库、课程测验作业、课程实训、课程评价、电子书等，做到以学生为中心、学习成果为导向、促进自主学习的思路开发设计教材。

随着新技术、新工艺、新规范的融入，高职教材借助教育平台实现一书一课一空间，实现“教材+微课+MOOC+SPOC+教学”的深度融合。紧跟行业最新趋势和企业最新需要，开发新型活页式教材，根据行业企业标准的变动将内容灵活拼装，及时将新技术、新工艺、新规范纳入教材，匹配行业企业需求。将项目或任务开发的工具、流程、路径、规范、结果等编入开发新型工作手册式教材，同时通过虚拟仿真平台、AR 等实现仿真模拟操作，达到教材生动、直观立体可视化。能够真正发挥行业企业的资源力量，充分运用互联网技术，开发个性化、模块化、立体化的高职教育教材体系。

4.3.3.4　建立教材选编与监管机制

校企合作双方建立多方协同的教学指导委员会明确教材开发标准，以及建立校企合作的教材开发、选编、使用的督导部门，即通过建立完善的制度与规则来确保高职教材开发标准、编制、使用规范化，改变教师编写教材时框架换汤不换药，教材内容的滞后性，编写内容的雷同性，选用教材随意性等问题。同时，三年一轮修订，及时动态更新活页式教材、新型工作手册式教材、课程教学案例等，来提升高职高专规划教材、特色教材、校企合作开发教材等优秀教材的含金量。

4.3.3.5　完善教材质量管理体系

教材质量管理体系是维护教材市场秩序和保障教材质量的重要途径。2019 年 12 月，教育部关于印发《普通高等学校教材管理办法》中提出国务院教育型政府负责统筹规划、宏观管理、综合协调、检察督导，制定基本制度规范，有关部门行业组织和教育指导机构在国务院行政部门统筹下参与教材规划、编写指导和审核、评价等工作，省级教育行政部门负责本地区职业院校教材的规划、管理和协调，职业院校根据院校人才培养和教学实际需要补充编写特色教材。

国家顶层架构已然形成，但依然存在缺乏监管、教材质量审查不到位等问题，省级教育行政部门应配备专职管理人员牵头对辖区内教材进行统筹规划与管理，指导监督辖区内各院校教材工作，对违规使用教材的职业院校进行公示并给予相应处罚。同时，建立教材编写和审定的责任追究制度，对粗制滥造、未进行深入研究和仔细打磨的教材进行责任追究即建立教材编写和审定的责任追究制度。高职教材涉及众多主体如政府、企业、学校、学生、教师、出版社等，由教育行政部门牵头负责，行业企业学校等多方参与，从教材选用、更换、订购、发放，到校本教材编写、出版、使用等进行全方位管理。高职院校对教材选用、教案编写、教学实施、课后答疑、考核评价等教学各个环节提出量化要求，规范教学秩序。

4.3.4 教材融入思政元素

课程思政是高校立德树人的基础性环节，而实现课程育人的根本目标，就是要将高校思想政治工作自然融入课程教学的各方面，其核心要素是“三教”——教师、教材和教法，其根本任务是立德树人。教材作为其中重要的一环，起着关键的作用。但是，在现有教材中往往存在价值引领不突出、缺乏实效性和内容创新不足等问题。以衢州职业技术学院应用英语专业的“跨文化交际”课程为例，探讨如何将思政元素融入教材。

4.3.4.1 “跨文化交际”的课程思政目标

文化育人是应用英语专业课程思政的重要内容。《高职高专教育英语课程教学基本要求》对高职英语专业的教学目标提出了要求，要提高学生的综合文化素养和跨文化交际意识。“跨文化交际”课程正是在高职英语课程体系中起到了价值引领和文化育人的重要作用，发挥学科的特点与优势，将语言教育和文化教育结合起来，培养学生的文化差异敏感性和价值观念辩证思维。因此，“跨文化交际”课程应更好立足文化育人目标，从教材入手，围绕立德树人和价值引领设计开展活动，明晰中外文化差异，提高文化自信，增强文化认同感，传播中华优秀文化，培养跨文化交际能力，提高学生职业竞争力，培养具有家国情怀和民族文化认同感的国际化人才。

4.3.4.2 “跨文化交际”教材课程思政现状分析

第一，教材价值引领欠缺。由于英语类课程的特殊性，教材中会大量引入西方文化价值观进行文化差异比较，这使得学生在学习过程中容易受到西方思想文化和意识形态的影响，甚至产生崇洋媚外的不良思想，进而对学生的价值观造成负面影响，无法达成文化育人的课程目标。第二，教材内容创新不足。高职学院“跨文化交际”教材重复现象普遍，质量不佳，如案例相近、习题设计大同小异，形成了思维定式，制约了师生对文化现象的想象空间和思辨能力。第三，教材缺乏时效性。新旧文化内涵快速更替，学生跨文化交际能力的构成也发生着变化，因此教材也应及时跟进。然而，现在的教材缺少反映时代发展的成果与分析，缺乏时代感，例如陈旧的案例、广告、影视作品依然出现在文章和习题中，无法与学生已具备的认知水平和思维能力相匹配，学生较难产生共鸣，较难达到提高跨文化交际能力的目的。第四，教材内容难易程度掌握不精准。目前的高职“跨文化交际”教材呈现两极化现象，一种是参照本科教材，语言晦涩，词汇生僻，已经超出了高职英语专业学生水平，与学生耦合度较低，降低学生学习热情，难以完成育人目标；另一种是教材内容过于浅显，一味降低对语言和理论知识的要求，弱化了学生知识摄取程度和信息交流能力，难以完成课程的知识传授功能，更实现不了立德树人的目标。

4.3.4.3　“跨文化交际”教材课程思政开发设计

第一，呈现多元文化内容，设计真实交际任务，开发适应高职教育的“跨文化交际”教材。“跨文化交际”课题组以跨文化交际能力提升为技能目标，通过不同国家的文化主体呈现不同的语言使用场景，涵盖不同视角的文化态度和意识，同时融入本族文化，融合思政元素。教材呈现多元化内容，学生在不断比较和发现他者文化的同时，运用自身文化知识来分析、对比和表达观点，在学习异域文化的过程中加深对本族文化的理解，提升文化思辨能力。

第二，教材内容中的思政元素挖掘。专业课的课程思政应该是润物细无声的隐性教育过程，不应直截了当的上成思想政治课，更不是以灌输的方式教育学生应该具备哪些思想观念。在教材内容的选择上，应尽力挖掘其中的思政元素，建立思政教学资源，在差异对比中凸显中国传统文化美德，实现文化育人的思政目标。

“跨文化交际”课程的人才培养目标从情感、认知、行为三方面进行跨文化能力培养，通过对比文化差异，提高文化敏感性，加强文化思辨意识，获得跨文化交际能力。教材内容拟从感性认知—意识获得—能力训练—实践应用，由表至深的模式进行编排。以文化冲突为载体，呈现因文化而产生的情感、认知、行为差异与困惑，并以跨文化交际知识理论为工具，解析现象、探究原因、分析对策，从而提升学生的跨文化交际能力。在思政元素融入设计中，拟从身份困惑—思辨意识—价值引领—多维度的思政教育—解决困惑方法，由发现问题—探究原因—解决问题的方式进行设计，帮助学生更好地吸收思政教育，也让思政教育与课程内容有机融合，服务课程目标。见表 4-1。

表 4-1　“跨文化交际”教材主要内容设计

目标	项目模块	子模块	文化育人思政元素	跨文化交际能力	课程思政实施方法
感性认知	一、文化与跨文化交际	（一）文化 1. 文化的根源 2. 文化身份认同 3. 文化价值 （二）跨文化交际 1. 东西方文化传播 2. 全球化进程	寻找身份认同	（1）获得跨文化交际态度； （2）明确文化多样性； （3）自我认知与异文化认知	（1）通过对事物分类的不同方式让学生了解中西思维模式的差异； （2）通过案例教学了解民族中心主义； （3）通过古代丝绸之路和新丝绸之路，让学生了解中国一带一路政策，并探索一带一路政策在我国的实施情况和所带来的重大意义

续表 4-1

目标	项目模块	子模块	文化育人思政元素	跨文化交际能力	课程思政实施方法
意识获得	二、语言交际与非语言交际	（一）跨文化交际中的语言交际 （二）跨文化交际中的非语言交际 （三）中文、英语的诰言多样性对比 （四）中西非语言交际对比	激发思辨意识	具备文化差异思辨意识	（1）通过绘本 ZOOM（变焦）图片和苏轼的诗歌《题西林壁》让学生理解学习语言交际中文化现象，培养辩证思维能力； （2）通过角色扮演让学生感受不同文化中的非语言交际； （3）通过对比经典文学“中世纪欧洲骑士文学”与“中国古代才子佳人文学”分析中西经典文学作品文化差异现象及根源
能力训练： 1. 文化思辨能力； 2. 文化差异对比； 3. 文化应对策略； 4. 文化分析能力	三、日常交际中的跨文化交际	（一）问候 （二）称谓 （三）送礼 （四）拜访	价值观引领	（1）树立正确的价值观； （2）培养文化理解力与文化包容力； （3）消除异文化陌生感； （4）加强本族文化认同感； （5）培养在不同跨文化领域中的文化差异应对策略	通过情景模拟和案例教学，分析日常交际中的跨文化交际，并让学生提出解决方案
	四、婚姻与家庭中的跨文化交际	（一）婚恋观文化差异 （二）家庭关系文化差异 （三）朋友关系文化差异	婚恋观教育		（1）通过案例教学：“罗密欧与朱丽叶”和“贾宝玉与林黛玉”的经典爱情故事，注重对比两者之间的爱情观差异，结合文化因素，分析中西传统爱情观的差异，接受中国传统文化的熏陶； （2）通过演讲的形式，学生分析当代中国婚恋观和婚恋现象，感受新时代中健康的婚姻恋爱价值观
	五、工作中的跨文化交际	（一）涉外工作中的跨文化交际 （二）中西商务交际差异对比	职业道德观教育		通过案例教学跨国工作中的文化休克的四个阶段及其应对策略，让学生在案例中探索面对文化差异带来的困境时应具备的良好素质和心理素质，培养学生不怕艰苦努力奋斗的精神

续表 4-1

目标	项目模块	子模块	文化育人思政元素	跨文化交际能力	课程思政实施方法
能力训练： 1. 文化思辨能力； 2. 文化差异对比； 3. 文化应对策略； 4. 文化分析能力	六、商业领域中的跨文化交际	（一）商业环境中的跨文化交际 （二）跨国商业环境 （三）中美商业环境对比	商业道德观教育	（1）树立正确的价值观； （2）培养文化理解力与文化包容力； （3）消除异文化陌生感； （4）加强本族文化认同感； （5）培养在不同跨文化领域中的文化差异应对策略	通过网络课程中观看跨国企业的文化适应对策，以小组为单位进行案例点评和分析，并撰写某以企业或品牌进行跨文化商业策划书
	七、教育领域中的跨文化交际	（一）文化多样性和教育 （二）多元文化中的教育 （三）中西教育差异对比	教育观教育		（1）通过参观南宗孔庙了解中国历史上的孔氏家族的地位，以及衢州孔庙“南宗”的历史；通过了解“孔洙让爵”感受中国“仁德”“重道”“爱国”等传统美德； （2）以孔子和苏格拉底的教育差异对比为契机对比中西“教育观”之差异
	八、食品保健领域中的跨文化交际	（一）健康观念体系差异 （二）中西食品观念差异 （三）中西医疗文化差异对比	养生观教育		通过网络平台影视作品或真实案例（如《刮痧》等）的分享，分析中西医理论基础和理念的差异，并让学生以小组为形式解释差异影响因素，并培养学生用英语解释中医的能力
	九、体育休闲领域中的跨文化交际	（一）体育锻炼中的文化差异 （二）休闲观念差异 （三）竞技体育差异	体育精神教育		组织学生观看当季竞技体育赛事，以小组为单位演讲竞技体育精神，并结合自身的体育锻炼态度作出一定改变

续表 4-1

目标	项目模块	子模块	文化育人思政元素	跨文化交际能力	课程思政实施方法
实践应用	十、跨文化交际	（一）跨文化交际中的挑战 （二）跨文化交际中的问题 （三）改进跨文化交际技巧 （四）跨文化交际的道德准则	困境困惑应对策略	发现与解决跨文化交际问题的能力	（1）通过案例分析解析中国文化的整体性思维方式和西方文化分析性思维方式的差别。如 • 哲学：柏拉图《理想国》的洞穴寓言和庄子的“混沌”寓言相比较； • 绘画：西洋绘画的焦点透视和中国绘画的散点透视； • 语言：通过汉英互译的句子分析汉语“意合”和英语“形合” （2）组织学生以小组形式探讨跨文化交际社会热点问题，以辩论、小组发言、演讲等形式进行跨文化交际现象解析。如对“文化挪用 Cultural Appropriation”现象的不同态度：美国大学生在社交媒体上传旗袍照引发当地华人强烈不满，国人却不以为然

4.4　提升就业能力怎么教：教法

新一代信息技术正在改变着行业企业的生产和经营方式，改变着社会的运行和人们的生活方式。高职教育要以课程建设与改革为关键，前瞻性对接企业转型升级，以教学资源建设为切入点建立立体化教材体系，以混合式教学多元化课堂激发学生学习的主动性，推进“课堂革命”，重在创新校企合作、工学结合模式，培养学生的就业能力。《国家职业教育改革实施方案》明确要求“落实好立德树人根本任务，健全德技并修、工学结合育人机制，完善评价机制”“适应‘互联网+职业教育’发展需求，运用现代信息技术改进教学方式方法”[2]。

4.4.1 高职教育教学方法现存主要问题

4.4.1.1 重知识传授、轻能力培养的传统教学方法

现有高职院校教学方式方法存在重知识传授、轻能力培养，无法适应专业教学需求，难以激发学生学习兴趣，教学标准执行不严，不注重信息化教学，不注重因材施教和激励启发学生，不融入新技术、新工艺、新规范，不接轨行业最新趋势和企业最新需求，过于追求知识的系统性和完整性，教学过程中重理论轻能力等问题。

与教法中的问题相对应，学生在学法中也存在着六个过多与过少问题。“在学习方式上，从师型过多，自主型过少；在思维方式上，求同性过多，求异性过少；在学习状态上，顺从型过多，问题型过少；在学习层次上，继承性过多，创新性过少；在学习情感上，应试型过多，兴趣型过少；在学习标准上，共性过多，个性过少[24]。”从学生学法存在的问题反馈出教学教法的问题。教学中，教师灌输式和“独角戏”式传授知识，学生被动接受和记忆知识，参与课堂少，课堂气氛大多比较沉闷。普遍存在“知识点讲明白就是好老师，学生考试成绩好就是好学生”的错误观念。教师上课一本教材、一份教案、一份课件 PPT、一张试卷闭卷考试的教学方式，学期末以分数为主，一份考卷定成绩，学生习惯期末前一个月甚至一周死记硬背知识点，应付考试，但毕业后上岗前仍需要进行较长时间的岗前培训和教育才能胜任工作[25]。

4.4.1.2 信息化应用水平有待提高

2018 年，教育部关于印发《教育信息化 2.0 行动计划》的通知指出，经过多年来的探索实践，信息技术对教育的革命性影响已初步显现，但与新时代的要求仍存在较大差距。数字教育资源开发与服务能力不强，信息化学习环境建设与应用水平不高，教师信息技术应用能力基本具备但信息化教学创新能力尚显不足，信息技术与学科教学深度融合不够，高端研究和实践人才依然短缺。

目前，高职教育运用信息化技术教学应用已经较为普遍，高职院校有关微课、慕课的培训接连不断。大数据、网络资源库、各线上教育平台的确非常信息化，但一个平台一个端口，一个平台一个用户名和密码，操作步骤各不相同，各平台手机端和电脑端应用差异较大。高职教师信息化教学能力参差不齐，多数教师信息化教学能力欠缺，采用多种形态混合模式教学能力不足，对信息化工具的应用出于较浅层面，教学中学生的活动设计有待提高，仅仅作为辅助教学工具或手段，教学平台上的课程资源变成让学生完成任务观看视频和资料，未能实现课前课中课后的有效规划教学，课内将教学一体机变成了 PPT 的播放器，电子屏幕代替黑板，课后作业也仅仅是对课内知识点的巩固测验或考试，与职场化就业

能力相去甚远。

高职院校有关慕课微课的建设资源质量不高，慕课微课开发制作水平有限，课程视频知识点选取不够到位，呈现形式不够具有吸引力，大部分教师不具备单独制作慕课微课视频的技术能力，聘请第三方制作成本较高尤其制作动画视频耗资更大，制作中音频动画 PPT 等精品程度不高。

高职教育必须服务于行业企业，培养技术技能人才，实训基地建设的目的就是要解决高职院校的技能培训能力问题，而职场化场所的实训基地是高职教育实现技术技能教育的必备场地。但实训基地存在职场化场所的信息化配套不够，信息化场所的职场化融入不够，虚拟仿真嵌入数量与程度不够，实训基地的布局不够合理等问题。

4.4.2 高职教育成果导向教学方法

成果导向教育以其更加重视学生“学习成果”的突出特点，目前已逐渐被我国高等职业教育界认识和接受，并且成为高职教育的主导理念。此种教育模式没有固定的课程模式，其主导思想是只要有助于学生自我表现和学习成果展示的策略和方法均可以采纳，因此在教学方法的选用上具有更大的灵活性。

4.4.2.1 项目教学法

项目教学法就是在老师的指导下，将一个相对独立的项目交由学生自己处理，信息的收集、方案的设计、项目实施及最终评价，都由学生自己负责，学生通过该项目的进行，了解并把握整个过程及每一个环节中的基本要求。原则上项目结束后应有一件可以看到或展示的“产品”。按照成果导向教育理论，教学目标需达到应用、分析、创作等能力要求的课程内容可采用项目教学法。教学实施中，项目教学法常与任务驱动法配合使用，将项目细分为多个既相对独立又彼此联系的任务，并将这些任务逐一完成，即项目引领、任务驱动。

（1）项目教学法的主要特点。项目教学法萌芽于欧洲的劳动教育思想，最早的雏形是 18 世纪欧洲的工读教育和 19 世纪美国的合作教育，经过发展到 20 世纪中后期逐渐趋于完善，并成为一种重要的理论思潮。项目教育模式是建立在工业社会、信息社会基础上的现代教育的一种形式，它以大生产和社会性的统一为内容，以将受教育者社会化，以使受教育者适应现代生产力和生产关系相统一的社会现实与发展为目的，即为社会培养实用型人才为直接目的的一种人才培养模式。

“项目教学法”最显著的特点是“以项目为主线、教师为引导、学生为主体”，改变了以往“教师讲，学生听”的被动教学模式，创造了学生主动参与、自主协作、探索创新的新型教学模式。具体表现在：目标指向的多重性；培训周期短，见效快；可控性好；注重理论与实践相结合。项目教学法是师生共同完成项目，共同取得进步的教学方法。

第一，目标指向的多重性。对学生，通过转变学习方式，在主动积极的学习环境中，激发好奇心和创造力，培养分析和解决实际问题的能力。对教师，通过对学生的指导，转变教育观念和教学方式，从单纯的知识传递者变为学生学习的促进者、组织者和指导者。对学校，建立全新的课程理念，提升学校的办学思想和办学目标，通过项目教学法的实施，探索组织形式、活动内容、管理特点、考核评价、支撑条件等的革新，逐步完善和重新整合学校课程体系。

第二，培训周期短，见效快。项目教学法通常是在一个短时期内、较有限的空间范围内进行的，并且教学效果可测评。

第三，可控性好。项目教学法由学生与教师共同参与，学生的活动由教师全程指导，有利于学生集中精力练习技能。

第四，注重理论与实践相结合。要完成一个项目，必然涉及如何做的问题。这就要求学生从原理开始入手，结合原理分析项目、订制工艺。而实践所得的结果又考问学生：是否是这样？是否与书上讲的一样？

项目教学法主张先练后讲，先学后教，强调学生的自主学习，主动参与，从尝试入手，从练习开始，调动学生学习的主动性、创造性、积极性等，学生唱“主角”，而老师转为“配角”，实现了教师角色的换位，有利于加强对学生自学能力、创新能力的培养。

(2) 项目教学法的基本环节。首先分析教学内容，确定项目任务。所选项目应紧扣教学大纲和教学目标，且项目的难易程度应适宜并有一定的实用价值。

其次是项目教学准备期。1) 教师的准备：首先应对项目任务进行分析和研究，查阅大量的资料，收集相关的知识及案例，了解所选企业相关情形和背景状况；接着制定好项目工作计划和项目活动评价表等指导性的资料；最后要向学生做简要的实施动员，向学生说明项目的意义与作用，激发学生完成项目的兴趣。2) 学生的准备：项目教学法是以学生为主体的开放式教学方式，学生必须认真对待，提前阅读相关教材，准备一定相关知识，注意预习相关课程，获取相关企业资料，做好前期准备工作。3) 项目实施阶段：第一步就是对所教班级的学生进行分组——建立合作学习小组，也就是项目开发小组。第二步是按计划完成项目。4) 项目成果的提交与评价：总评应体现公平、公正、公开的原则，应采取学生自评，互评和教师总评的方式。评价还应结合不同项目的特点，从“知识与技能”“过程与方法”“情感态度和价值观”三个方面，将项目评价和学生个人评价有机结合。

4.4.2.2　案例教学法

案例教学，就是一种运用典型案例，将真实生活引入学习中，“模仿真实生活中的职业情境”，创作“剧情说明书”用来做详细的检查、分析和理解，帮助学习者像从业人员那样思考和行动的教学方法。案例教学法的基本环节如下：

(1) 课前准备。课前教学必须舍得下工夫，做好充分扎实的课前准备，灵活地运用教学技巧来组织引导好案例教学。

(2) 明确教学目标。教学目标可分解，既要清楚通过案例解决管理领域内什么层次上的什么问题，又要明确体现出学员解决问题时所显现的能力水平；既要考虑到学生的学习能力、态度的改变，又要考虑学生的条件和状况。

(3) 选择好教学案例。案例是实施案例教学的前提条件之一。因此，在明确教学目标基础上，要选择适度、适用的教学案例。所选的案例既要与教学目标相吻合，又要是教师自己能把握得了的案例，学生易于接受和认同的案例。

(4) 营造良好的学习环境和氛围。在课堂策略上采取使学习者经验共享的方式，营造一个氛围，让知道的人告诉不知道的人，是学生通过学习能充分分享来源丰富的各种信息，尊重和发挥学生的学习风格、使学生真正感到他们是课堂的主体，是学习的主人。

4.4.2.3 问题教学法

问题导向的教学方法是以学生为中心、教师为主导的教育模式，起源于20世纪50年代的医学教育，1969年由美国的神经病学教授Barrows在加拿大的麦克马斯特大学首创，已成为国际上流行的一种教学方法。

问题导向教学方法教学模式有利于学生主动学习、自主探究，有利于培养沟通协作能力和解决问题的能力。问题导向教学方法从需要解决的问题出发，在驱动问题的引导下，学生查阅资料、阅读教材展开自主学习，通过小组讨论深化认识、教师主导规范认识，最终解决问题。在轻松、愉悦的环境中，通过解决问题习得新知，学生有显著的成就感，激发学习兴趣，形成良性循环。

问题导向教学方法的核心是驱动问题的设计。驱动问题不能太难，也不能太简单，并且能够包含教学目标要求的主要内容。教师启发学生思考、引导学生分析问题、控制讨论范围，指导学生寻找解决问题的方法。问题教学方的基本环节如下：

(1) 感知教材内容。教会学生看书的方法，要由面到点，再由点到面，明确主次关系。其次，引导学生处理和把握教材，学会自学。再次，就是学生完成对教材内容从感性认识到理性认识的升华，并结合已有经验和教材的知识结构主动地进行学习。

(2) 鼓励学生提问。实践证明，疑问、矛盾、问题是思维的“启发剂”，它能使学生求知欲由潜伏状态转入活跃状态，有力地调动学生思维的积极性和主动性，是开启学生思维器官的钥匙。有经验的教师都很注意通过质疑问难，创设问题情境，让学生在这些问题面前自求自得，探索思悟。他们或用提问法，直接将问题摆到学生面前；或用激情法，间接激发学生探求问题的热情；或用演示法，使学生因惊叹结果的微妙而去推论其原因所在；或用故错法，让学生在笑过之后再反思其中的乖谬等。

（3）通过问题授课。针对不同类型的问题，采用不同方式授课。对于多数学生有兴趣且有现实意义的问题，以全班共同讨论的方式进行；对于部分学生有兴趣且有一定讨论价值的问题，以分小组讨论的方式进行；对有一定难度的问题，或是学生的知识结构中所不包含的问题，就需要教师来亲自解答；对于有些学生认识上比较偏激或极端的问题，一般采用个别解答的方式。

（4）深入研究问题。认真分析学生的问题，有利于我们把握学生的心理特点和思想动态，并为我们的课堂教学提供丰富而鲜活生动的素材。

4.4.3　高职教育教学方法改革理念

4.4.3.1　以学生为中心，因材施教

职业教育是配合产业发展的，产业结构调整会倒逼职业教育改革，课堂教学中，在培养学生正确的世界观、价值观外，在传授培养学生发展潜能的学科学位知识理解和技能的同时，更应训练培养学生就业能力的相关技能。在教学方法方面，着眼于学生个性化成长，创新教学方式方法，调动学生的学习兴趣，鼓励学生自主创新，灵活运用所学的知识，独立地发现、研究和解决问题，提高人才培养质量。“以学生为中心”开展教学研究、教学设计、教学改革和教学组织，这是实现“从知识传授到能力培养”的基本和必然途径。通过教师的研究性教学，改变教学方法、考核与评价方法，引导和促进学生改变学习方法，激发学生学习、探索、实践和创新的主观能动性，并在不断的学习与探究过程中，学会学习、思考和创新[22]。基于这种改革思路，本校多门专业课程开展了“教法、学法、考法”的改革与实践。

4.4.3.2　以课证融通为导向，促进就业能力发展

《国家职业教育改革实施方案》第 6 条明确提出将启动“1+X”证书制度试点工作，结合各类职业技能等级证书综合评价学生的能力。教学方法的改革要让学生在学习中不是知识、技能简单的获得，而是掌握工作过程中所需要的综合能力和知识，它的出发点就是促进学生的职业能力发展。以模块化改革职业学习过程，跨越职业边界，增加学习灵活性，体现能力本位。专业行动能力是能力本位学习过程的目标，包括技术能力、方法能力、社会能力和个人能力。课证融通提供模块化的工作任务，训练学生面向未来职场的能力，促进学生的就业能力发展。

4.4.3.3 以信息技术为手段，面向未来高职课堂

现代信息技术对教学改革的影响愈加明显，高职院校积极引进现代信息技术，有关信息化教学能力提升的培训不断增多，与与时俱进的先进教学理念和信息化手段结合，能带动混合教学模式的创新。在国内，混合式学习最早由何克抗（2004）提出，认为混合式学习就是将传统学习方式的优势和网络学习的优势结合起来，做到优势互补，获得最佳学习效果[26]。之后随着信息技术的快速发展，教育信息化的深入推进，特别 MOOC 和 SPOC 等线上课程资源的兴起，赋予了混合式学习更加丰富的内涵，即线上学习和面授学习的混合，知识学习与知识应用的混合，以实现翻转课堂，达成线上新知学习和线下知识内化的完美结合，拓展学生的学习广度和深度，提高学习效果，提升人才培养质量[27]。因此，为适应互联网+职业教育的发展需求，加强对现代信息技术、手段的研究和应用，引入大数据、人工智能、虚拟现实、模拟仿真等现代信息技术，增进教学内容，改革教学方法，开展空中教学，推进虚拟工厂。

随着国内外各类在线教学平台的推出，国家精品在线开放课程、智慧职教、慕课 MOOC、SPOC 等在线课程的上线与开放，线上课程资源实现普及，有助于实现线上与面对面课堂一体化，教师可以借助线上优质教学资源与信息技术，贯彻以学生为中心的理念，结合专业课程性质设计教学资源包括平台习题库、案例库、资料库、作业库、课件库等，也可自建慕课教学视频，根据课程特点开展教学，如学生课前随时登录教学平台观看教学资源，既可以多次回看又可以按需观看，课前完成在线测试、讨论等。教师根据学生在线学习情况，以学生为中心设计课堂教学，开展任务驱动的教学方法与自主探索的学习方式，教师线上助学，组织活动，答疑解惑。如在教学过程中在线测试无法激发学生兴趣，通过游戏闯关来激发学生学习知识技能的兴趣；进不去的工作场景和做不了的高危实践，以虚拟仿真方式再现场景化工作现场的情境教学法；看不见的微观事物、结构原理，以动画类的视频呈现；创新创业项目无法实践以案例教学来呈现等。通过混合式学习实现做中学，学中做，教学共用，教师多样化教学，激励启发学生多样化学习。

小组合作学习是混合式教学模式的组织保障。以学生为中心，以学习效果为导向，小组合作学习是混合式教学面授学习的首选。首先，小组合作学习是社会工作方式在课堂中的引入，能开发和引导学生提前接触社会；其次，小组合作学习将学习行为从个体行为转向群体行为，充分利用微环境克服学生不善思考、不善表达的惯性，强化互动交流，极大提高学生的课堂参与度和积极性；第三，通过建立小组合作学习机制，保证小组学习活动有效组织与开展，实现小组共同学习共同进步，保证学习效果；第四，通过完成小组学习任务及组间交流评价，能

培养学生的自主探索学习能力、独立意识和责任感以及展示自我、评价他人、团队合作等交际能力。

任务驱动的教学方法，强调“做中学，学中做”，让学生在自主探索完成任务过程中学习知识、内化知识、提升能力。其具体教学手段主要包含项目教学、案例教学、角色扮演、探索教学、引导文教学和小组教学六种。其中，小组教学是组织形式的切入点，包括分组、头脑风暴、演示汇报等技巧。而其他五种是教学内容设计的切入点，均以源于实践的教学内容为基础，只是任务载体有所不同，项目教学以项目为载体，案例教学以案例为载体，角色扮演以场景表演为载体，探索教学以探索活动为载体，引导文教学则以引导性问题为载体开展教学。其教学不再是传统的“教师授课、练习深化、任务运用”的灌输形式，而是“布置任务、小组学习、展示评价、教学小结”的引导教学形式。其中学生作为主体，学习方式由被动转为主动，小组积极探索、合作交流并解决问题，从而理解知识的深刻内涵，同时获得相应的情感体验。

4.4.3.4 以职场化为目标，线上线下融合教学

2017 年出台的《国务院办公厅关于深化产教融合的若干意见》要求通过 10 年左右时间建设形成产业和教育统筹融合、以需求为导向的人才培养模式，指出鼓励运用云计算、大数据等信息技术，建设市场化、专业化、开放共享的产教融合信息服务平台。依托平台汇聚区域和行业人才供需、校企合作、项目研发、技术服务等各类供求信息，向各类主体提供精准化产教融合信息发布、检索、推荐和相关增值服务。

产教融合校企合作是高职院校教学的基本特征，教法改革的重点是教学过程校企育人“双重主体”，学生“双重身份”，同时高职教育实践教学比例不断增加，实验、实训、实习及各专业课程都涉及实践教学环节，因此引企驻校、引校进企、校企一体等方式是必然选择。在互联网+职业教育背景下，促进职业教育课程创新，实现职场化教学，面向职场需求为导向，培养适应市场需求的技术技能人才，利用线下实训基地职场化环境和资源，线上建设职场化教学内容，实现产教融合共同育人。

校企合作双方根据专业培养方案、企业需要、专业课程特点设置教学内容，制定切实可行的教学计划、教学大纲、课程标准等，学生掌握知识的同时更能掌握行业企业的最新技术标准，重点培养学生的动手能力和创新能力。线上资源职场化教学，由企业兼职教师和高职院校专任教师共同对企业真实工作任务进行优化处理后编写整体设计完成单元设计形成课堂任务，结合教学任务特点设计教学内容并进行教学情境设计，录制教学视频或操作演示制作教学资源上传线上平台，专兼职教师共同编制题目和要求。课前学生线上自主学习观看教学视频或操

作演示，并完成在线测验、虚拟仿真训练，专兼职教师在线答疑，分析学生在线学习情况；课中专兼职教师针对学生操作测验情况进行面对面专项指导，结合企业真实任务发放课堂任务，小组或个人完成任务过程中专兼职教师共同进行指导，任务完成后教师对小组或个人进行评价和总结。课后学生完成线上作业，专兼职教师在线答疑。线上线下职场化教学是技术进步与产业创新发展的要求，是适应学生发展与社会发展的需要，是高职院校现代化信息化转型的必然趋势，实现了全过程多方位立体化教学。

4.4.4 职场化教学的跨界开发实例

职业教育不仅要关注学校、学习、教育这三要素，还要关注企业、工作、职业这三要素。如何在学习情境中匹配企业需求的职业教育，尤其是在完成专业技术技能教育的基础上培养商科学生的就业能力，是我校连锁经营管理专业一直在探索的重要方向。

连锁经营管理专业与沃尔玛衢州分公司坊门店共同开设企业化课堂，将“门店销售与服务”和“连锁企业促销实训”的课程教学开展在沃尔玛门店的培训室和卖场，学生课前通过线上学习教学任务并完成相关任务，课内教学通过引校入企将课堂搬到企业一线，安排企业专家、能工巧匠主讲，校内老师配合的方式共同开展职场化教学。结合沃尔玛的运作方式来组织课堂环节，转换主体角色，将同学分层分类，参与不同的岗位和部门，如销售、客户关系处理、收银、促销等。以企业典型销售任务或完成工作中的某一任务为教学单元，通过建立小组合作学习机制，保证小组学习活动有效组织与开展，实现小组成员团结协助，分工明确，共同完成任务，做到理论实践相结合，融教学做为一体。沃尔玛真实的或模拟的工作环境开展理论知识的学习和实践操作训练，打破常规的理论与实践相脱离的教学模式，把技能实践合理融入课堂教学中，从而调动学生学习的积极性和主动性，丰富课堂教学与实践教学。

连锁经营管理专业以职场化为目标，实施了企业专家进课堂的教学方法，和省内知名连锁企业的专家或高级管理者共同组成专业教师+企业教师团队，专业的核心课程《店长实务》由专业教师和企业教师共同授课，学生课前学习专业教师与企业教师共建线上课程，由专业教师结合专业教学目标与企业教师结合企业工作任务及工作环境共同设定课内教学目标任务。课中以任务为导向，把企业的真实工作任务和学生的学习任务接轨，根据企业岗位选取教学内容，实现知识群与岗位群对接，确定技能训练标准，建立见习—实训—讲授—操作交叉推进的“企业化课堂”教学环节，将教学过程置入企业的工作环境中，将真实案例引入课堂，通过企业教师与学生面对面交流，使学生在课堂就能体验到未来的工作氛围，接触到先进实用的工作技能，通过真实的工作任务和工作情境，训练学生的就业能力，提高学生对未来工作的适应性。

职场化教学方法在实施过程中奉行"互相支持、逐步渗透、双向介入、优势互补、资源互用、利益共享"的理念，结合教学目标和岗位要求，融入职业资格认证标准，注重教学过程监控，根据绩效分阶段考评技能成绩。在教学内容的选取上，分析分解岗位任务需求，以岗位群所需的知识、技能与素质出发，结合岗位操作要求，确定技能训练标准，融合教学内容与职业能力，完成一定的任务或项目，从而实现知识群和岗位群成功对接。

职场化教学方法在连锁经营企业化课堂的运用和实践，空间上实现了从校内课堂到行业企业职场课堂的跨界，实现了学校对接行业企业发展，实现了引企驻校、引校进企、校企一体；实现从校内教师到企业专家共建的跨界，实现了教学理念和实践教学能力的融合。职场化教学方法通过真实的现场环境，以任务为导向，学生实现"做中学"；以解决问题为核心，学生的就业能力可迁移；融入自我引导，学生学会"学中做"；通过潜默学习，学生内化职业规范和职业精神，提升就业能力。

参考文献

[1] 李坤崇. 成果导向——大学课程发展 [M]. 中国台北：台湾高等教育出版社，2017.
[2] 国务院. 国家职业教育改革实施方案 [EB/OL]. 2019，http：//www. gov. cn/zhengce/content/2019-02/13/content_5365341. htm.
[3] 国务院. 实施中国特色高水平高职学校和专业建设计划的意见 [EB/OL]. 2019，http：//www. moe. gov. cn/srcsite/A07/moe_737/s3876_qt/201904/t20190402_376471. html.
[4] Spady W G. Outcome-Based Education：Critical Issues and Answers [M]. 1994.
[5] 浙江省教育评估院. 2018 届浙江省高校毕业生职业发展状况及人才培养质量调查报告 [M]. 杭州：浙江省教育评估院，2019.
[6] 浙江省教育评估院. 2016 届（三年后）浙江省高校毕业生职业发展状况及人才培养质量调查报告 [M]. 杭州：浙江省教育评估院，2019.
[7] 周建松，陈正江. 高职院校"三教"改革：背景、内涵与路径 [J]. 中国大学教育，2019（09）：86.
[8] 陈宝生. 努力办好人民满意的教育 [N]. 人民日报，2017-09-08（07）.
[9] 习近平在全国高校思想政治工作会议上强调：把思想政治工作贯穿教育教学全过程开创我国高等教育事业发展新局面 [N]. 人民日报，2016-12-9（1）.
[10] 谢俐. 中国特色高职教育发展的方位、方向和方略 [J]. 现代教育管理，2019（4）：1~5.
[11] 邓宏宝. 培育工匠精神，职业院校何为 [N]. 中国教育报，2019-1-29（4）.
[12] 柯霜. 1+X 证书制度下职业院校教师、教材、教法改革 [J]. 河北职业教育，2019，3（05）：10~12.
[13] 姜大源. 职业教育必须有跨界思考 [N]. 人民政协报，2011-01-26.

[14] 毛燕. 关于职业教育中“跨界”教学组织的若干思考 [J]. 河北能源职业技术学院学报，2014，14（02）：11~12.
[15] 陈克军. “跨界”的高职课程改革与实践探索 [J]. 安徽电子信息职业技术学院学报，2016，15（02）：89~91，103.
[16] 林文军. 地方本科院校大学生可雇用能力提升研究 [D]. 重庆：西南大学，2018.
[17] 宋明江. 高职院校“双师型”教师教学能力发展研究 [D]. 重庆：西南大学，2015.
[18] 史文生. 双元结构教师小组：教师合作教学与培养“双师型”教师 [J]. 中国职业技术教育，2019（14）：65~71.
[19] 梁克东，王亚南. 基于“三教改革”的职业教育人才培养与评价改革创新路径 [J]. 中国职业技术教育，2019（28）：28~34，41.
[20] 孔全会. 基于现代职业教育体系的国家规划教材建设的思考与实践 [J]. 中国职业技术教育，2016（52）：57~61.
[21] 印伟. 提高高职院校人才培养质量的内涵建设途径——基于面向工作过程的教育建设视角 [J]. 职教论坛，2019（03）：115~121.
[22] 刘阳，高树平. 新时代 1+X 证书制度的价值意蕴、理论基础与实现条件 [J]. 教育与职业，2019（23）：12~17.
[23] 张德江. 改革教学方法培养创新人才 [J]. 中国大学教学，2009，（05）：7~10.
[24] 周远清. 周远清教育文集（三）[C]. 北京：高等教育出版社，2007：339.
[25] 王晓萍，等. “以学生为中心”的教法、学法、考法改革与实践 [J]. 中国大学教学，2017，（06）：73~76.
[26] 何克抗. 从 Blending Learning 看教育技术理论的新发展（上）[J]. 电化教育研究，2004（3）：1~6.
[27] 罗映红. 高校混合式教学模式构建与实践探索 [J]. 高教探索，2019（12）：48~55.

5 课程思政引领高职院校学生就业能力提升

2016 年 12 月，习近平总书记在全国高校思想政治工作会议上明确指出：“要用好课堂教学这个主渠道，思想政治理论课要坚持在改进中加强，提升思想政治教育亲和力和针对性，满足学生成长发展需求和期待，其他各门课都要守好一段渠、种好责任田，使各类课程与思想政治理论课同向同行，形成协同效应。”会议明确提出要在各大高校中着力构建方方面面齐动手的“大思政”格局，推动“思政课程”向“课程思政”转变[1]。

职业教育是国民教育体系的重要组成，为广大青少年成长成才提供重要空间，发挥着传承技能、促进就业的重要作用，为中国特色社会主义新时代的高质量发展提供源源不竭的人才支持和智力支撑。2019 年，《国家职业教育改革实施方案》明确指出，以学习者的职业道德作为职业院校教育质量评价体系的重要指标，落实好立德树人根本任务，健全德技并修、工学结合的育人机制[2]。“培养什么人、怎样培养人、为谁培养人”是职业教育发展的方向性和根本性问题。高职院校的学生受教育时期正值价值观形成的关键期，理想信念培育和职业道德养成对实现高质量的职业教育、高素质技术技能型人才的培养和高职院校学生高质量就业至关重要。

因此，在推进我国职业教育现代化的过程中，要全面落实立德树人根本任务，广泛开展理想信念教育，厚植爱国主义情怀，品德修养和知识技能提升同向同行，奋斗精神和工匠精神培育齐头并进，实现职业技能学习和理想信念、职业观、职业道德、职业精神培养的高度融合，协同共育德智体美劳全面发展的社会主义建设者和接班人。

5.1 课程思政含义

高职院校是培养高素质技术技能人才的主阵地，人才培养是关键和核心，立德树人是根本任务。高职院校在突出专业技术技能培养的同时，更要重视发挥专业课的思政育人和价值引领功能，实现知识传授与价值引领的统一。

5.1.1 课程思政的含义

课程思政是 2014 年源于上海相关高校关于“怎样培养人”的问题进行不同

程度的探索和思考后，提炼和总结出来的教育理念和形式，目的是解决思想政治教育的“孤岛”困境和与专业教育之间存在的“两张皮”现象，通过“三全育人”，实现立德树人的根本任务[3]。

从字面上看，课程思政由“课程”和“思政”两个词组成，但并不是简单的叠加，这里的“思政”指是“思想政治教育”，既包括思想政治理论教育，也包括思想政治实践教育活动。“课程”应包括高校开设的所有课程，既包括理论课，又包括实践课；既包括显性的思想政治理论课程，又包括其他各类隐性课程。课程作为思想政治教育的重要载体，是德育和价值观教育的“附着点”。“课程”与“思政”的关系，应当是如盐化水，思政是盐，有机地融入课程之中。“各类课程与思想政治理论课同向同行”是“课程思政”建设的基本要求，“形成协同效应”是推进“课程思政”建设的目标指向[4]。

课程思政是指除思政课程以外的专业课程，包括基础课程、专业核心课和实践课程等，其核心是以课堂教学为依托，课程为载体，思政教育贯穿其中，以强化课程的育人功能和价值取向[5]。倪成伟等（2017）指出，思政课程到课程思政体现了教育价值的理性回归，应当形成四点共识：所有课程的育人功能要统领；思政教育不是“专人教育”而是“人人”教育；课程思政不是强加思政内容而是有效融入；课程评价、教书育人两者都要“硬”，实现立德树人润物无声[6]。因此，围绕“知识传授与价值引领相结合”的课程目标，强化显性思政，细化隐性思政，构建全课程育人格局具有重要的现实意义。

课程思政具有全面性，强调从以往单纯的思想政治课教育转变为覆盖各专业、各学科、各课程体系的大思政和大德育，以课程为载体实现思想政治教育协同，实现各类课程思想政治教育“大合唱”。在专业课教学中实施课程思政，对于全面贯彻落实“立德树人”的根本任务、提高学生的思想政治素质、协同推进高校思想政治教育工作、提升学生培养质量、提高学生就业质量将起到重要的作用。

课程思政具有系统性，强调将思想政治工作贯穿学科体系、专业体系、教材体系、管理机制体系之中，是基于教育对象的身心特征，从课程角度上通过科学规划和系统设计，使思想政治教育与专业课程设计及实施紧密结合，目的在于把价值观培育和塑造“基因式”地融入专业课程，将教书育人的要求落实在课堂教学上[7]。课程思政在传授课程知识的基础上引导学生将所学到的知识和技能转化为内在德性和素养，注重将学生个人发展与社会发展、国家发展结合起来，是高校立德树人的突破口和新抓手，有助于帮助学生解答思想困惑、价值困惑、情感困惑，激发其为国家学习、为民族学习的热情和动力，帮助其在创造社会价值过程中明确自身价值和社会定位。

课程思政具有复杂性，课程思政建设的重点在“思政”，没有好的“思政”

教育功能，课程教学就会失去“灵魂”，从而导致课程教学中知识传授、能力培养与价值引领之间的割裂甚至冲突。课程思政并不是简单的另外增加几门课专门开展思政教育，也不是从专业课中剥离几节课特意开展思政教育，其具有复杂性，需要教师结合专业课程性质和新时代思想政治发展，提炼思政元素，并有效融入，实现春风化雨润物无声的效果。严交笋（2018）提出“通过明确课程思政的生成逻辑，树立科学思维，寻找‘触点’，提炼思政元素，融入专业教学，实现专业课程思政”[8]。高职院校应努力构建课程思政的育人大格局。这一育人大格局，关键在于明确立德树人的根本培养方向；核心在于推动思政课程与课程思政如鸟之两翼、车之双轮协调前行；在继续巩固思政课程主渠道主阵地作用的基础上，推动课程思政广覆盖，赋予专业课程价值引领的重任，并进一步提升和改善各种专业学科的育人成效。

5.1.2 课程思政的误区

在课程思政推行和实施的过程中，部分错误的观点和误区存在，影响了课程思政的实施效果。

观点 1（错误）：高职院校培养的是技术技能型人才，所以在课堂教学中着重锻炼学生的技术能力，教学内容和实践需求较多，技术技能直接或间接决定了他们学习后续专业课程乃至就业和职业发展的顺利程度，因此，技术技能的培养至关重要，没有多余时间开展课程思政。

观点 2（错误）：课程和思政各司其职，各自守好自己的一方田地。专业课老师管教学内容和教学实践；思政老师上思政理论课；辅导员和学生处负责学生的思想教育、德育教育。不同的需求就开设不同的课程或者第二课堂去培育，分不同环节不同部门分别培养。

观点 3（错误）：课程和思想政治教育的“两张皮”现象难以突破。有些老师担心，课程思政就是在课堂上先进行一番生硬的脱离实际的思想政治说教，然后再讲授专业课具体内容，课程和思政还是“两张皮”。

观点 4（片面）：课程思政就是在课堂上思政，仅仅依托课堂渠道，在实践中存在片面的、不完整、不准确的认识。有些老师认为在课堂里开展思政教育就是课程思政；有些老师认为课程思政就是结合案例进行爱国主义教育，按照课程设计，把要讲授的思政教育内容讲到了就是课程思政；有些老师认为，在课堂上讲授“鸡汤”，给学生传递富有正能量的观点就是课程思政。

5.2 课程思政的价值意蕴和就业能力提升

5.2.1 引领价值观教育，让人才培养更具立意

高职院校的学生受教育时期正值价值观形成的关键期，是人生的关键阶段，

是人生中最后一次有机会系统性地接受教育，最后一次将大段时间用于学习的人生阶段，最后一次拥有较高可塑性、集中精力充实自我的成长历程，可以说这是学生走向社会的最后一道门槛，是学生未来走向职场就业影响最深远的一个阶段。所以，在高职院校学习的这一阶段，学生不仅要学习知识和技能，也要倡导和践行社会主义核心价值观和爱国主义精神，塑造品格、培育人格、树立理想和信念。“塑造品格、培育人格、树立理想和信念”相对知识技能的学习来说，具有隐性的特征，容易被学生们忽视，通过思想政治理论课的学习，学生又觉得抽象和生硬，接受度较低。

高职院校的学生以往是通过显性的思想政治教育理论课来实现思政教育，例如《思想道德修养与法律基础》《毛泽东思想与中国特色社会主义理论体系概论》《形势与政策教育》等课程。这些课程有完整的理论体系和架构，系统的教学方法和方案。但是，作为基础课程，面向全校的学生开展教学，具有普适性，缺乏针对性，往往脱离学生的专业环境、行业特色和职业背景。多年来，思政理论课的“孤岛效应”明显，思政教育的重要性被低估和边缘化，容易导致育德与育才失衡，人才培养质量下降，这种情况在高职院校表现更为明显。在高职院校的专业教学领域中，存在片面强调专业理论和职业技能，在教学中缺乏社会主义主流思想和核心价值主导的现象，缺少职业道德、职业精神导向。

课程思政的模式可以很好地实现立德树人的育人价值本源，具体通过知识传授、技能训练和能力培养的教学活动，来实现对学生的价值塑造，体现育人本质。理想信念培育和职业道德养成对实现高质量的职业教育、高素质技术技能型人才的培养和职业院校学生高质量就业意义深远。

5.2.2 丰富教学内容，让学科内容更有深度

哲学社会科学和人文学科中的绝大部分专业都有鲜明的意识形态属性，具有课程思政的优势，主要通过社会主义核心价值观、唯物主义历史观、发展观、伦理道德等内容来深化教学内容，不仅仅是要教给学生知识与真理，更是要教会学生学会思考和研究人的社会存在、人类社会的本质和发展规律，正确地处理人与人、人与社会之间的关系，这是人文社科类专业教师应当坚守的课程思政科学思维[9]。人文视野、人文关怀、工匠精神在科学技术改造社会、发展社会的过程中发挥了重要作用，客观、抽象并富有逻辑的科学思维在指导学生学习、掌握和运用科学技术、日常生活管理、人际交往和社会服务等方方面面是理工类专业课程思政的落脚点。课程思政是一种教育理念，在专业课程中，将哲社人文理工等学科的思政元素和功能融入课堂教学各环节，即把理想信念、职业道德、工匠精神、奉献社会等思政核心元素纳入高职院校专业课程体系中，打通“三全育人”的“最后一公里”，不仅实现价值引领与知识传授的融通，也提示学科内容的深

度，丰富教学内容，让教学回归到“育人”的本真目的。

专业教师除了要有丰富的专业知识储备外，还要时刻牢记课程思政的基本任务，在教学过程中要把专业知识与思想政治教育内容联系起来，做到抓住“重点”，所谓“重点”，既包含课程内容上所要突出的知识和技能重点，也包含课堂教学过程中学生所要接收与提升的价值引领重点，只有抓住这两方面的重点，有机结合，才能达到培养学生的学习兴趣、增加学生的知识储备和提高学生的学习能力的效果，以职业道德、职业精神为侧重点，培养学生责任意识、敬业意识、精益求精精神，从而实现职业技能导向的人才全面发展。

5.2.3　创新教学方法，让课堂氛围更有温度

随着教育部精品在线开放课程和“金课”建设的推进，优质的在线教育资源成为“互联网+”教育的重要基础，全社会都可以免费获取大量来自名校名师的名课资源。“00”后学生信息获取具有碎片化的特点，主动获取知识的意愿和能力逐渐增强。据教育部统计，目前各慕课平台的学习者总数超过 1.2 亿人次，学生获取名师名课的途径和方式更加便捷和多元。线下课堂教师不再是知识传授的单一来源，其基本任务从传授知识过渡到人才培养和立德树人上来[10]。课堂教学是全员、全方位、全过程育人过程中非常重要的环节，是教师育人的价值和职责的主要阵地，通过知识传授和能力培养的教学活动实现对学生的价值和品格塑造。

各类课程教师能够主动利用优质在线学习资源，开展混合式教学，在课上和课后与学生加强互动，及时发现其学习瓶颈，分享其学习感悟，解决其学习困惑，一方面可以变被动为主动，重新找回学生对课程和课堂的关注；另一方面也能够开展原本没有时间进行、但是又非常重要的价值塑造和课程思政教育。也就是说，混合式教学和课程思政，在优质教育资源不再稀缺的移动互联时代，创新教学方法，主动开展的教育教学改革，在教师与学生之间要注重培养相互关爱、相互学习的关系，实现“有温度”的教学。

5.2.4　提升就业能力，让思政教育更有力度

将课程思政这种课程观融入传统的课程模式当中，适应信息时代的变化，教学内容和教学方式与时俱进。在教授学生专业知识和技能的同时，通过丰富教育内容、创新教育方法，统筹规划将爱国情感、社会责任、理想信念、职业道德等内容传输给高职学生，培养学生责任意识、工匠精神、人文视野，让学生在学习各种知识和技能的过程中潜移默化地接受思想洗礼和情感陶冶，更好地实现自身技术技能水平和思想政治素质的不断提高，内化为高职学生的道德准则、科学思维和行为规范，从而实现就业能力的提升。

课程思政已经成为新时代职业教育理论与实践的重要组成部分，通过课程教学当中系统性连续性地渗透思政内容，拓宽思政教育传播渠道，在知识传授与价值引领的统一中让思政教育更有力度。

5.3 课程思政的实施路径

5.3.1 教师是关键主体，言传身教，提升育德能力

5.3.1.1 提升教师开展课程思政的教学动力

高职院校教师对课程思政的有效性认识不足主要表现在认为开展课程思政对高职院校学生的成长成才和就业没有很大关系。要提升教师开展课程思政的教学动力，关键在于要让教师认识到课程思政不仅不会削弱或干扰专业教学，反而会更大程度地挖掘课程的科学与人文价值，使学生从爱国情感、社会责任、理想信念、职业道德等维度更深刻地理解专业内涵，从而提升整体课程教学效果，提高高职学生的学习热情和动力，课程思政的效果可以内化为高职学生的道德准则、科学思维和行为规范，从而影响其未来的职业发展道路。

古人云“师者，传道授业解惑也”。传道是第一位的，立德树人是教育的根本任务。在专业课教学中不能没有“德”育，不能没有思想政治的内容。在课程中融入思政，也是高校专业课教师的天职。教书育人是教师的基本职责。讲授课程是教书；思想政治教育才体现育人；课程是教人求“真”、求“美”，那么思政就是教人求“善”；课程思政，实现了教书与育人的统一、教人“真、善、美”的统一、“传道、授业、解惑”的统一，是教学的“灵魂”。课程中无思政，只教书不育人，就不是一个合格的教师。广大高职院校专业课教师要提高课程思政意识，积极主动地投入课程思政教育教学改革之中。

5.3.1.2 提升教师开展课程思政的教学能力

课程思政要求高校教师在教学设计中把思想政治教育放在突出位置，深入分析课程内容，善于运用马克思主义的立场、观点和方法来发现问题、分析问题、解决问题，在教学的各个环节引导学生树立正确的世界观、人生观和价值观。课程思政大多是非思政专业教师的引导，教师的思政素养将直接影响课程思政的效果，所以教师作为关键主体，教师自身要真正理解、信仰和践行马克思主义，才能在教学中有效地开展思想政治教育[11]。因此，第一，高校要多途径多方式地开展教师的思政教育培训，例如专题讲座、交流研讨、精品课观摩等形式，增强教师的育德意识和能力，提升教师主动探究和寻求专业知识与思政元素结合的自觉性。第二，专业化和思政化同向同行，也就是说思政教师和专业课教师通过各种形式开展互动，共同挖掘课程中的思政元素，例如，可以集体备课、定期开展

教师座谈会等，将重点和难点进行探讨；可以结对，成立互助小组，取长补短，共同推进思想政治教育话语、方式、内容的创新。第三，教师必须加强政治理论学习，认同思想政治教育的内容，明确政治立场，加强理论修养，努力做到政治强、情怀深、思维新、视野广、自律严、人格正，规范课堂的话语体系，谨遵思政教育的严肃性，把爱国情感、社会责任、理想信念、职业道德等内容传授给受教育者，不断提高学生的思想政治素质，引导学生自觉培育和践行社会主义核心价值观。

5.3.1.3　教师必须加强师德师风建设

教师要坚持“以德立身、以德立学、以德施教”，在教学中以身示范与言行感染。教师对待课程、教学、课堂、学生的态度，是潜移默化中直接影响学生的课程思政。比如教师什么时候进课堂；见到学生是否打招呼；课前准备是否充分；是否结合时事政治经济热点开展教学；会不会拖堂；会不会对迟到的学生开展批评教育；是不是尽量不调课；是不是礼貌对待学生；是不是包容观点……这些问题和现象都是最直接和普遍存在的，学生直接耳濡目染地受到教育和影响。教师要充分发挥道德魅力与职业精神，帮助学生树立崇高的人生理想，努力把学生培养成为担当民族复兴大任的时代新人。

5.3.2　课程是重要载体，立德树人，目标同向同行

5.3.2.1　课程是规范人的价值之学

“大学课程不仅仅是追问其范围的解释之学，更是规范人的价值之学”。课程思政将马克思主义的理论观点和思想政治教育的要求内化于专业课程的教材规划、课堂教授、学术研究和评价体系中，深度挖掘不同学科专业中的德育元素和内涵，将立德树人的理念贯穿于整个教学体系中。教育是一项面向人、为了人的工程，绝不仅仅是某种知识的灌输与转移，而是要在知识和技能的培养过程中将某种精神与某种价值传递给受教育者。因此，教育的价值中立在本质意义上是不存在的，而且在这个意义上讲，科学家是有国界的，科学技术也是有国界的。在新时代强调推进“课程思政”建设，是对教育本质的解蔽与重识，是要将教育内容从知识维度、能力维度深入价值维度，这是向教育“初心”回归的必然选择[12]。

课程思政作为一种新的课程观和教育理念，都是通过不同方式将思想政治教育理念传授给学生，能够更大程度地激发广大青年学生的制度自信、道路自信、理论自信和文化自信，并在专业教学中传递理想信念、职业道德、工匠精神、奉献社会等思政核心元素，塑造学生品格，实现立德树人的教育目标。

要最大限度发挥专业课程的育人主渠道作用，需要深入挖掘专业课程蕴含的

思想政治教育元素，搭建线上线下相结合、课内课外相结合、理论教学与社会实践相结合等多途径协调育人平台，注重课程开发，助力挖掘蕴含于专业课程中的显性及隐性的思想政治教育资源。无论哪门课程，其中都蕴藏着丰富的德育资源，如何科学有效地发掘这些资源是推行课程思政的一个关键问题。各类学科都有其特定的知识体系，因此相关的专业课教师需要在厘清学科体系的基础之上明确其中所蕴含的思想政治教育资源，实现专业知识传授与育人目标的统一。通过打破原有学科的思维束缚，将育人放在课程教学的首位，才能实现教育立德树人的根本任务。

5.3.2.2 理清课程思政教学目标和方法

每门课程要理清思政目标，选择适合的思政内容。课程思政虽然以“三全育人”“大思政”的格局全方位开展，但是切勿低层次的全面铺开。要根据专业特色，对课程基础、师资条件进行选择，先试点，再由点到面逐步推进。在一门课程中，教学大纲内容应明确该章节所承担的“课程思政”内容，在教学方法中应体现思政引领的具体手段与媒介。扩大到一门学科或专业时，“课程思政”在整体课程设计中也不能每门课程各自为政，应该根据学科顺序及学制计划，融入循序渐进的课程体系中。例如，在讲授学科或理论的发展史时，可以选取那些先进人物的典型事迹，引导学生为国家、为真理奋斗；在讲述学科的基本原理时，可以运用马克思主义辩证法和历史观加以分析；在分析社会问题时，通过横向和纵向的对立，让学生全面客观认识当代中国的发展道路和全球化的变化趋势。

理念践行是“课程思政”的核心，立德树人是“课程思政”的根本，全员育人是“课程思政”的保障，高职院校在进行不同课程开展课程思政教育内容设计时，可以从以下方面下工夫。见表5-1。

表5-1 几类课程的课程思政教育内容设计

课程思政目标	课程	思政设计内容
坚定理想信念	思想政治理论课	共产主义远大理想和中国特色社会主义共同理想的丰富内涵、实现路径、发展要求；国际共产主义发展史、中国共产党党史、中华人民共和国国史等
	综合素养课	从历史、文化、社会、生态等不同视角比较分析社会主义制度和共产主义理想的优越性与先进性等
	专业课	学科、专业和课程特色；专业的沿革、现状与前沿；国家快速发展的战略机遇等

续表 5-1

课程思政目标	课程	思政设计内容
厚植爱国主义情怀	思想政治理论课	重在阐释爱国主义的要义，让学生了解爱国主义的历史意义与当代价值，正确处理好爱国、爱家、爱党与爱人民之间的关系；要借助案例分析与典故教学等形式，教育引导学生热爱和拥护中国共产党，听党话、跟党走，立志扎根人民、奉献国家等
	综合素养课	从不同课程的学科背景出发，为爱国主义提供更多的理论支撑，让爱国主义在学生的心中“既能顶天又可立地”
	专业课	以学科专业为依托，通过国际间学科专业与产业的发展比较，增强学生们投身专业研究的使命感，鼓励学生把爱国精神转化成为国奉献的实践行动
加强品德修养	思想政治理论课	重在阐释品德修养的内涵，理解加强品德修养的重要意义，把真善美作为终身的品德追求；要结合不同时代的要求，教育学生把握当代品德修养的核心内容，特别是把社会主义核心价值观作为当前学生品德修养最重要的任务目标
	综合素养课	从国家道德、社会公德、职业道德、个人道德等视角对社会主义核心价值观进行细化细分，寻找社会主义核心价值观的历史源头，分析在伦理、法治、文化等不同领域的表现形态，引导学生对社会主义核心价值体系形成更为全面的了解
	专业课	要不拘一格、不搞一刀切，而要围绕专业特性，挖掘专业课程与社会主义核心价值观的结合点，在培养方案中对“德、能”等方面做出明确的规定，形成有效的指导方案
培养奋斗精神	思想政治理论课	重在阐释“奋斗精神”的内涵，让学生深刻理解奋斗精神的实质；要重在阐释新时代中国特色社会主义建设的历史任务与实现中华民族伟大复兴的使命担当，分析凝练奋斗精神的时代属性，与理想信念教育有机结合起来，激发学生勇担时代责任
	综合素养课	注重奋斗情怀教育，可以设立“奋斗精神”专题进行讲解，也可把奋斗精神教育培养与乐观主义、爱国主义等专项教育结合起来，加大对古今中外历史名人的案例教学，让学生在提升综合素养的过程中不断增强勇于奋斗的动力
	专业课	把专业知识传授与自强不息精神培养结合起来，重在引导学生不怕苦、不怕难，勇于挑战并攻克技术技能难题，立志成为技能提升和大国工匠的生力军与后备军；要大力挖掘技能大师、理论专家不懈奋斗的成长故事，用榜样人物的成长经历和工匠精神激励学生成长，引导学生努力做到刚健有为、自强不息

续表 5-1

课程思政目标	课程	思政设计内容
提升就业能力	思想政治理论课	职业精神、职业道德、职业伦理
	综合素养课	通过社会实践、志愿服务、生产实习等课程内容设计，在学生中弘扬劳动精神，教育引导学生崇尚劳动、尊重劳动
	专业课	一方面是要抓好课堂知识传授，把基础知识与前沿知识结合起来，让学生习得一身知识、练就一身本领；另一方面是抓好知识的应用能力，把知识传授与解决问题、书本知识与实践问题结合起来，让学生成为“理论知识高、动手能力强、综合素养好”的社会有用之才

5.3.2.3 丰富课程思政教学设计

围绕价值塑造、能力培养、知识传授三位一体的课程建设目标，在课程内容中寻找与社会主义核心价值观、专业伦理、学习伦理、家国情怀、国际视野、创新思维、工匠精神、人文情怀等相关德育元素的“触点”和“融点”，通过典型案例等教学素材的设计运用，以“润物无声”的方式将正确的价值追求、理想信念和家国情怀有效地传递给学生。

以培育和践行社会主义核心价值观为例，课程可结合以下内容进行教学设计，见表 5-2。

表 5-2 课程思政元素表

思政主题		课程思政可结合内容
社会主义核心价值观	富强	物质现代化、科学技术现代化、共同富裕、生产力标准、勤劳致富、综合国力、基本国情、中国梦等
	民主	民主集中制制度、现代化言论自由、人民民主专政、人民代表大会制度、中国共产党领导的多党合作制度、基层民主制度等
	文明	以人为本、物质文明、精神文明、政治文明、社会文明、生态文明、社会秩序、国家软实力、国民素质、科学精神、人文精神、工匠精神、公序良俗、优秀传统文化、社会风尚等
	和谐	真善美、和而不同、以和为贵等
	自由	集体主义人的自由、全面发展、实践意志自由、行动自由、政治自由、言论自由、出版自由、集会自由等
	平等	社会平等、人格平等、众生平等、权力平等、公平正义、经济平等、政治平等、文化平等、机会平等
	公正	起点公正、过程公正、结果公正、程序公正、社会公正等
	法治	依法治国、以德治国、权利意识、责任意识、纪律意识等

续表 5-2

思政主题		课程思政可结合内容
社会主义核心价值观	爱国	爱祖国、爱人民、爱家乡、爱学校、道路自信、理论自信、制度自信、文化自信、政治意识、大局意识、核心意识、民族精神、时代精神等
	敬业	热爱劳动、热爱工作、热爱岗位、职业道德、职业精神、工匠精神等
	诚信	守信、说老实话、办老实事、做老实人、谦逊、社会公德、家庭美德等
	友善	包容、协作、团结、尊重、和气、宽厚、推己及人等
高素质内涵	家国情怀	爱祖国、爱人民、爱家乡、爱学校、道路自信、理论自信、制度自信、文化自信、政治意识、大局意识、核心意识、民族精神、时代精神等
	国际视野	人类命运共同体、世界文化与全球议题、开放与尊重、沟通与协作、道德与责任等
	创新思维	责任与使命、传承与创新、诚信意识
	工匠精神	敬业奉献、精益求精、爱国为民、修业敬业、乐业精业
	职业规范	职业道德、社会责任、法制意识、责任与义务、职业伦理
	终身学习	自主学习、终身学习

紧密围绕社会主义核心价值观形成思政元素表，制定《“课程思政”教学设计编制指南》，引导教师把坚定理想信念的要求、做人做事的道理、道德法制的规范、民族复兴的责任和使命等融入各类课程教学设计中。通过认真学习、研讨、教研组活动，让每位教师明确各专业课程与思政元素的结合点，填写《“课程思政”教学设计表》，作为教材讲义必要章节、课堂讲授重要内容和学生考核关键知识教师在课堂上将课程思政实施过程中的心得写成“案例随记”，学生将最有感悟的课堂体验写成“案例随感”，形成课程思政案例资源库。

5.3.3 方法是灵活施教，润物无声，教育潜移默化

5.3.3.1 教学方法多样化

教师要在设计课程内容时不断丰富教学维度，重视对课程思想政治教育功能的运用，将思想政治教育元素融入授课计划之中，以学生可感知、可意会、可参与的形式将德育因子融入专业知识教学中，这意味着要对课程内容进行深度开发，对课程进行整体科学架构，努力提炼教学内容中的思想政治教育资源，使课程不仅要实现学生对知识积累、能力提升的需要，还要有针对性、有计划性地对学生的道德理念、价值观念进行引导。课程思政需要高校教师深入调查研究，准确把握学生思想动态，从学生所思所想、社会热点、国际国内形势、现实问题、专业问题等导入思政内容，精雕细琢，做细做实，固定式的素材与即兴式的素材结合，“天边”的案例与“身边”的故事并举，趣味性与时效性并重，视频、图片、文字、讲授多种方式“渗透”，课程与思政无缝衔接、巧妙融合，既要丰富

课堂内容，又要活跃课堂气氛、提高育人质量。蕴含在课程中的思想政治教育资源，不是生硬的从思想政治理论课中移植过来的，也不是要消解专业教育的原有目标，而是要在坚持立德树人的基础上，立足课程的自身特点，对课程进行深度开发与深层设计，充分挖掘专业知识所蕴藏的人文精神与科学精神，激活各类课程的价值属性，涵育学生的精神世界。例如，机械制造类课程，可将工匠精神融入，在绘图、标注、制作等方面关注细节，精益求精；会计类课程，在专业课程中将“诚信为本，操守为重，坚持准则，不做假账”贯彻其中坚持职业道德伦理。所以，“课程思政”建设不能追求统一模式，不能确定同一指标，必须注重多样化、追求个性化、遵循渐进性。

5.3.3.2 教学与活动实践相结合，增加思政触点

根据专业特点和人才培养目标，可以开设丰富多彩、寓教于乐、学有所用的校园文化和社会实践活动，增加思政触点。例如，红色经典诵读、榜样人物表彰、创业分享等。学生在高职院校通过体验职业岗位和工作过程中主动参与、亲身经历、实践体验获得“做中学”的实践，形成实践性知识，实现知识、技能和态度的共同建构，达到理解人生的意义和完善自我的目的。也可以组织学生开展文化、科技、卫生“三下乡”社会实践活动。护理专业的学生通过关心关爱贫困老年人的身体健康，感受职业价值。摄影摄像专业通过走入乡村、走近村民，记录乡村发展的变迁，帮助传统村落留住历史，帮助乡亲记住乡愁，增进学生对故乡的情感，激发建设美丽乡村的热情。电子商务专业可带动学生帮助乡亲建立推广和销售农副土特产的网络平台，开辟致富新渠道。

5.3.4 评价是多元有效，德能并重，重在平时过程

教育不是培养“知识的存储器”和“移动的工具箱”。高职教育教学的最终目的是培养高质量的技术技能人才。课程思政就是要在课程目标设计中融入思想政治教育内容，找准关键、突出重点，努力让学生形成符合本学科的科学精神和研究态度的同时，成为价值理性视野下人格健全、品行端正的“自由人”。课程思政隐性的意识形态教育模式，意味着需要更加健全有效的评价方式。

首先是重过程评价的原则与定性定量结合的评价标准。课程思政对高职学生的培育是潜移默化的过程，适合采用重过程非结果的评价原则，相应地采用侧重定性评价而非定量评价。

其次是评价主体的多元化。评价的主体是学生，基于态度、情感、价值观开展调查研究，形成评价方案，同时根据毕业生的跟踪调查，对评价指标进行修正和完善。教师评价要体现视角多维的特点，从思政课、专业课、企业导师、辅导员等群体虽然协同育人的角色定位不同，但是立德树人的思政目标是一致的，同

向同行并有所侧重的评价视角，让评价体系更科学更全面。

最后是评价的反馈。评价的目的是反哺于教育，是为了课程思政更好地开展，育人质量更高地提升。学生的评价结果形成反馈方案，改进教学方法，提升课堂教学效果。

所以，课程思政不能片面地推崇“唯量化”评价，而是要将教育教学向理想信念教育、职业精神培养、社会责任培育等多向度延伸，培养一批批“有理想、有本领、有担当”的新时代大学生，使他们成为担当民族复兴重任的排头兵和主力军。

5.4　课程思政的探索与实践

5.4.1　“店长实务”课程思政探索与实践

5.4.1.1　连锁企业对店长人才的需求

（1）连锁企业对店长数量的需求。2017 年，连锁百强企业销售规模达到 2.2 万亿元，同比增长 8.0%，占社会消费品零售总额 6.0%；百强连锁门店总数 10.98 万家，同比增长 9.1%；百强零售企业中百货店、购物中心开店数量明显减少，而小型门店数量增长相对较快，小型门店约占新增门店总数的 80%。

连锁企业的发展主要依靠门店数量的扩张，星巴克计划到 2020 年在中国开店达到 6000 家；京东发布“百万京东便利店计划”；阿里零售通宣布，将在 2020 年底覆盖 100 万家天猫小店；苏宁小店 2020 年的目标是 1500 家，目前已经是北京门店数量最多的便利店；鲜丰水果计划到 2021 年全国门店数达到 10000 家。

不断扩张的连锁门店需要大量的储备店长和店长，对连锁管理人才提出了更高的要求。

（2）连锁企业对店长质量的需求。连锁企业在高职毕业生储备店长和店长的培养过程中问题突出，主要表现在职业意识、职业情感和职业道德缺乏，在一定程度上折射出高职院校在课程设置和课程教学上的误区。即割裂了显性素养和隐性素养，在专业课的教学中偏重岗位所需的知识技能、技术技能等显性职业素养的培养，忽视学生的价值观、职业观等隐性素养。

连锁经营协会最新的调查报告也表明，被调查企业对高职连锁经营管理专业毕业生不满意的地方主要表现在：心理承受能力差、怕吃苦、团队协作精神差、稳定性差、团队协作不够等方面。而连锁企业期望高职连锁经营管理学生具有责任、诚信、合作、沟通等意识，希望学校做好价值观教育及职业发展方向的引导。

基于店长胜任力模型的店长职业能力需求显示，除了专业技能以外，职业素养、个人素质、管理能力都是影响储备店长和店长培养的重要因素。为了提高毕业生的职业可持续发展力、竞争力、适应力，通过对店长胜任力的分析，结合课程内容，融入思政教育，使学生德智共同发展。

5.4.1.2 “店长实务”教学中存在的问题

“店长实务”是连锁经营管理专业核心课程之一，是学生毕业顶岗实习之前的重要课程。连锁经营管理专业为连锁企业门店输送店长储备人才，“店长实务”是以店长的工作过程开展教学，在传统的教学过程中，大部分院校主要重视知识和技能的传授，忽略了“价值引领”，导致毕业生在就业时稳定性比较差、团队协作精神不够、怕吃苦、沟通能力不强等表现较为突出。教学形式也主要以课堂讲授为主，学生参与度低。教学评价采用终结性评价，评价形式单一无法多维度去考核和评价学生。

因此，如何在店长胜任力模型的基础上，在“店长实务”课程教学中融入思政教育，将隐性素养通过课程教学加以体现，在细节中渗透价值观、职业观对学生的全面发展显得格外重要。店长工作的方方面面都是涉及人，“店长实务”是以“人”为核心，在教学过程中将“立德树人”落到实处，在店长胜任力模型的基础上，挖掘和提炼“店长实务”专业课程教学与思政教育的融合点，通过第一、第二和第三课堂的协同育人，在“知识技能和价值引领”的教学中，树立学生正确的职业观、职业道德和职业素养，提升学生从业后的职业发展力、竞争力和适应力。

5.4.1.3 “店长实务”课程思政实施方案

探索以专业技能培养为先导，融入思想政治教育，以实现“知识技能和价值引领”齐头并进，探索传统专业课程教学重智轻德现象的新突破，形成以课程教学目标—课程教学内容—课程考核与反思为过程的课程思政融入机制，以期在知识传授中强调价值观的同频共振。

“店长实务”深入挖掘本课程的思政内涵，在教学实践中开展课程思政教学改革，探索课程思政的实现路径，提升课程教学的育人功能，使思政教学在专业课程中潜移默化地完成。本课题将从课程教学目标的思政元素、课程教学内容的思政因子、课程考核的思政分子等几个方面开展研究和实践，具体见图 5-1。

（1）课程教学目标的思政元素。

1）连锁门店店长职业能力（胜任力）。连锁企业发展迅猛，门店扩张速度不断加快，但门店管理人才的匮乏已成为制约我国连锁企业发展的重要因素。据连锁经营管理协会的调查，除了知识技能、技术技能以外，连锁企业更关注管理人员是否拥有正确的价值观和良好的职业素养。连锁门店店长的职业能力越来越得到理论界和实践界的关注。

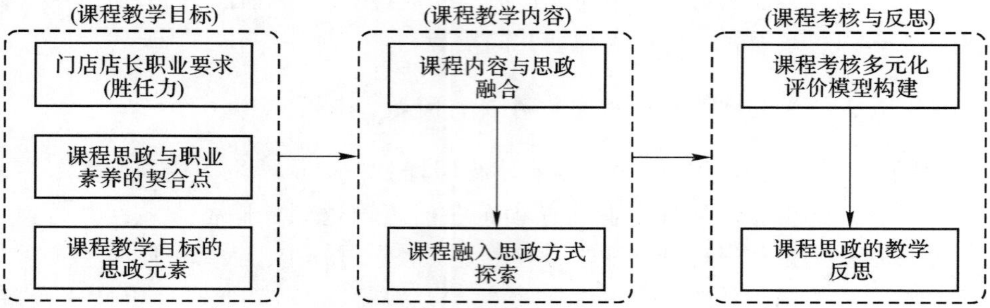

图 5-1　“店长实务”课程思政教学改革研究和实践内容

现有对连锁门店店长职业能力的研究和探索大多基于店长胜任力模型。如林丽卿（2011）采用文献调查、行为事件访谈、问卷调查等方法，构建了连锁超市店长的胜任力模型，认为该模型主要包括员工与团队管理能力、大局观、沟通影响力、理货业务能力等 10 个维度[13]。殷智红等（2012）认为连锁门店店长胜任特征模型共包括三个维度，即个性特征、专业知识、管理能力[14]。吴崑（2013）指出，连锁店店长胜任力模型包括店长素质、基础能力、专业能力三类[15]。郑晓瑜（2013）构建了连锁餐饮企业基层管理人员胜任力模型，包括核心能力、专业能力和领导能力[16]。王雪华（2015）以管理能力、个人特质、发展潜力、人际能力和业务能力五个方面，构建零售连锁企业门店店长的胜任力模型[17]。

将店长胜任力模型引入“店长实务”的课程思政的建设，有其重要性，主要表现在以下几个方面：

首先，胜任力模型显示连锁门店店长的专业能力、管理能力和个人素质同等重要，《店长实务》的课程教学目标不能仅仅围绕店长的专业能力，在教学过程中不能只重视专业技能的传授和实践，而应该将如何提升店长的管理能力和个人素质列入教学目标，改变教学形式和内容。要把注意力放在隐性的思政因素教学，给学生以后在店长的选拔和晋升提供帮助，为学生的职业生涯规划和正确价值观树立提供基础。

其次，店长所需要的敬业精神是社会主义核心价值观的重要内容；微笑服务，是核心价值观中“敬业、友善”的细化；坚强的意志，是克难攻坚的精神；道德素养，是“诚实，守信”的体现。这些都需要通过课程思政来突显和教育。

再次，选择王雪华的模型（图 5-2）作为课程教学改革的基础。在后续的研究中，继续开展行业专家进行行为事件访谈法和问卷调查法，挖掘和提炼连锁门店店长职业素养与思政教学的结合点，不断优化。

2）课程教学目标的思政元素。教学目标是一切教学活动的出发点和最终归宿。在“店长实务”的传统教学中，要求学生掌握连锁门店运营和管理的基本知识，包括店长的角色定位、门店商品管理、门店顾客服务、门店团队建设、门

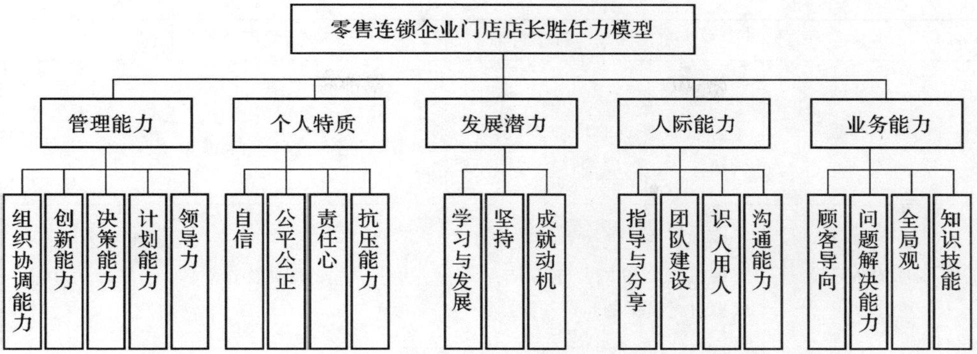

图 5-2 王雪华（2015）零售连锁企业门店店长胜任力模型

店业绩提升等；在此基础上，要求学生能够理论联系实际，分析和解决门店运营的实际问题。然而，该教学目标只重视“知识和技能传授”，忽略了“价值引领”和“职业道德”等隐性素养的培养和突显。

因此，在现有店长胜任力模型研究的基础上，结合课程性质，本着“知识技能传授与价值引领”相结合的原则，在“店长实务”的教学目标中增列思政元素。总体上讲，教学目标的思政元素包括：树立学生的民族自豪感、前瞻性意识、担当意识、责任意识、敬业友善、诚实守信、团队合作意识等，培养学生树立正确的世界观、价值观和人生观。课程具体可以体现思政目标的项目详见表5-3。

表 5-3 “店长实务”课程思政教学目标

项目	专业知识和技能教学目标	课程思政教学目标
中国连锁百强	了解上一年“中国连锁百强榜单”、了解连锁行业市场格局变化、业态调整、技术革新等最新资讯	培养学生用发展的眼光看问题，开阔视野，培养学生对连锁行业的自信、专业自信和就业自信，增强民族自豪感
店长角色定位	明确店长的角色定位，了解店长的核心工作职责；能够用思维导图的模式画出店长的角色定位和核心工作职责	强化学生的责任意识，培养学生的担当意识
门店商品管理	掌握商品配置方法和商品陈列的基本原则；能对特定类型的门店进行商品配置和陈列	培养学生严谨的态度和大局意识，结合行业发展趋势培养前瞻性

续表 5-3

项目	专业知识和技能教学目标	课程思政教学目标
门店顾客服务	掌握顾客服务的基本原则，了解忠诚客户的培育方式；能沟通顾客、处理客户投诉	培养学生的服务意识，强化“诚实友善”的微笑服务，提升沟通能力
门店团队建设	了解员工甄选的方式和途径，掌握员工激励的基本方法；能模拟进行员工的甄选和激励	培养学生的团队协作意识、公平公正意识
门店业绩提升	了解门店业绩分析方法，掌握门店业绩提升方式；能够对门店进行分析与提出改进建议	培养学生创新精神和终身学习的意识
门店见习	了解店长的工作流程，工作内容，参与门店管理	培养学生积极主动、勤勉的工作态度和职业道德

（2）课程教学内容的思政因子。

1）课程教学内容融入思政元素。教学目标的思政元素需要通过教学内容来落地。教学内容是学生形成正确价值观和世界观，培养职业素养的重要载体。课程思政的实施应该是“润物细无声”的过程，不是生硬地说教和灌输，应本着因材施教、教书育人的原则，将抽象的思政内容和职业素养要求，通过对思政教学资源的建设、教学素材的整合和选择，融合到教学内容中，见表 5-4。

表 5-4　“店长实务”模块化的课程思政内容

思政主题	拟融入的教学内容	拟采用的实施方式
爱国主义教育	1. 中国连锁百强案例 2. 瑞幸咖啡的挑战：如何 PK 星巴克	案例教学法，让学生感受中国连锁企业的强大，融入爱国主义教育，增强民族自豪感
职业观、职业伦理、职业道德、责任与担当意识	1. 职业店长进课堂 2. 永辉合伙人模式	职业店长现身说法，培养正确的职业观、职业伦理和职业道德
	1. 海底捞北京劲松店、太阳宫店事件 2. 谁来接手邻家便利	组织学生课堂模拟召开新闻发布会，以门店经理身份做“危机公关”的头脑风暴，模拟发表致歉声明、宣读应对方案，既锻炼学生的口语表达能力，又培养责任和担当意识

续表 5-4

思政主题	拟融入的教学内容	拟采用的实施方式
服务意识、敬业友善	海底捞的顾客服务	翻转课堂，视频教学法，培养学生的服务意识
	星巴克顾客服务处理模拟	情景模拟教学法，培养学生微笑服务和诚实友善的服务品质
团队协作、公平公正	1. 员工招聘与选拔 2. 员工激励和团队建设	情景模拟和任务驱动教学法，开展团队建设活动，培养学生团队协作和公平公正的意识
前瞻性意识	1. 探究数字时代的 Zara 专卖店 2. 宜家开出 1000 平方米黑科技店，实现家居智能化 3. 盒马鲜生和盒小马	混合式教学法，选择前沿资讯与学生分享，培养学生对专业前沿的敏感性和前瞻性

2）开拓第二、第三课堂的思政内容，形成协同育人机制。课堂教学不仅仅局限于课内的教学，还应该将视角放大，结合第二课堂和第三课堂开展课程思政和专业教育，形成协同育人机制。

首先在第二课堂的实践和体验中，潜移默化地提升学生的思政素养。结合一年一度的工商模拟市场大赛，将课堂学习的门店管理专业知识用于实践，并培养学生的诚信、责任、担当意识，提升学生的团队协作能力和微笑服务意识；结合经管“杜拉拉”训练营，鼓励学生参加“礼仪培训”“校企对话”等模块，提升学生对职业伦理和职业道德的认识；学生以小组的形式参与“爱心超市”的运营，提升学生的自我管理、团队协作、爱心和责任意识。在教学的过程中，也可以结合校园文化的宣传、社团活动等形式开展多样化的活动。

其次运用第三课堂的企业课堂，将企业“请进来”和鼓励学生“走出去”相结合。邀请资深门店店长进课堂，将自我职业发展的和努力的历程、门店管理的实际经验和案例与学生分享，给学生树立正确的职业观、职业道德和职业伦理。以分小组分阶段的形式，安排学生到校企合作密切的连锁企业门店进行跟岗学习，体验店长的日常工作和突发事件的处理，提升学生的专业技能和职业素养，培养学生积极主动、勤勉的工作态度。

3）课程思政融入方式探索。

方式一：专业讲授。课堂讲授，是最充分、最直接传播思想的平台。星巴克作为除了办公室和家以外“第三空间”，它是喧嚣闹市中的独立、安静所在，人们可以在这里聊天、休息、放松，当然也可以处理事情。在讲解门店布局的同时，如果结合思政课中“物质和精神”作用和反作用的理论，有些问题就可能多一些深入分析和以理服人的视角。在海底捞北京劲松店、太阳宫店因后厨出现老鼠、餐具清洗、使用及下水道疏通等存在卫生隐患等问题被曝光后，在第一时间组织学生课堂模拟召开新闻发布会，以门店经理身份做“危机公关”的头脑风暴，模拟发表致歉声明、宣读应对方案，既锻炼学生的口语表达能力，又有意识地帮助他们把握媒体和消费者心理、增强心理素质，同时树立食品安全意识和责任担当意识。

方式二：点评结合。课堂学生发言、小组汇报之后，教师的点评如果能在专业要求、职业素养要求基础上，引进一些思政元素，可能引导的效果更好。学生进行分组，采用头脑风暴的形式，在限定时间内完成用思维导图的形式绘制店长的角色定位和核心工作职责。完成后，由组长汇报展示，并以项目组为单位对作品进行大众评审投票，并选派代表点评。这个安排在锻炼学生协调沟通、时间观念及多向交流等团队合作、语言表达素养的同时，也给教师最后从学生时间观念不强、职业认知不够等具体实际出发，虚实结合地将“大局意识”“合作精神”“纪律观念”等思政元素融入教师点评之中，给思政元素的融入搭建平台。

方式三：借用载体。课堂上介绍规章、布置作业等环节，第二课堂的活动和第三课堂的体验，都是把思政教育内容融入其中的良好载体。比如企业规则或实训室规定，是培养学生自律意识和能力的重要载体，介绍规章制度时，也是培养学生纪律和规章意识的重要机会。“商品管理”“门店布局”等项目，需要学生外出做实地考察，要求学生做外出计划，并上报具体行程和签订安全责任书。按照报告书上的时间表，跟学生通过微信视频，远程监管学生的实践活动。这个过程中，其实搭建了一个思政教育关于自由和纪律、个性和规范的教育引导平台。

信息化教学也是实现课程思政的重要载体。通过超星网络教学平台、“雨课堂”、微信公众平台等途径，将整理的素材（包括视频、音频、文字等）上传，方便学生进行碎片化的学习。把握学生思想动态，才能“对症施治”实现对教学者的输入。通过课间交谈、微信互动、校园 BBS 等多种渠道，深入学生生活，了解他们的关注话题和思想动态。通过新媒体推送连锁行业的最新资讯，引导学生关注和自主学习。

课堂上的作业点评、单元总结、学情分析、顶岗实习等等，都作为思政元素融入课堂的方式和途径，需要在研究过程中不断探索和总结。教师要有一颗发现、创造、幽默之心，以学生喜闻乐见的方式创新课程思政融入方式。

（3）课程考核多元化和思政教学反思。

1）课程考核多元化评价构建。传统的专业课考核基本以终结性考试为主，形式单一，不能体现学生过程性学习的成果，更没有考虑到学生思政因素。加入“思政元素”的“店长实务”课程，既要考核专业知识和技能，也考核学生的人生观和世界观等，即在考核过程中要注重价值引领。本课程具体的考核从以下实施：

课程教学以项目化的形式开展教学，学生根据项目的不同以个人和团队的形式参与，每个项目按照项目评分表进行计分，采用多维度、多标准的过程性考核，注重全程育人。考核的主体由单一的教师，改为教师、企业和学生，改变过去教师考核“一言堂”现象，让学生参与其中，有利于调动学生学习的积极性、有利于培养学生的自我管理能力；让企业参与其中，从企业导师的视角更专业更有信度和效度地开展评价。从以下几个维度设计考核评价表，见表5-5。

表5-5　“店长实务”考核评价表

常规评价				组员评价				企业评价		教师评价			
出勤情况	课堂活动参与	作业完成情况	学习主动性	是否参与	合作交流意愿	时间观念	团队贡献率	专业技能	职业素养	知识与技能运用的专业评价	项目文案评价	项目现场评价	专业前沿性评价

2）考核方法注重能力培养，考核内容注重价值引领。“店长实务”采取动态化、常态化、滚动式的形成性评价模式。课程思政不作为独立评分板块，而是有机渗透于整体评价中，将课堂活动、作业布置、评价标准融合思政元素，使整体考核分数渗透思政的评价成分。考核的关键在于前期梳理思政目标、细化思政模块、设计活动内容和作业布置，将专业技能和职业素养综合融入于测试中。将知识考核与道德素养、思辨能力、案例分析、专业细致精神与专业知识技能点有机融合，体现教学手段在教学考核中的作用，践行一以贯之的教学理念，实现考核为促进课程思政的目的。课程思政考核是手段而非目标，实施适度考核即可，让学生将主要精力投入知识、能力和素养的提升中。

（4）课程思政教学反思。在“店长实务”的课程中融入思政教育，开展教学改革研究，并不是为了思政而思政，而是要在合适的时间合适的场合融入，做到“春风化雨入脑入心”，实现思政融入日常教学。

在教学目标的制定上，可以进一步采用行为事件访谈法和调查问卷的形式，对资深店长和HR进行调研，进一步细化和深化课程目标的思政元素。

在教学内容的融入上，因为行业的性质，信息更新速度很快，新闻资讯繁多，需要教师不断更新案例，坚持不断学习，努力选择更合适的案例和素材，更新课程思政教学资源库。

在教学方式的选择上，要注重课堂话语传播的有效性，探索适合思政融入又易被学生接受的教学方式。在教学考核评价的构建中，可以进一步细化考核的维度和考核的标准。

5.4.2 “跨文化交际”课程思政探索与实践

5.4.2.1 实施“跨文化交际”课程思政的意义

“跨文化交际”课程是高职商务英语和应用英语专业的专业课。在当今全球化背景下，世界各国的联系日益密切，不同国家、不同民族、不同文化背景下的人们之间的交流日益频繁，跨文化交际已成为当今时代的一个特征。从外语教学的目的来看，课程不仅要使学生具备扎实的语言基本功，还要使其具有应用外语进行跨文化交际的能力，以及较高的人文素养和正确的文化价值观。然而，从目前该课程的教学状况来看，在教师、教材、教法中存在诸多亟待改进的问题，与“职教二十条”所提出的“三教”改革要求相吻合。另外，该课程传统的教学不利于培养学生进行跨文化交际能力的目标，而且与立德树人的文化育人目标相去甚远。因此，以“知识、能力、素养”三位一体为主导，融入思政教育元素，形成以教师—教材—教法相关联的课程思政融合机制，实现课程文化育人目标的新突破。

（1）改变目前课程“文化育人、价值引领”不足的情况。由于英语语言文化课程的学科特殊性，在价值观把控和文化渗透中易出现偏颇，学生容易受西方价值观影响，致使产生“价值引领”不足的现象。对“跨文化交际”课程进行课程思政改革，能有效改变这一现象，从整体上帮助英语人才树立正确的文化价值观念。

（2）明晰中外文化差异，提高文化自信，增强文化认同感，传播中华优秀文化。实施“跨文化交际”课程思政，一方面，促使英语教师坚定政治站位和文化立场，用冷静和批判的眼光看待西方文化，能够经受住全球化和多元化带来的文化冲击，树立文化自信；另一方面，帮助学生树立科学的文化观，并且明晰东西方文化差异，明确各自文化的不同特点和内涵，能客观、全面、立体、辩证地认识和理解西方文化，摆脱认知误区。并通过文化差异对比，增强学生文化自觉与文化自信，进一步培养以语言为工具，对外传播中华优秀传统文化的意识和能力，最终成为中外文化沟通的纽带。

（3）培养跨文化交际能力，提高学生就业能力。高职应用英语专业学生就业岗位主要集中在外贸、商务翻译、跨境电商、涉外旅游等外事服务领域，需要学生在具备扎实的语言技能之外也要拥有良好的跨文化沟通技巧。对“跨文化交际”课程进行教学改革，从教师、教材、教法上进行教学改革，摒弃陈旧的、片面的、模式化的课程教学，为学生提供质的教学资源、出色的师资力量、丰富的教学活动、鲜活的实践体验，能增强学生课程学习的获得感，使课程思政内容真正入脑、入耳、入心、入行，改变现在学生跨文化交际能力薄弱的情况，从而增强学生的就业能力。

5.4.2.2 着眼“三教”开展“跨文化交际”课程思政

“跨文化交际”课程从教师、教材、教法三方面进行改革，在教学过程中融入思政元素，提高教学质量，达成立德树人教学目标。

（1）提高专业教师思政意识，建立具备良好跨文化交际教学能力的师资队伍。课程教学的主要实施者是教师，课程改革的主要执行者也是教师，教师素质的高低直接影响了课程教学的效果和课程改革的完成度。

第一，实施课程教师“思政素质提升计划”，突出思想政治教育的培养，让教师首先提高自身的思想政治水平，从根本意识上重视课程思政，改变英语专业课只重语言教育的态度，深入学习思想政治理论，这样才能将其融入知识传授中进行隐性教学。

第二，提升教师专业理论水平，加强英语语言学、文学等专业背景的教师在跨文化交际学科的理论学习，通过培训、讲座、访学等方式提高理论水平。巩固跨文化交际学背景的英语教师深入学术领域，探索学科研究前沿，用理论知识水平支撑课程建设。

第三，鼓励教师进行“跨文化实践”，突出英语教师自身跨文化交际能力的培养，积极投身到国内外各项跨文化交际活动，如上海进博会翻译、市本级口译人才储备库、国外交流学习，甚至出国旅游。以实践代替理论，以经验代替想象，才能在教学中不再照本宣科，激发学生的学习兴趣。

（2）构建文化育人为导向的课程教学内容，开发与时俱进的职教新形态教材。呈现多元文化内容，设计真实交际任务，开发适应高职教育的“跨文化交际”教材。“跨文化交际”课题组以跨文化交际能力提升为技能目标，拟通过不同国家的文化主体呈现不同的语言使用场景，涵盖不同视角的文化态度和意识，同时融入本族文化，融合思政元素。教材呈现多元化内容，学生在不断比较和发现他者文化的同时，运用自身文化知识来分析、对比和表达观点，在学习异域文化的过程中加深对本族文化的理解，提升文化思辨能力。

（3）构建“情景嵌入+案例结合+文化体验”的“三个课堂”教学模式。根据职业教育的总体特点，构建校内课堂、网络课堂、体验课堂“三个课堂”教学模式。校内课堂教授基本理论、完成项目化的情景中的案例教学、教师答疑解惑；网上课堂利用信息化手段传授文化基本知识，促进学生拓展学习；体验课堂完成综合技能训练，提神实践能力。通过开发网络课堂，利用移动设备搭建智慧学习平台，实现“三个课堂”实时连接、资源共享、相互促进、师生互动、体验实践的“以学习者为中心”的职业教育课堂教学，见图 5-3。

第一，构建情景模拟课堂，建设案例资源库。采用不同文化语境的案例或重要情景，让学生以“异域文化体验者”的身份，借鉴“情景认知”学习文化差

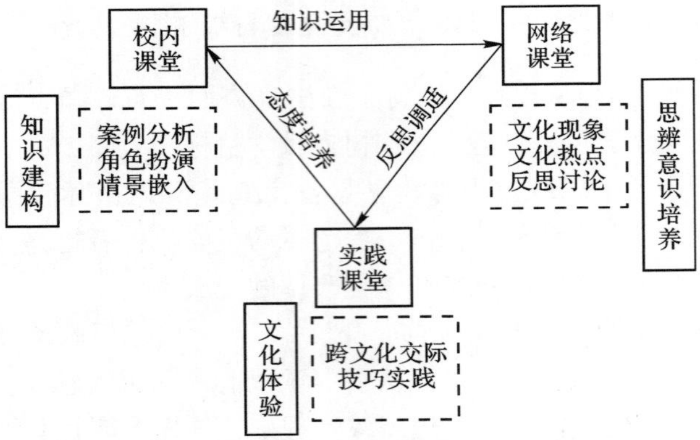

图 5-3　“跨文化交际”的“三个课堂”教学模式

异及跨文化交际技巧。同时，在情景中嵌入对应案例，让学生在角色扮演的情景中解决实际案例中的问题，建构跨文化交际知识。

第二，开发基于微信公众号的网络课堂。整合跨文化体验资源，下设栏目包括：文化历史故事、民风习俗礼仪、艺术作品鉴赏、网络热点聚焦、生活常识须知 5 个方面。学生在公众号的内容推送中利用碎片化的学习时间了解文化现象和热点，教师在定期的推送内容中布置相关作业和讨论的话题，让学生进行反思，提升思辨意识。

第三，打造以跨文化交际实践为目的文化体验课堂。在校园内外开展文化体验和跨文化交际活动，如传统文化体验周、外事礼宾礼仪大讲堂、异域美食节、用英语讲中国故事竞赛等，通过这些跨文化交际实践项目，赋予学生创造力和参与度，让学生在文化实践中获得跨文化交际能力，增强对中国传统文化理解。

“三个课堂”之间环环相扣，在课堂内获取知识，运用到网络平台中的文化现象解析引发反思讨论，进行文化观和文化现象的调适，将其实践于文化体验活动中，最终培养文化态度，提升跨文化交际能力。

教材相关教学活动的设计应该围绕一定主题，挖掘中国文化内涵，将其融入分析、对比等不同跨文化交际任务。学生通过了解中国文化的意义，去其糟粕、取其精华，增强对自身文化的认同感和自豪感，从而使中国文化的表达能力培养和中国文化传播真正落到实处。

5.5　构建大思政体系

作为一所以城市命名的地方高职院校，衢州职业技术学院不仅全面传承了“南孔圣地”的城市气质，更坚持与城市的发展同频共振，坚持新时代高职院校要“把立德树人作为教育的根本任务，努力培养德智体美劳全面发展的社会主义建设者和接班人”，深入贯彻全国高校思想政治工作会议精神和习近平总书记在思政教师座谈会上的重要讲话精神，把思想政治工作贯穿教育教学全过程，深入推进习近平新时代中国特色社会主义思想进专业、进教材、进课堂、进头脑，构建“价值、平台、文化三位一体”大思政体系，推动“课程教学”向“课程思政”转化、“专业教育”向“专业育人”转化，牢牢把握意识形态阵地主动权，大力开展理想信念教育和社会主义核心价值观教育，把“工匠精神”作为人才培养的价值追求，实现职业技能和职业精神培养的高度融合。同时，立足大思政理念，把育人贯穿关爱学生、教学、科研、社会服务各个环节，在第一课堂、在实践课堂、在校园生活中高质量育人，实现“知识传授”和“价值引领”有机统一，努力构建全员、全过程和全方位育人的新格局。

5.5.1 强化育人主体，推进全员育人

5.5.1.1 全员参与拓展育人广度

探索建立大学生发展制度，成立“五导”大学生发展中心。整合育人力量，建立大学生发展指导的内容体系，围绕“五导”模块，对有学业困难、就业困难、心理异常等特殊群体学生进行“思想道德育导”“学业职业启导”“生活生涯指导”“身心健康辅导”“发展困惑疏导”。建立大学生发展指导制度，为其全面、健康发展提供专业化、常态化的指导服务，助其坚定理想信念、锻造过硬本领、培养健康身心、疏解成长困惑，实现“三全育人”。

整理衢州职业技术学院思政工作力量，以辅导员、班主任、思想政治理论课教师、心理咨询教师等为骨干，以知名教授、专业教师和校外力量为补充，组建大学生发展指导中心，形成专兼结合、多元互补的大学生发展指导工作队伍和专业力量。建立相关特殊学生数据库，了解其常见问题和具体需求。利用大学生发展指导队伍，对特殊学生提供针对性的指导服务，形成指导发展合力，为该群体构建发展指导生态共同体。目前，“五导”大学生发展中心已经挂牌，落在衢州职业技术学院教学楼五楼谈心谈话室，和辅导员工作室结合在一起，师资库也已经建立（师资库包括：专业教师、辅导员、思政教师、企业 HR、优秀校友若干），并开设若干育人工作，如校友进校讲职场，专任教师参与新生接待答疑、思政课教师联合辅导员帮扶职业生涯、辅导员专业化项目育人等。

5.5.1.2 爱在寝室，全员育人

寝室不仅是学生学习、生活的重要场所，更是学生进行自我管理、自我教育、自我服务的重要场域。自 2010 年起，衢州职业技术学院启动“3221 教职工联系学生寝室活动”，明确要求每位校领导负责联系 1 个学院、1 个班级、1 个寝室；每位中层干部负责 1 个社团、1 个寝室；每位二级学院领导负责 1 个班、1 个寝室；每位教职员工党员负责 1 个寝室。

截至 2019 年下半年，“3221” 活动关爱学生逾 9000 人，并实现了学生寝室、住宿学生的“双全覆盖”。

面对“全面深化”的新任务，衢州职业技术学院进一步明确了“立德树人寝室有爱”的主旨，积极打破传统的院系和班级管理界限，将学生寝室纳入“第二课堂”，并充分发挥出每一位教职员工的主观能动性。

全体教职员工则以“一访、两联、三谈”为工作路径，全面加强与学生寝室的联系，并借助信息化的力量，利用 QQ、微信等社交软件，突破时空限制，与所联系寝室学生保持全过程、无界化的沟通交流，确保大学生在校园生活中的每个关键节点都能及时得到老师的指导与帮助。

此外，衢州职业技术学院创新打造出“网格化管理、组团式服务”学生公寓党建模式，将党支部建在公寓网格上，通过推动党建工作与教育教学、人才培养工作深度融合，充分发挥出党员干部在寝室育人阵地中的引领表率作用。

多措并举之下，衢州职业技术学院逐步构建形成了“分级管理、层层履责、责任到人、横向到边、纵向到底，纵横交错、全面覆盖”的学生公寓网格化联系管理模式，而“全员育人”的思政新格局更是让学生寝室的每个角落都浸润于教育关爱之中。

5.5.2 细化育人举措，推进全过程育人

5.5.2.1 把育人工作贯穿到从入学到毕业各阶段

着眼于育人的阶段性和连贯性特点，把育人工作贯穿到学生从入学到毕业的各阶段，融入教学、管理和服务工作全过程。

（1）深化始业教育，上好新生开学第一课。始业教育是学生开学第一课，是认知和体验大学生活的开始。鉴于此，衢州职业技术学院经济管理学院在继续组织专业介绍讲座、安排参观学校等基础上，开展“思政有礼”课堂，该院三位老师围绕课堂有礼和爱国励志求真力行，面向全校 2000 多新生上了开学第一课。

（2）开展特色晚自修，助力新生养成良好习惯。为提高学生的阅读能力，厚植其爱国主义情怀，衢州职业技术学院经济管理学院开展云朵计划——特色晚自修活动：每周三晚举行班级读书会，朗读、分享和交流自己喜欢的书目；每周日晚自修举行特色主题晚自修，例如：“对祖国表白”“青春有格”“梦想在远方”“感恩有礼”系列爱国主题班会。同时，结合各班级专业特色，以班主任、班委以及班级联系中层干部一起，创建各个以专业特色为主的学习型班级。

（3）多维度着力，全面提升就业质量。在衢州职业技术学院领导和各位老

师的努力下，本年度该院超额完成2016届毕业生及2018届毕业生用人单位跟踪调查工作，取得良好的评估反馈。其中，16届连锁5班在各项指标名列学校第一。2019年，该院毕业生就业率达98.2%。其中，专升本报名169人，成功被本科院校录取122人，录取率72.19%，上线率和上线人数均为历年之最。就业是最大的民生，为提高2020届学生就业质量，2019年11月该院邀请12家企业举办宣讲会，并主动对接校园专场招聘会，目前已有100余人初步确定就业意向，帮助6位就业困难学生解决难题。

5.5.2.2 把育人工作融入学习生活各方面

发挥育人工作“润物细无声”作用，注重抓常抓长抓实抓细，切实将管理、资助、文化、网络等十大育人功能，融入学生从学习到生活的各方面，实现了校内校外、课内课外、网上网下的有机结合，破解“说起来重要、做起来次要、忙起来不要”等问题。

（1）规范制度，加强公寓文化建设。借毕业离校、新生入学两大契机，着力加强公寓文化建设，力图引导广大学子养成良好的学习和生活习惯。组织毕业生“回首Q职路，幸好‘寓’见你”活动，引导其文明离寝，鼓励他们留下“寝室回忆录”，向学弟学妹娓娓道来学习经验、生活体悟；“寓”其有约，征集住宿生活意见。新的开端，好的习惯，是公寓育人的良好节点。面向新生，组织开展“21天寝室文明习惯养成记，给成长一份小欢喜”，引导他们互相助力，在内务卫生、生活学习、人际交往等方面养成良好习惯，实现自我成长。

（2）聚焦特殊群体学生，筑实日常管理基础。针对三令五申，却心存侥幸不时在校规校纪的边缘试探，甚至明确违纪的学生，该院经济管理学院在进行谈心谈话、发放黄牌警告之余，密切家校联系，及时将学生在校表现告知其父母，家校协力，共助学生成长。创新对违纪学生的教育形式，引导其积极参加志愿服务活动，助力衢州市创建文明城市，指导其在朋友圈“知错打卡”，借助朋辈、新媒体等力量帮助他们知错纠错；并结合学校各方教育力量，举行“风华正茂恰青春·聚焦目标再前行”活动，由全体教师指导学生参加技能竞赛、志愿服务、社会实践等活动，引导其充实度过大学生活。

针对家庭经济困难寒门学子组织“平凡的世界伟大的梦想”读书活动，引导他们意识到“立身以立学为先，立学以读书为本”；针对成绩优异荣获省政府和国家励志奖学金的同学开展“不负时光不负期望，一封家书遥寄成长”的书信评选活动，在为家长寄送喜报的同时，附上子女们表达感恩、汇报成长的“家书”，也送去学校“春生夏明朗，秋琪冬瑞康”的祝福，以期在温情脉脉中密切家校联系。

5.5.3　优化育人环境，推进全方位育人

5.5.3.1　拓展德育阵地，强化育人载体

(1)“金课”展示德育成果。共同探讨新时代教师的职责与使命，借助课堂思政调研、思政微课比武、公开课展示等多样的形式，创新学校德育课堂，取得了良好的成效。从政治认同和国家意识、品德修养和人格养成、工匠精神和专业伦理三个层面进行价值引领。秉承“课程承载思政”和“思政寓于课程”的理念，强化教师“课程思政”教学理念和教学能力，以内涵式发展为契机，全力促进思政课程与课程思政有机结合、同向同行。

(2) 拓宽育人途径和方式。针对学生年龄和身心特点，注重时代感、趣味性，并拓展网络德育阵地，强化网络育人载体，用学生喜闻乐见的方式办好德育活动，传播正能量，帮助学生确立人生目标。“职业”这一特点则要求高职德育工作要贯穿包括实训实习在内的专业教学全过程。在高职教育中，知识、能力与素质是融为一体、不可分割的，职业道德、职业精神、工匠精神等就蕴含在各科教学和实训实习中，这是非常宝贵的德育资源，应该凸显出来、渗透进去，让教育教学全过程都充满教育味道，更好发挥育人功能。

面对传统课堂已远远不能满足新时代青年学生求新、求变、求异的现实需求。积极探索“教师辅导员”思政工作队伍建设，将课程思政从课堂内辐射延伸到课堂外，让主题教育印在脑子里、落在行动上，贯穿在学生思政工作全过程中。他们自觉将思政课堂从教室延伸到宿舍、食堂、操场，一次谈心、一顿午餐、一场球赛都能成为开展思政工作的好妙招、灵办法，让思政工作在课堂内外扎根生长、开花结果。

5.5.3.2　依托专业，拓展育人深度和成效

(1) 发挥专业技能，青春助力乡村振兴。为进一步发挥大学生在乡村振兴中的作用，衢州职业技术学院与市农业农村局、市团市委合作，开展了“在希望的田野上——青春助力乡村振兴青创超市校园站暨大学生工商模拟市场大赛”。通过前期的广泛调研和精准对接，本届工商模拟大赛从柯城区、衢江区、龙游县、常山县、开化县、江山市等六个县（市、区），共引进了衢州市农创客项目、衢州市知名农业企业等共计 38 个，分成七大馆区集中展示，由该院 18 级市场营销、连锁经营管理两大专业学生分组对接，并在开放日现场展销。同时，工商模拟大赛还和创新创业调研实践相结合，分组调研了 10 个典型衢州农创代表人，微信公众号进行调研报告展示，后期制作成果册。通过政校企三方联动，以调研报告、创业论坛、农产品展示会等形式引导我校师生“爱农学农、研农助农”。在此基础上，我校师生团队共同参与的浙江省第二届乡村振兴创意大赛中，

荣获金奖两项，铜奖五项，其中金奖项目参加闭幕式公开答辩。

（2）职场预热，杜拉拉训练营继续开营。第二期杜拉拉训练营30名学员顺利结业，同时作为活动课程化项目参与学校《有礼》篇专集出刊。此外，还作为衢州职业技术学院首批活动化课程举行公开课，同时在2019级新生始业教育中，作为开学第一课，面向全校2000多新生，分八场进行授课，取得了良好的效果。目前，第三期训练营，在原有基础上融入了中国传统技艺课程，包括剪纸、汉服说等，积极培养德智体美艺全方面发展的独具经管特色的新时代有礼职场精英女生代表。

5.5.3.3 志愿服务助力课程思政

一缕阳光志愿服务协会，继续每周五到府山街道残疾人居家照料中心开展志愿服务活动，并走访残疾人困难家庭，被衢州市残联授予“助残志愿服务基地”。

护理专业则是依托“天使之爱”品牌志愿活动，将“志愿服务文化”融于人才培养之中，在“奉献、友爱、互助、进步”为核心的志愿者精神指导下，将志愿服务理念与专业特点和品牌文化相结合，与衢州市内医院、社区、养老机构等建立合作关系，引领学生在用心感知、以爱践行社会主义核心价值观的志愿服务中健康成长，彰显出该院志愿服务文化的强大育人活力。

定时定期组织学生进社区，免费为居民测量血压、建立健康档案，并进行健康知识的宣教。利用周末组织学生进医院，为患者导引并提供相应的医疗服务。定期组织养老护理专业学生走进养老机构，提供医疗服务和温暖陪伴。衢州市有少数老人身患烂脚病，“天使之爱”烂脚病志愿服务团队，上门为老人换药，提供服务。现如今，“志愿服务”成为学生提高职业技能和综合素质的重要环节，实现高职毕业生到就业岗位零衔接的不可或缺的重要手段。

志愿服务是传递爱心、传播文明、贡献社会的重要途径。一系列实践证明，志愿服务活动越活跃，学生的奋斗动力就越强烈。衢州职业技术学院始终坚持“立德树人”的育人理念，将“衢职有爱”融入学校人才培养计划和学生德育实践活动，运营8年的“爱心超市”便是为学生志愿者提供志愿服务时长兑换的一个平台。兑换物品涵盖了学生在校期间所需要的各类物品，兑换的物品来源于老师、学生和社会爱心人士的捐赠。“爱心超市”的工作人员由志愿者学生担任，超市的进货、兑换、库存整理、活动组织、人员管理等一系列环节全仿真实体超市，管理全都是由学生自主完成。

“爱心超市”8年的运营始终坚持“九有”的标准，即：有标示牌、有货架、有物品、有制度、有台账、有标价、有专人管理、有兑换卡、有活动展示牌。“爱心超市”创办之初在服务家庭经济困难学生的基础上将受益面扩大为所有在校生，作为鼓励学生参与志愿服务、提升学生道德修养的主要基地。这在全省乃至全国都是率先之举，成为学生德育和自助工作的一大亮点。

与此同时，衢州职业技术学院组织广大学生志愿者走出校园，积极参与创建全国文明城市、衢州马拉松、智力运动会等市级大型志愿工作，“志愿文化”已成为学院实践育人的优良传统和文化建设的重要品牌，在学院人才培养、社会服务和文化传承等方面发挥着不可替代的重要作用。将爱传递，将情传播，提高大学生的奉献精神和对社会的回馈意识，引导其树立正确的人生观和价值观。

大学的初心就是立德树人。在高等职业教育阶段，无论是立足本地本行业办大学，还是坚持校企合作、产教融合，加强创新平台建设，回归到根子上，培养人，倾心培养合格的社会主义建设者和接班人，培养一支符合产业发展需要的大国工匠队伍。全员、全过程、全方位育人的大思政格局正在逐步形成，一个个教育教学改革的生动实践更是释放出无穷能量，推动学校的人才培养和科学发展大步走向更加美好的未来。

参考文献

[1] 习近平. 把思想政治工作贯穿教育教学全过程，开创我国高等教育事业发展新局面 [N]. 人民日报，2016-12-09 (1).

[2] 国务院. 国家职业教育改革实施方案 [EB/OL]. (2019-02-13) [2019-03-01]. http://www.gov.cn/zhengce/content/2019-02/13/content_5365341.html.

[3] 邓晖，颜维琦. 从“思政课程”到“课程思政”——上海探索构建全员、全课程的大思政教育体系 [N]. 光明日报，2016-12-12 (08).

[4] 高德毅，宗爱东. 从思政课程到课程思政：从战略高度构建高校思想政治教育课程体系 [J]. 中国高等教育，2017 (1)：43-46.

[5] 邱开金. 从思政课程到课程思政，路该怎样走 [N]. 中国教育报，2017-03-21 (010).

[6] 倪成伟. 高职思想政治教育的回归：从“思政课程”到“课程思政”——以“经济管理基础”课程为例 [J]. 职教通讯，2017 (36)：17~21.

[7] 虞丽娟. 从“思政课程”走向“课程思政” [N]. 光明日报，2017-07-20 (4).

[8] 严交笋. 高职院校专业课程思政的实现策略 [J]. 职业技术教育，2018 (35)：69~71.

[9] 王光彦. 充分发挥高校各门课程思想政治教育功能 [J]. 中国大学教学，2017 (10)：4~7.

[10] 于歆杰. 理工科核心课中的课程思政——为什么做与怎么做 [J]. 中国大学教学，2019 (9)：56~60.

[11] 余江涛，王文起，徐晏清. 专业教师实践“课程思政”的逻辑及其要领——以理工科课程为例 [J]. 学校党建与思想教育，2018 (1)：64~66.

[12] 王海威，王伯承. 论高校课程思政的核心要义与实践路径 [J]. 学校党建与思想教育，2018 (14)：32~34.

[13] 林丽卿. 连锁超市门店店长胜任力模型的实证研究 [J]. 长江大学学报 (社会科学版)，

2011（34）：66~68.
[14] 殷智红，李宇红. 基于胜任特征的连锁店店长培训研究［J］. 技术经济和管理研究，2012（7）：58~62.
[15] 吴崑. 中国连锁门店店长胜任力模型实证研究［J］. 中国流通经济，2013（4）：91-98.
[16] 郑晓瑜. 连锁餐饮企业基础管理人员胜任力模型研究［D］. 厦门：厦门大学，2013.
[17] 王雪华. 零售连锁企业门店店长胜任力研究［D］. 武汉：武汉工程大学，2015.

6 职业技能竞赛为高职院校学生就业能力提升添彩

自2008年“全国职业院校技能大赛”举办以来，教育部通过定期举办全国职业院校技能大赛的形式，将在职业教育发展过程中逐步探索出的具有中国特色的“工学结合、校企合作、顶岗实习”的经验和做法加以制度化和规范化，致力于形成“普通教育有高考，职业教育有技能大赛”的局面，职业技能竞赛已成为推动职业教育发展的重要推手。高职教育旨在培养高素质的技术技能型人才，而职业技能竞赛则是高职人才培养的有效途径之一，是高职教育成果展示平台，有助于实现产教深度融合，推动高职课程改革与专业建设，促进多维度的跨界融合，为学生就业能力提升添彩助力。

6.1 职业技能竞赛与学生就业能力

6.1.1 职业技能竞赛金字塔

职业技能竞赛是依据教育部、劳动和社会保障部门颁发的专业教学标准、技能训练标准和国家职业资格标准，由各级各类职业学校或有关行业部门、社会团体组织开展的群众性的教育类比赛活动。这里所指的职业技能竞赛不同于行业内举办的技能竞赛，它的定位是一项教育活动，参赛对象是职业学校的学生和老师。从横向划分，职业技能竞赛包括高等职业教育技能竞赛、中等职业院校技能竞赛和混合型的职业技能竞赛，即竞赛项目中包含中职组和高职组，而这里所指的职业技能竞赛范围是其中的高等职业教育技能竞赛部分，称为高职院校技能竞赛或高职院校职业技能竞赛。从纵向划分，高职院校职业技能竞赛分为学校、省级和国家三个级别，形成了“校校有比赛、层层有选拔、全国有大赛”的职业教育技能竞赛序列。按照竞赛覆盖面的大小和竞赛级别的高低，以选拔关系为纽带，构建起我国职业院校技能竞赛三级体系的金字塔（见图6-1）[1]。

这个金字塔式三级体系不仅体现了技能竞赛级别的从低到高，同时也反映出竞赛覆盖面的从大到小。位于金字塔底层的是各职业院校所开展的技能竞赛，金字塔中间层的是各省和直辖市等所开展的职业院校技能竞赛，金字塔顶端的是国家层面开展的技能竞赛。在技能竞赛的三级体系中，低一级的技能竞赛确实也都承担着为高一级技能竞赛选拔人才的功能。这也是连接各级技能竞赛的纽带。

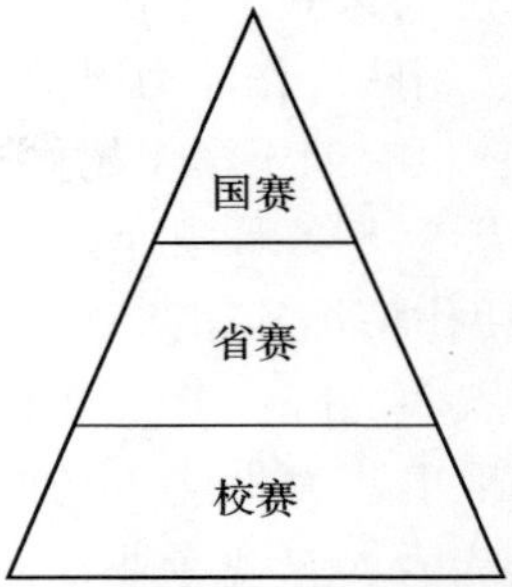

图 6-1 付云（2019）职业院校技能竞赛金字塔式三级体系

6.1.2 职业技能竞赛的功能研究现状

职业院校技能大赛作为我国职业教育工作的一项重大制度设计与创新，在深化职业教育教学改革，推动产教融合、校企合作，增强职业教育的影响力和吸引力等方面做出了重要贡献，是呈现职业教育发展状态和推进职业教育内涵式发展的“载体”和“推手”之一[2]。通过职业技能竞赛，学生在体力、心理、智力间博弈，在竞赛的舞台上交流技能和创意，给执着努力的年轻学子筑梦，带给她们的不仅仅是一张张荣誉证书，更重要的是无限就业的可能。

史文生（2010）认为职业技能竞赛对新时期职业教育改革与发展具有重要的推动作用，对于职业教育的成果起到了展示、宣传和评定的功能，对于教学也有一定的导向作用，同时竞技的性质对于参与者也起到了激励的作用。通过职业技能竞赛可以反思教学，进而改善教学方法，提升教学质量，促进教学改革；由于技能竞赛需关注行业动态和前沿，所以职业技能竞赛有助于促进专业建设和课程改革[3]。何福贵（2010）认为通过职业技能竞赛可以促进职业院校教学改革和技术创新，推动专业建设和双师型队伍建设，从而保障技能教学[4]。徐媛媛（2013）认为职业技能竞赛有助于推动课程体系的构建，职业技能竞赛的标准反映行业的标准，应将职业技能竞赛融入课程体系中；实训课程建设应与职业技能竞赛相吻合，加强校企合作和师资队伍建设[5]。郝天晓（2019）认为竞赛对提升技术技能人才培养质量、人才培养模式、课程体系建设、师资队伍培训、实训条件改造、教学资源共享等方面具有引领作用，应进一步给予大赛在提升人才培养质量中更深层次的定位，推动资源成果转化、扩大国内外影响[6]。李浩泉（2019）认为各种职业技能竞赛有助于展现职业教育成果和创新，推动当地或区域经济产业发展，是以赛促教、以赛促学的重要抓手[7]。

6.1.3 职业技能竞赛对就业能力的影响研究现状

职业技能大赛作为展示教育成果、教学效果和学生技能的平台，竞赛本身具有的竞技属性，是对学生全方位的考验，不仅有助于提升学生的专业知识和技能、自主学习独立思考的能力、团队合作能力以及心理素质；而且通过竞赛使得学生重新审视行业未来的发展，也有助于学生树立正确的就业观。

尹明远、郝赵红（2016）认为大赛对职业院校毕业生就业产生直接促进作用，增强学生合作互助能力、协作精神和团队意识，提升综合职业素养，符合以促进就业为导向的职业教育特点[8]。陈兆芳（2011）认为职业技能竞赛促进学生职业技能跨越式的发展，涌现出一大批能工巧匠[9]。赵海晓（2015）认为传统的竞赛模式单一、注重个人能力、忽视专业社团的能动作用，因此提出构建“TRSFP”五位一体的技能竞赛模式，即“立项牵引”“社团运行”“中心保障”“企业融资”“力争实践”，从而提升学生的实践创新、项目管理、组织协调和心理承受能力[10]。表 6-1 给出现有研究中所列出的职业技能竞赛，促进就业能力提升的要素列表。

表 6-1　职业技能竞赛促进就业能力提升要素

序号	作者	职业技能竞赛促进就业能力提升要素
1	汤益芳（2008）[11]	学会学习、实践能力、分析和解决问题能力、个人品质
2	陈兆芳（2011）[9]	实践能力、职业技能、团结协作精神
3	赵钦（2012）[12]	创新精神、团队合作、心理素质
4	席东梅（2014）[13]	好的心理素质，抗挫能力强、动手能力强、企业认同感强
5	段文涛（2014）[14]	专业职业素质：明确职业方向、激发学习兴趣和热情、专业知识融合、弥补专业技能缺漏、提高动手操作能力；综合素质：敬业精神、意志力、分析和解决问题的能力、团队意识、创新精神
6	马众（2014）[15]	创新能力、实践能力、学习能力、协作能力、适应能力
7	尹明远、郝赵红（2016）[8]	专业知识、专业操作能力、组织创新能力、团队协作能力、心理抗压能力、工作态度、职业角色适应期
8	赵媛媛（2016）[16]	实践能力、创新能力、团队合作、就业方向
9	李浩泉（2019）[7]	团队协作精神、心理抗压能力以及协调应变力
10	郝天晓（2019）[6]	学科理论知识、专业基本技能、职业岗位素养、解决实际问题的实践能动性和创新创造能力
11	高洋（2014）[17]	自学能力、动手能力、创新能力、团队精神、心理素质

职业技能竞赛是学生对理论知识和实践技能的综合运用，既是对竞赛任务进行认真分析、有效推理、准确判断与整合运用的过程，也是对学生创新意识、实践能力、团队协作、心理素质、职业素养的培养。通过参赛实现经验掌握，亲身

体会如何进行项目策划和分析，如何开展团队合作，如何进行项目演示等。在竞赛过程中，学生的主能动性得到充分发挥，促使他们积极思考、观察、分析、比较、判断、推理、测试、沟通、协作、进取、创新、实践；达到自我效能、自信和自尊的有效获得，就业能力的有效形成。

6.2　职业技能竞赛提升就业能力的积极效应

职业技能竞赛对高职学生的就业能力的影响越来越大，发挥着积极的作用。通过对浙江某职业技术学院参赛师生的访谈，从竞赛过程的不同阶段和“导生”等方面探讨竞赛对学生就业能力提升的积极效应。

6.2.1　竞赛不同阶段对就业能力提升分析

6.2.1.1　赛前训练

职业技能竞赛汇集众多优秀的选手，是对综合素质和能力的全方位考察。在职业技能竞赛的过程中，专业知识和能力是影响竞赛成绩好坏的关键，但其他能力，例如心理素质、团队合作、表达能力等这些软实力同样重要。从赛前的培训到比赛现场，在这个过程中学生得到锻炼的不仅仅是专业知识和能力，非认知能力的锻炼实际上隐含在整个竞赛过程当中。

案例一：电商短视频制作赛项

电商短视频制作竞赛是浙江省高职院校职业技能大赛的一个赛项，连续2年都以农产品作为主要拍摄对象，助推农产品电商短视频的发展。随着5G时代的到来，高速网络环境下，电商短视频也将更为普及，特别是以30秒以内短视频为核心的具有社交属性的短视频也将成为电商短视频不可或缺的组成部分。电商短视频不仅仅做一个内容的呈现，也成为直接的电商销售载体，通过视频，农产品的透明化、可视化能直观立体地展示给消费者，从而促进农产品销售，推动农产品流通现代化。

赛项以电商短视频策划、拍摄、制作三项典型工作任务的完成质量以及选手的职业素养作为竞赛内容，全面考察选手的电商短视频策划与置景能力、拍摄与灯光造型能力、声音录制能力、视音频制作能力以及团队组织协调合作能力，通过对不同能力的分解，有针对性地开展训练。

参赛学生A：“赛前培训的课程由不同的指导老师来分工协作完成，负责不同的训练内容。一个优秀的短视频最终得以呈现，需要指导老师和同学们通力合作，确定拍摄的主题、拍摄的方案、视频的风格等等。所以有的老师负责策划方案的指导，有的老师负责置景、灯光和拍摄，有的老师负责录音和视音制作。”

参赛学生B：“在赛前先分析市场环境，提炼产品卖点，从产品策略、渠道策略和促销策略等方面研究提高转化率，真的是一遍一遍修改方案，仅仅是拍摄策划书的题目就反复推敲反复斟酌了很多很多遍。”一组选取龙游志棠莲子作为拍摄产品，策划书题目以“一粒莲子一掬香，一席美梦回故乡”突显龙游莲子的产品和地域特色。另外一组选取江山徐香猕猴桃作为拍摄产品，策划书题目以“江纳生态韵；山育猕猴桃”将徐香猕猴桃高山种植、绿色健康、生态自然等特色体现出来，表达的是原生态的江山，以大自然之态，孕育出甜美的猕猴桃，在朗朗上口的同时，也强化了江山徐香猕猴桃给大家带来原产地最直观的原生态印象。

“置景、灯光一遍一遍练习；拍摄后，配音、配字幕、调色不断修正；字幕选用哪种字体，小组成员都一次一次尝试对比。”

可见，对学生的电商产品分析、电商营销策划、文案脚本撰写、美术置景、创意拍摄、视频剪辑、视频包装和音频录制处理等技术能力都有很大的锻炼和提升，同时团队协作，精益求精的工匠精神都在赛前得到体现。

案例二：大学生乡村振兴创意大赛

该赛项以解决乡村振兴中的现实问题为导向，采用“乡村出题+高校答卷+成果落地”的竞赛模式，是一项开放、综合、创新的创意类竞赛，是响应新时代乡村振兴战略的“青春建功行动”，旨在引导青年学子走出校园，深入乡村的广阔天地，用知识改造乡村，并在乡村实践中升华人生价值。大赛激发了大学生热爱乡村、了解乡村、服务乡村的热情和支持乡村振兴的创意灵感，同时也激发了乡村对知识青年反哺乡村的热切期盼。总之，情系乡土，关切民生，是大赛参与各方共同的愿望。该赛项坚持真题真做，把乡村振兴中存在的真问题整理成竞赛选题，引导竞赛团队根据自己的专业特长深入调研，提出解决方案，供乡村参考使用。2019 年大赛覆盖浙江省 11 个地级市的 21 个乡镇，有 40 个招标村，各合作基地乡镇分布地域不同，在自然风貌、资源禀赋、人文社会环境和发展水平上都具有典型性和差异性，为竞赛团队提供了多样性的调研基地和丰富的选题素材。

参赛学生 C：“因为是真题真做，我们从 40 个招标村 200 多个选题中选了开化县芹阳办事处桃溪村的产业创意项目，距离近，方便调研，而且和专业特长匹配。暑假我们 6 次走进桃溪村、开化根宫佛国及周边村庄，发放问卷 300 份，访谈村民 105 人，咨询专家 18 人次，阅读文献若干，真真切切在乡村实地做调研做思考，这既增强了自己的实践能力，也让我更了解乡村。”

参赛学生 D：“访谈村民的过程中，我们深切感受到新农村建设带来的巨大变化，也感受到村民对传统工艺传承和发扬的迫切希望。通过和村民的交谈，及对游客问卷的发放，我的沟通交流能力有很大的提升，特别是口头表达能力。”

参赛学生 E：“通过大量文献的阅读，加上对现实问题的思考，我们小组成员的自主学习、分析和解决问题等能力都有了很大提高。小组成员间就问卷的设计、问卷的分析、访谈提纲的列出，都互相讨论，不断修改，真的是一次让我印象深刻的比赛经历。”

参赛学生 F：“暑期开展调研，每次调研前，我都要计划好行程、要解决的主要问题、要和乡镇工作人员对接联系、要列出访谈的名单、要规划问卷发放的地点等等。调研结束后，又要将本次调研的内容汇总归纳整理。这对我来说都是很好的锻炼，无论是解决实际问题能力，还是对内对外沟通能力都有很大的进步。”

“在调研过程中，家住桃溪村 4 组 4 号的姚友松老人亲手制作的亭台、茶几、花架让我们印象深刻，作品朴实而又美好，这是我们中国最传统的手艺，它贯穿在辉煌华丽震惊中外的故宫飞椽上，却也流传在普通城镇平凡老人的手心里。这样传统的工艺得以在这个朴素的小村代代相承，是工匠精神的延续，也是传统手工艺新的开始。姚友松老人虽是桃溪村普普通通的一名工匠，却是整个村庄的小小缩影。”村中普普通通的工匠让学生们印象深刻。

案例三：电子商务技能赛项

该赛项是全国职业院校技能大赛高职组电子商务技能赛项，以网店开设装修、运营推广、客户服务等关键任务完成质量以及选手职业素养作为竞赛内容，全面考察选手的数据分析能力、视觉营销能力、营销策划能力、网络营销能力、客户服务能力、网店运营能力、商品整合能力和团队合作能力。

学生 G 在回忆赛前训练时提道：“进行了长达半年的培训和练习，通过对 PC 电商店铺、移动电商店铺、跨境电商店铺首页的店铺标志、店铺招牌、商品分类、广告图、轮播图、商品推荐的设计与制作，和商品详情页的商品展示类、吸引购买类、促销活动类、实力展示类、交易说明类、关联销售类的设计与制作，让自己在不断学习不断练习中得以成长。”

参赛学生 X：“网店推广以各队所有者权益为考量，企业可持续性经营能力为辅，自动计算经营得分。每个赛场根据各队的经营得分进行排序，所以是赛场内各组的博弈，有太多的不确定性。为此，在赛前训练时，我们讨论出一套一套不同的策略，应对不同的对手。我们在网赛时赢了没有骄傲，输了不气馁，总结经验，组员众志成城，让我们更有自信，对网店运营更加了解。”

参赛学生 Y 这样说：“从网店开设与装修、网店客户服务和网店推广，一场完整的比赛练下来需要 5 个小时，不仅仅是对知识和技能的检验，更是对脑力和体力的挑战，也是对自我坚持的挑战。”

可以看出赛前训练会对学生的专业知识和能力有很大的提升，在此过程中学生的训练较为密集，接触的知识和技能与课堂所学相较更为深入和细致，所接受的训练也与行业更加紧密。

6.2.1.2　竞赛过程

专业知识和能力是取得良好成绩的基础，但是通用能力和情商却是影响学生发挥的重要因素。竞赛的现场充满了很多不确定性，有偶然性也就有必然性，自身的专业知识和能力是影响竞赛成绩好坏的必然因素，而通用能力和情商则造就了比赛结果的偶然性。

案例一：电商短视频制作赛项

在该赛项的竞赛过程要求竞赛团队在规定时间内分工合作，通过策划、摄制、后期等全流程完成一个电商短视频的制作工作。一个参赛队一个工位，在3个小时内完成所有工作，提交短视频作品，竞赛过程和真实工作过程一致。

在决赛前一周公布拍摄产品，参赛队员根据产品特点确定拍摄主题和方案，并在决赛前反复练习，才可以在决赛仅有的3小时内完美呈现。这里考验的不仅仅是参赛选手的技术，还有现场置景、拍摄、后期、文案撰写的速度，以及3个选手间的分工和配合。

大赛给定的产品是“母岭香”牌桂花酒，比赛现场提供桂花、酒若干、2个杯子、供应商提供的灯光和设备。

参赛学生H提道：“比赛时提供的灯是比较高端的，学校的实训器材里没有同样的型号，平时只能找相近的来练习，所以现场灯光的调试很考验我们，如何根据实际布景调整灯光，达到最好呈现，现场的应变能力很重要。”

参赛学生I提道：“比赛的时间只有3个小时，很紧张，团队协作特别重要。有限的时间里要将最好的作品制作完成，心理素质也很重要，千万不能慌。我们卡在最后一刻将作品提交，另外有些小组都没有完成。”

案例二：大学生乡村振兴创意大赛

该赛项的决赛是采用现场答辩的形式，每个参赛队3名队员参加，陈述6分钟，答辩5分钟。

参赛选手J提道：“在短短的6分钟时间内，将村庄需要解决的问题，我们的调研，我们的方案都清晰明了的呈现，这对讲述稿和现场讲述有很高的要求。1200字的讲述稿修改了不下30遍，一字一句斟酌，一遍一遍修改和提炼；15页的PPT也是改了又改。当时压力很大，还好大家互相支持，一起扛过来了。”

“现场陈述时说不紧张是不可能的，一要控制语速，做到清楚表述，又要声情并茂；同时又要控制时间，不能超时。非常感谢指导老师对我一遍一遍地指导，无论是吐字、语速、表情都一一认真指导。我自己也不断练习，赛前一天还练到凌晨。”

参赛学生K提道：“虽然我不是主讲，但是当评委提问时，我要快速反应，去搜寻大脑中的储值，以最快最合适的方式回答。当然不仅仅是回答提问，而是沟通。最后我们作为6个代表之一站在了路演的舞台上，那么大的舞台上，只有我们3个人，在给大家介绍我们的项目，那种自豪感真的是无法形容。

该参赛项目在产业创新方面进行挖掘，团队走进开化桃溪村，针对桃溪村提出的“毗邻根宫佛国，如何发挥区位优势发展乡村经济”的问题进行了深入调研，最终形成了以桃溪村“地理位置佳、基础设施好、现有工匠多、引流机会大”等优势为基础的“桃溪——班门创客村”设计方案。团队打造的这一方案，希望通过桃溪现有的优势，将根宫佛国内从事根雕的村民、民间手工艺人和根雕大师集聚到耕读小院，以满足游客观光和体验的需求，从文化、经济和社会价值上形成较为完整的以传统手工艺、文化和旅游融合的产业链，为乡村的全面振兴提供智力支持。这份答卷也受到了浙江省大学生乡村振兴创意大赛组委会的认可。“以根为生——乡村传统工艺的班门创客村构建及价值传承”项目不仅获得了该赛项的金奖，还成为最终入围总决赛的六支队伍之一，代表全省高职院校在总决赛现场进行了项目展示。

案例三：电子商务技能赛项

该赛项是全封闭的比赛，没有老师的指导。在比赛过程中，每个参赛队围绕网店开设与装修、网店客户服务、网店推广这3个模块开展竞争，比重占到60%的网店推广模块取决于参赛队间的博弈。

“没有老师在旁边指导，我们要根据对手的情况，适时调整策略。如果采取保守策略，小组第一的机会就很渺茫；如果采取激进策略，破产的风险就很大。在比赛过程中，我们组员间互相讨论，快速运算，服从组长决策，这真的很重要。无论结果如何，我们都不会埋怨组长，对他有信心。”参赛学生L这样说。

“本来我们小组有机会获得省一等奖，然后去参加国赛。因为，最重要的网店推广我们是小组第一名，这个非常不容易。但是因为我太紧张，做好的网店装修设计图没有上传成功，第一名与我们失之交臂，我真的很懊恼。队员们和老师们都安慰我，但我还是很难过，自己的失误错失第一名，影响了队友。我当时真的是太紧张了，一直都以为自己已经上传好了，没想到这个项目会是0分。”曾经参加过比赛的M同学这样回忆。

访谈的学生都参加过省赛，或获奖，或没有获奖，学生在总结参赛经验时都提到一些关键词，例如“团队协作”“抗压能力”“自信心”“沟通协调”等等，这些因素根据就业能力结果划分，属于通用能力和情商，会影响赛场上的表现，会对比赛结果产生影响，促进或限制专业技能的发挥。学生通过技能竞赛不仅提升通用能力和情商，同时经过赛场的历练，积累经验，实现自我效能的获得，对就业能力的提升有积极的促进作用。

将访谈中参赛学生的比赛经验分享整理，从中提取出专业知识和能力之外影响比赛成绩的关键因素，具体见表6-2。

表 6-2　影响比赛成绩的关键因素

学生	赛场经验	提取关键词
J	在走进赛场的那一刻，我们无比从容自信，我们坚信我们的项目和设想都是可行的，是十分有价值的，我们流利自然沉着冷静地通过语言将我们的项目完美呈现。这得益于我们团队充分的赛前准备，和老师在背后的支持，这也换来了这次比赛的金奖和路演的机会	自信心 团队合作 表达能力 与人交流 抗压能力
M	因为我太紧张，已经完成的网店装修图没有上传，这个项目没有得分，让我们团队与省一等奖失之交臂	心理素质 抗压能力
A	在比赛中，其他队的策略对我们下一步的决策有很重要的影响，我们队员群策群力，快速应对，调整方案，不能因为其他队暂时领先就自乱阵脚	团队合作 应变能力 心理素质
B	不同的场地，不同的器材，不同的道具，现场对我们的要求很高，这时候就需要尽快适应，根据现有条件微调拍摄方案	适应能力 应变能力
D	答辩的时候，在比赛舞台上，我面带微笑，自信满满和大家分享我的故事，表现出真实的自己，台风自然，语音自然，一举一动都自然	自信心 表达能力 心理素质
E	比赛的同时也是在向对手学习，就算是在赛场上也要抱着学习的态度，这样才不会错失进步	自我学习 心理素质

6.2.1.3　竞赛成果

职业技能竞赛的结果无论是对学生的求职应聘能力，还是职业生涯发展，以及在后续的学习和生活中都会产生积极的影响。

参加过首届浙江省高职院校职业技能大赛电商短视频制作比赛并获一等奖的潘同学，毕业后成功应聘到一家文化传媒公司，从事短视频拍摄制作工作。他说："浙江作为'互联网+农业'的代表，农业农村网络销售快速发展，地方农产品通过网络畅销全国。但是，目前专门做农特领域短视频的团队较少，特别是农产品电商短视频行业所急需的编导策划、视音频录制、后期制作等岗位人才。我因为有了大学期间一次重要比赛，赛后在老师工作室承接实际的视频拍摄任务，在短视频制作方面积累了经验，给我顺利求职帮助很大。"

"一天天的实干中，一个个小目标的累积里，在时间的沉淀下，找到了大学生活的意义：勤勉实干换来的春华秋实里，她闻到桂'酿'飘香；筑梦路上，力学笃行，厚积薄发，终以'啡'常之姿，为青春抒写华章；在追梦的日子里，刻苦读书，谦卑做人，毕竟养得深'根'，以后才能枝繁叶茂。人生路长，博观而约取，厚积而薄发，将以青春尽情抒写奋斗华篇，恰风华正茂，未来可期，她将以梦为马，风雨兼程不负韶华。”多项技能大赛获奖毕业生赵同学的自我评价。

“作为一名新时代的大学生，用青春诠释工匠精神，用行动抒写学子担当，深知机遇从来都不是等来的，需要自己去努力得来的。任何的成功都不是偶然，辉煌的背后从来都是不为人知的心酸付出和坚持不懈的努力，正如冰心所说‘成功的花儿，人们只惊羡于它现时的明艳，然而当初它的芽儿，浸透了奋斗的泪泉，洒遍了牺牲的血雨’。”多项技能大赛获奖毕业生邵同学的自我评价。

从上述对毕业生的访谈可以看出，总体上这部分毕业生的就业与曾参加的技能竞赛比较相关。职业技能竞赛对高职学生就业的影响体现在三个方面：首先是求职面试的能力，技能竞赛的经历为高职毕业生在求职应聘中加分，帮助他们迈过就业的门槛。其次，在专业能力上，通过技能竞赛增强的技能在毕业生的实际工作中得以有效地利用和发挥。技能竞赛模拟的是实际生产过程中的情境，其评判标准与行业标准紧密相关甚至严于行业标准，因此通过技能竞赛锻炼出来的学生综合素质较高，从学校走向工作岗位能够迅速地转换和适应，实际工作中的“效率”也会提高。最后，在职业兴趣和就业方向上，高职学生参加技能竞赛能够接触行业的实际生产操作，开阔视野。西方对于教育有句古老的格言：“教育不是把篮子装满而是把灯点亮。”职业技能竞赛有助于培养学生职业兴趣，为未来就业方向的选择奠定基础。

对于竞赛所获得的荣誉，访谈的老师和学生都是表示对未来就业作为“敲门砖”的作用是显而易见的。在技能竞赛中获得的荣誉，既是对专业技能的肯定和考量，也是对学生综合能力的评判，更是对职业实践经历的认同。用人单位会更青睐于在职业技能竞赛中得过奖的学生，在学生求职过程中起到加分的作用。在全国职业院校技能大赛结束后，专场的“获奖选手招聘会”更是让这优势突出体现。从学生的角度看，竞赛给了学生展现自己才能的机会，专场招聘会为学生就业、企业吸纳实用型人才搭建了平台，促进莘莘学子从铸梦、筑梦到圆梦。竞赛的诱惑不仅仅是那一张荣誉证书，还有她带给就业的无限可能。竞赛在促进技能培养的同时，也是在培养一种专业归属感和乐于求知积极进取的心。竞赛带给学生职业的期待和发展的空间，以及对未来职业选择和职业生活的期盼与兴奋。从企业的角度看，企业将竞赛结果作为对学生考量的依据之一，客观而真实。有过竞赛的磨练，学生大都踏实肯干、任劳任怨，而且工作很容易上手，在岗位上成长较快，职业归属感和职业责任特别突出。综合来说企业认为学生专业好，够专、够精；热爱这个岗位，踏实工作，并做到善于总结，促进自己不断提升；综合素质高，有社会责任感，有长期的职业规划。从指导老师角度，通过指导职业技能大赛这个纽带，不仅联出浓浓师生情，也给指导老师带来了很多收获；一是教学水平的提高，大赛项目越来越多，难度越来越大，对老师的要求也越来越高，这就督促着教师提高教学水平，改善教学方法，并加强实践能力和专业知识的积累，无形中提高自身的任教水平。访谈中有位指导老师提到“比赛的同时也是在向对手学习，就算是在赛场上也要抱着学习的态度，这样才不会错失进步”。二是对学生的欣慰。技能大赛给学生提供了一个展示自我的机会，让职业学校的学生也能大放异彩，技能大赛带给学生的不单单是成绩，这个过程是学生潜意识的自我努力、自我说服、自我提升。

6.2.2　“导生”协作竞赛训练提高效率

18 世纪末至 19 世纪初英国教会牧师安德鲁 · 贝尔和公谊会教师约瑟夫 · 兰喀斯特创立导生制。这种模式是指教师选取年级较高且成绩优秀的学生作为助手，并将这些学生称为导生，主要承担协助教学、学生管理、思想政治工作等职能。运用较多的还是在教学领域，教师通过先向导生讲授教学内容，再由导生转教其他学生[18]。

在竞赛训练过程中，导生制得到另外一种运用。竞赛除了指导老师的指导，还有前一届参加过比赛的学生也会参与其中，或协助老师指导训练，或共同训练。

参赛学生说：“老师布置任务给学长学姐，学长学姐带着我们练习。如果老师明年找到我，我也会这样做。”

参赛学生说：“学长学姐有比赛的经验，会把经验和心得传授给我们。他们指导我们训练，我们不会太紧张，比和老师交流更轻松也方便。”

参赛学生说：“学长学姐会告诉我们比赛时特别要注意的事项，用自己亲身经历的例子来讲，让我感同身受。我们有不懂就会问，学长学姐都很乐意教，我们的进步还是很大的。”

通过导生制在竞赛训练中的运用，可以提高训练的效率。导生将参赛经验、参赛相关知识和要点，传授给参赛学生，特别重要的是参赛经验和赛场上的应变能力。导生制将指导老师的理论指导与导生的实践指导相结合，也是对指导老师专业知识和技能传授的协助；另外，学生与学生之间的交流互动氛围更加轻松、便捷。

6.3　职业技能竞赛提升就业能力存在的问题和应对策略

6.3.1　职业技能竞赛提升就业能力存在的问题

职业技能竞赛作为职业院校的重要赛事，在促进职业教育发展的同时，也不可避免的出现一些问题。

6.3.1.1　功利性倾向较为明显

职业技能竞赛具有优中选优的特性，参赛学生获得级别越高的奖项越能增加自身的就业砝码，同时提升高职院校的社会声誉。因此部分高职院校出现了围绕职业技能竞赛开展“精英教育”和“应赛教育”的现象，这种现象是令人担忧的[19]。

（1）精英教育倾向。职业教育应该是面向人人、全面发展的教育，职业技能竞赛虽是一场教育活动，但比赛本身具有的竞技性质不可避免的会影响到教育公平。职业技能竞赛遵循的是从校到地方再到全国这样层层选拔的模式，每一级的优胜者可以参加更高一级的比赛，这本身就是优中选优，参赛学生获得越高层级的奖项就越能增加他们的自信心以及未来就业的筹码。但是由于赛项数量和参赛队伍的限制，能够参加竞赛的学生占在校生比例是较低的，并不是面向人人的竞赛项目。竞赛中对专业知识和技能的要求会比课程上的更深、更精，这部分学生他们除了学习日常的课程之外，还能够接受额外的专业训练、吸收专业前沿的知识，在专业能力上会优于没有参加过技能竞赛的学生。为了在比赛中取得良好的成绩，学校的教育资源也会向参赛学生倾斜，指导老师也会给予参赛学生更多的关心。因此，职业技能竞赛会对高职院校带来“精英”教育的倾向。

（2）应赛教育倾向。竞赛本身就是一场博弈，学校在职业技能竞赛的博弈中属于参与者，在竞赛中获得一定名次有助于提升学校知名度。为了在竞赛中获得良好的成绩，学校制定相应策略，集中资源为竞赛服务；指导老师和参赛学生也希望能够取得一定名次，这会使得参与者追求奖项，过多地关注结果。职业技能竞赛汇集的是经过学校选拔出来的优秀选手，同是优秀学生之间的角逐，为应对竞赛指导老师也需要在教学之余花费更多的精力和时间训练参赛学生，而参赛的学生也需针对竞赛内容不断重复训练，形成为赛而教、为赛而学的局面。从赛前的训练到竞赛一层一层的选拔，职业技能竞赛前后维持的时间较长，在此期间参赛学生主要是以训练为主，指导老师可能会加强专业技能的训练而忽视了学生的全面发展。

6.3.1.2 职业技能竞赛与教学的矛盾

职业技能竞赛需要指导老师和参赛学生投入很多的时间和精力在赛前的训练中，不可避免地会对日常的教学产生冲击。笔者在指导老师和学生的访谈中发现虽然不同参赛项目与教学的“冲突”程度不一，但或多或少还是会与教学产生冲突。导致“冲突”的主要原因是时间问题，且“冲突”主要集中在比赛前的一段时间。

6.3.1.3 职业素养的渗透培养不足

不同专业所应具备的能力结构有所差别，职业技能竞赛考验的是学生全方位的综合能力，经过选拔出来的参赛学生专业知识和技能较强，但职业素养还有待提升。职业技能大赛不仅是对专业技术技能的考评，更是对职业素养的综合评判。新时期以工匠精神为代表的职业素养核心品格，强调一种能够体现在专业技能人才身上的职业态度、职业道德与人文底蕴。如果将技术技能人才喻为悬浮于水面的冰山，显露于外的只是技术技能与知识本身，而那些隐性看不见的职业素养则是由技术技能人才的工作态度、道德操守和人文修养决定的，这也是影响就业能力的核心指标。目前，职业技能大赛竞技项目也开始重视考察技术技能人才的综合素质，除了专业职业技能外，还要考核很多非专业能力因素，如学生的团队协作精神、心理抗压能力以及协调应变力等。但是在职业教育和竞赛备战中，职业院校对学生职业素养的渗透培养却明显不足，这也是困扰职业教育和制约参赛选手技能水平发挥的突出问题。

参赛学生提道："训练的过程是比较枯燥，比较累的，如果没有人督促我的话，就不想去训练，主动性还是不够。但是一遍一遍不厌其烦耐心地去修改，去优化材料，看着它一点一点越来越好，我还是很有成就感。"

"一场比赛打下来，需要 6 个小时左右，时间很长真的很累。我们的训练战线也拉得很长，半年左右，训练是枯燥的，很多同学坚持不住就放弃了。"

"有段时间特别没有状态，我就担心自己这么努力训练，可能也取不到好成绩，就特别焦虑，就想放弃。还好队员和老师都特别关心我，给了我很多鼓励和支持。"

"自主能力比较差，如果老师比较忙，让我们自己练，我就不知道应该做什么。就等着老师给我布置任务，没有什么主动性和创新意识。"

"短视频的方案策划，理念和创新很重要，我们有时候会故步自封，只看到眼前，没有拓宽自己的思路和想法，创意性方面还有很大的提升空间。"

"自主能力""创新""主动""坚持""心态"是主要的关键字，学生在训练和比赛的过程中自主性和创新意识还是有很大的欠缺，这也影响着比赛的结果。首先，学生是竞赛的主要参与者，指导老师发挥的是协助和指导的作用。在此过程中，当老师没有督促时，学生可能就疏于训练或是不知道如何规划训练，学生应当学会自主学习，主动安排训练。其次，学生心态导致其自主性缺失，从赛前训练到正式比赛，持续周期较长，而且有可能没有通过选拔而无法代表学校参赛，这是对参赛学生意志力的一大考验，学生在此过程容易懈怠和产生放弃念头。因此，在训练过程中调整好心态很重要。再次，职业技能竞赛不再是单纯的技能比拼，其中融入了丰富的创新元素，需要参赛学生具有良好的创新思维作为支撑，这就凸显了创新能力培养在竞赛准备过程中的重要；而目前高职学生的创新创业能力普遍缺乏，仍有较大的培养空间，但创新创业能力的培养并非可以一蹴而就，需要走在竞赛训练之前，融入在高职教学之中；这就需要高职院校转变观念，培养技术技能人才的同时要强化创新创业意识与能力培养。

竞赛本身的竞技属性一方面会导致高职教育的功利化主义倾向，为比赛而教、为比赛而学，关注少数拔尖的参赛学生，有碍教育公平；另一方面，竞赛不可避免地会影响日常的教学，与教学产生矛盾。因此，如何平衡职业技能竞赛过程中的利弊，使得学生能够通过竞赛获得就业能力的提升是值得进一步思考的问题。

6.3.2 职业技能竞赛提升就业能力的应对策略——引领教育教学改革

职业技能竞赛是我国职业教育的制度设计，高职院校职业技能竞赛的广泛开展，是各院校展示其教学成果的重要形式，对高职教育产生了强大的冲击和导向。在开展职业技能竞赛过程中，注重“以赛促教、以赛促改、以赛促建”，引领职业教育教学改革，体现在完善机制促公平、搭建职教平台促校企深度融合、对接行企标准促专业建设和课程改革、提升教师技能促师资队伍建设等方面，从而深入挖掘高职院校学生的职业能力，助推学生就业能力提升。

6.3.2.1 完善体制机制，惠及全体学生

职业教育是大众化教育，职业技能竞赛应坚持普惠性、参与性和广泛性的原则。应实现由少数师生参与向全体师生参与的转变，让更多学生在备赛和比赛中体会竞技的乐趣、在训练中提升技能并增强职业素养。很多职业院校已经在专业设置、人才培养方案中融入了技能大赛的元素，就应该把这种新理念、新思想贯穿于日常教学中，为所有学生创造参加比赛的机会，让每个学生都练就能参加大赛的本领，实现“全覆盖”[20]。

“全覆盖”首先要增强学生的覆盖面，职业技能大赛应面向全体学生，办成多数学生能参与的活动。参加技能大赛，对学生来说则是必经的实践环节。各职业院校首先可在校内搭建大赛平台，采取各种形式开展各层次的校内技能竞赛：一是课程教学中的分组竞赛——实现“人人参与”；将专业教学的阶段测试采用分组竞赛的形式完成，考查学生对阶段培养目标的达成情况。二是校级技能竞赛——实现“好中选优”；重点考查学生对专业技能和知识的综合运用能力，并做好优秀选手的选拔工作。其次是市、省级竞赛前的集训淘汰赛——实现“优中选强”，组织学生利用课余时间进行针对性较强的技能训练，定期组织淘汰赛，确定最终参赛人选。通过层层选拔、逐级竞赛，形成积极向上、人人争先的良好氛围，使技能大赛逐步成为师生成长成才的重要平台和经历。

“全覆盖”其次要增强比赛内容的覆盖面，应覆盖专业核心基本技能，既强调基础性，又强调重要性，既是所有学生在学习中都必须掌握的技能，又是学生在今后职业岗位中会经常使用的基本技能，甚至是一生的职业生涯都有持续性和持久影响的核心技能。

6.3.2.2　丰富教学模式，促进教学改革

职业技能竞赛是促进教学质量提升的重要手段，但比赛仅是形式而不是目的，是为了更好地促进教师教学水平的提高、学生专业技术能力和就业能力的提升。因此，各高职院校应树立“比技能、促质量、谋发展”的竞赛观和“以赛促教、以赛促学、以赛促改”的教学活动观，坚持以职业标准和技能规范引导高职院校的教学工作。

以竞赛项目作为基础，完善专业技能课程资源建设。一是按照“利做、利教、利学”的原则，分析职业岗位，提炼技能人才培养目标，将大赛项目向学习化项目转变。二是创建真实化教学情境，以技能竞赛项目对应的职场工作过程，创设“教学做合一”的教学情境。三是以成果导向，院校出台相关的规定鼓励学生参加竞赛训练，并通过参赛学生亲身经历的示范，以其主动参与、自主学习、刻苦训练的事迹影响学生，从而吸引更多的好奇和好动的高职生群体参与竞赛，让参加技能竞赛培训成为学生的追求，拓开课堂教学平台的宽度和广度。四是把技能竞赛作为新元素、新符号、新亮点融入高职院校校园文化建设和科技文化艺术节等重大活动中，使校园文化建设的内涵更加丰富，从而潜移默化促进学风建设。

6.3.2.3　内驱外驱并行，深化产教融合

高职院校要将促进学生职业实践技能和职业素养同步提升的竞赛理念引入产教融合的职业教育中，使校企合作的人才培养模式更为优化全面，有效增进人才输出的价值性和社会期望感。深化职业技能竞赛由政府主导、多方合作、共同参与的沟通机制和服务经济社会发展校企合作、产教结合的培养机制，拓展学生的就业空间。

高职院校的教师和管理者要改变以往“精英化应赛”的教育观念，树立高职教育人人成才、全面发展的观念，把职业素养和学历教育与专业化技能训练融合在一起，培育高素质技术技能人才，并充分利用各层次职业技能竞赛的交流学习机会，开拓高职院校办学视野，利用社会发展外驱力和产教融合落实的内驱力双向推动高职院校的发展。

政校企生多方联动，助推学生就业能力提升。政府方面采取行动，从决策和政策层面推动毕业生就业，实施通过职业技能竞赛选拔优秀技能人才的基本策略，搭建企业和高职院校的有效沟通平台，加大高职院校参与各方的合作力度和效用，制定激励机制鼓励企业和高职院校参与职业技能竞赛。企业方面作为职业技能竞赛的博弈者，通过校企合作为高职院校的职业技能竞赛提供各种有效支持，如提供实践基地、资金支持、技术指引等。对企业来说，积极支持竞赛，吸

引竞赛人才作为储备人力资源，极大地助推了学生就业，实现校企互利双赢。对高职院校来说，以竞赛为载体，将竞赛导向和企业需求的工作任务提炼出来融入教学内容中，改革教学方法，使毕业生的综合质量提高，适应能力增强，从而大大缩短毕业生就业上岗的适应期。对学生来说，学生要从“逼着练”向“主动练”转变，要主动参与、自主学习、刻苦训练，以参加职业技能竞赛为契机，达到自身专业知识技能、通用技能、情商和经验经历多方协同提升。

职业技能竞赛成为高职教育日常教学的重要组成部分，将引导高职教育专业教学和实践能力培养的改革创新向纵深发展，是实现产教深度融合的连通器，提升学生就业能力的助推器，是传承全社会工匠精神的接力棒，对高职院校人才培养质量的提升影响深远。

6.3.3 职业技能竞赛引领职业教育教学改革——以创业类竞赛为例

2016年《教育部关于做好2016届全国普通高等学校毕业生就业创业工作的通知》中明确提出各地各高校要把提高教育质量作为创新创业教育改革的出发点和落脚点，要根据人才培养定位和创新创业教育目标要求，促进专业教育与创新创业教育有机融合[21]。职业技能竞赛作为重要的教育活动已在全国高职院校中展开，创新创业实践教育可以借助职业技能竞赛作为载体，在竞赛中融入创业项目，融合高职平台和社会资源，将创业理论与实践更好地结合。创新创业教育是提高学生就业能力，促进自我价值实现以及职业生涯可持续发展的必然途径。

6.3.3.1 创业类竞赛为导向的创业教育模式

2010年5月，教育部下发了《关于大力推进高等学校创新创业教育和大学生自主创业工作的意见》，要求高等学校创业教育要面向全体学生，融入人才培养的全过程，以改革人才培养模式和课程体系为重点，大力推进高等学校创新创业教育进入新的发展阶段[22]。2015年10月，国务院总理李克强在首届大学生创新创业大赛上指出：“教育部门和广大教育工作者要认真贯彻国家决策部署，积极开展教学改革探索，把创新创业教育融入人才培养。”2016年至今，教育部每年发布关于《进一步做好普通高校毕业生就业创业工作》的通知中都指出，把深化创新创业教育改革作为推进高等教育综合改革的突破口，融入人才培养体系，健全课程体系，促进专业教育、实习实践等与创新创业教育有机结合，通过各类大赛激发学生创新创业热情。

麦可思研究院的一项研究发现，毕业生希望高校可以给有创业意向的学生提供创业信息，普及创业政策和贷款流程；另外，通过参加创业活动（如创业比赛、模拟创业活动等），了解自己的不足和改进方向，发现自己的兴趣和潜力点。而这些信息的获取，经验的积累等都可以通过创业教育实现。因此，创业教育作为一种新型的教育价值取向，成为继学历教育、职业教育之后的又一历史性飞跃[23]。创业教育是培养人的开拓性素质和事业心的教育，其本质在于激发创业意识、培养创业能力、培育企业家精神。与其他教育类似，创业教育在实施过程中也具有一定的教育目的和培养目标。创业教育模式是在创业教育目标的指导下形成的一整套方法体系，是高校的课程、师资等各种资源有机结合、共同运作的方法体系。由于传统教育观念、僵化教育模式等的影响，高职院校创业教育存在一些不足。在创业教育理念上，忽视事业心、进取精神、开拓意识等的培养，以就业谋生作为创业教育的最终归属；在创业教育体系上，师资不足、课程设置不合理，更多偏向理论说教，缺乏创业实践教学平台。

国内创业类竞赛以“挑战杯”创业大赛为主，除此之外出现了各种创业类竞赛，一些创业类竞赛与特定的学科、专业相结合，各具特色。近年来，在政府的大力支持和推动下，国内的创业类竞赛得到了迅速的发展，种类众多，为大学生创新精神的培养、创业技能的训练及展示提供了良好的平台，例如“互联网+”大学生创新创业大赛、全国职业院校技能大赛等。随着创业类竞赛的不断发展成熟，国内高校在指导学生参赛的过程中，逐渐摸索出创业教育的方式方法，形成了以创业类竞赛为导向的创业教育模式。因此，创业类竞赛导向下的高职院校创业教育模式，是在高职院校现有职业技能教育的基础上，以培养学生参加创业类竞赛为目标和手段，整合课程、师资、企业等各类资源开展教育的模式。该模式一方面能让学生在特定的创业情景下模拟创业实践，体验在创业过程中可能会遇到的问题及解决方法；另一方面经过指导教师及企业人士的指导，深入体会和掌握创业相关知识。

高校进行学生创业教育的主要渠道是课程教育，创业教育课程的理论性、政策性、科学性和实践性较强。由于多方面原因，高职院校的创业教育课程建设缓慢、效果不理想，无法适应学生对创业教育的需求。在教学手段上看，不能满足学生对创业教育课程的期待。如现有创业教育课程大多采用大班制授课，学生数量对创业教育课程的组织带来一定挑战，不利于进行差异化、个性化的教学，教学手段、方式的创新程度在一定程度上影响创业教育的实现。

（1）现有创业教育模式。创业教育是一种注重对创业者素质培养的教育模式，创业教育不同于传统以培养专业技能为目标的专业化技能教育，创业教育注重对学生的判断力、分析力和执行力的培养。国外的创业教育研究较早，已经形成一整套系统的体系，例如创业教育模式、创业教育的课程设计与教学方法等。而国内创业研究相对较晚，相关研究成果更多借鉴国外的研究，例如对国外高校创业教育的介绍与推广，创业教育模式的本土化等。

创业教育模式如何、适用于何种情景、如何有效实施创业教育模式，一直是学术界和实践界关注的焦点。从创业教育模式上看，现有国外比较成熟的创业教育模式有美国 BABSON 创业教育模式、SIYB 模式及 KAB 模式，各模式独具特色。美国 BABSON 创业教育模式根据学生在校学习阶段展开，入学第一年即 FME 阶段，该阶段要求学生学习最基础的管理经验，通过创业计划的开展，经营项目的设计，相关课程的学习展开；入学第二年即 ACE 加速企业家培养阶段，该阶段通过一系列综合课程的学习加深对创业者和创业的理解，掌握如何评价、发掘商机，如何准备商业计划，注重对企业家素质的培养；第三年，学生进一步选择多种选修创业课程，增长对自然科学、技术科学的了解，并展开自己的职业生涯。国际劳工组织认证的 SIYB 模式，该模式偏重于创业初期的创业知识、创业能力、创业程序、政策等的了解；SIYB 模式是由一系列互相关联的针对小企业业主和经理的实用管理技能培训包组成，它包括各种即成本效益高又实用的培训、监督和评价方法和手段，这些方法和手段的设计能够最大程度地满足潜在的和现有的小企业创办者的管理培训需求。因此，成为现行高校创业教育的基本形式之一；然而相比于模式来说，SIYB 模式的注重点在于如何尽快开展创业项目，而不注重对市场机会的把握和分析。KAB 模式，即“了解企业”，是国际劳工组织为培养大学生的创业意识和创业能力而专门开发的新项目。

目前，国内学术界对我国创业教育模式的分类尚未达成共识，可将现有创业教育模式分为两种，一是国外成功创业教育的本土化，二是从创业教育的实践活动方式对创业教育模式的划分。如教育部高教司在全国普通高校“创业教育”试点工作座谈会上，将创业教育的活动方式概括为三类：第一种是以提高学生整体能力和素质为侧重点的创业教育；第二种是以提高学生的创业知识、创业技能为侧重点的创业教育；第三种是将素质教育作为基础并为学生提供创办企业的资金和技术咨询的创业教育。也有学者将创业教育模式分为：素质教育模式、技能培训模式和创新综合教育模式。然而，创业教育的本质不在于有什么样的模式，各种模式有什么特点，而在与具体实践情景中该如何利用现有的资源进行创新，构建适合特定情景的创业教育模式。

从创业教育实践上看，百森商学院的 Jeffry Timmons 教授创立了百森师资培训项目，在创业管理、新企业创建、创业融资、风险投资、创新性课程开发等方面进行了系统的研究，在创新课程设计与教学方法上有所创新。国内学者也从构建合理的课程体系、改革教学方法以及师资培训等角度，探讨实施创业教育的有效途径，并从政府、社会、高校、创业者等几个方面，构建出促进创业教育、提高创业者素质、改进创业能力的支撑系统。如周红霞（2009）提出的完善我国大学生创业教育的建议[24]；李瑢（2011）从课程实践教学的角度，提出将创业教育有效地与西方经济学的实践教学相结合，从而形成新的教学模式[25]；古纯玉（2016）从创业类竞赛角度，指出基于创业类竞赛的创业教育模式的优劣势，进而提出相关改进意见[26]。

然而，现有从创业教育的模式出发的相关研究缺乏具体情境的实践实施方案，只是简单的阐述创业教育的模式，现有模式的优缺点等，创业教育模式与创业教育教学实施有一定的隔离。

（2）高职院校创业教育现状。高校创新创业教育开始于 1998 年，现已取得一定的成绩。在“大众创业，万众创新”的国家战略背景下，创业教育逐渐成为高职院校教育改革的重要方向之一。然而与较为成熟的学术教育和职业教育相比，存在较大差距。因此，从教育工作者和学生的角度分别展开问卷调查，采用抽样调查的方式，以衢州市为例对现有高职院校创业教育存在的问题进行分析，具体见表 6-3。

表 6-3 现有高职院校创业教育存在的问题

教育工作者角度		学生角度	
存在的问题	概率/%	存在的问题	概率/%
缺乏有创业经验的师资	8.50	教师缺乏实践经验	10.60
缺乏从内到外的支持	30.80	缺少专业的指导	17.50
许多校园创业流于形式	18.00	缺乏有效的扶持机制	35.20
方式方法缺乏创新	14.30	校园创业形式单一	18.40
理论与实践很难结合	11.20	毕业后面临两难选择	7.20
缺乏有效的创业孵化和退出机制	10.50	创业实践与专业教育缺乏平衡机制	9.30
缺乏合理有效的评价考核机制	6.70	难以形成高效的团队	1.80

由表 6-3 可知，从教育工作者角度看，首先是缺乏从内到外的支持是高职院校创业教育面临的最大问题，包括政策、资金、人员、场地等方面的支持；其次是校园创业流于形式的现象也时有发生，一方面针对校园市场的创业实践活动影响到校园原有商家的利益，另一方面各类创业实践活动常常处于非“常态化”局面，如各类创业大赛受时间等的限制，导致相关活动只能定期开展。此外，方式方法缺乏创新、理论与实践很难结合等问题也受到关注，这在一定程度上对创业教育的教学体系提出了新的要求。从学生角度看，首先是缺乏有效的扶持机制问题同样最受关注；其次是校园创业形式单一，由于所处阶段限制，学生创业项目大多局限于校园市场，较少关注校园外市场；缺少专业的指导、教师缺乏实践经验、创业实践与专业教育缺乏平衡机制等问题也越来越突出，同样在一定程度上对创业教育的教学体系提出了更高的要求。

高职院校创业教育在现有成果的基础上，仍然存在些许急需解决的问题，从多方来看均涉及创业教育的教学体系设计。同时，现有创业教育的教学体系偏重理论，教学方法普遍采用案例教学、分组讨论、游戏对抗、角色模拟等，整体教学过程缺少实战性，有违创业的本质，且无法适应学生对创业教育的要求。另一方面，现有创业教育课程大多采用大班授课，学生大多消极应付，无法实现差异化、个性化教学，无法激发有潜能的学生。

6.3.3.2 竞赛导向下的高职创业教育实践模式构建

创业竞赛导向下的高职院校创业教育教学需要结合高职院校实际及学生特点，以创业竞赛为先导，对日常实践教学内容、方法等进行科学设计，同时时刻关注对学生创业意识的激发、创业品质与素养的培养、创业竞赛技能的训练。基于创业教育课程化考量，结合职业院校课程教学的特点，以SPOC模式进行创业教学，结合创业类竞赛实现高职院校创业教育模式的创新优化。

（1）基于SPOC的创业教育模式。SPOC是Small Private Online Course的缩写，意为“小规模限制性在线课程”，适合应用于学校、课堂等类似环境的小规模群体[27]。SPOC的主要特点是线上教学线下面授相结合，可以提高学生和教师的参与度，增加学生对课程学习动力和兴趣，有效保证学习质量[28]。通过在线和开放的教学更多地提供与创业相关的信息资讯、经典案例，并且能实现学习任务的下达。因此，利用SPOC模式构建基于线上教学资源共享、线下课堂反馈为特征优势的高职院校创业教育教学实践新模式具有一定的实践可操作性。

1）优质教学资源聚合共享，传授创新创业知识。教师根据教学计划，通过制作、购买、共享等方式聚集线上优质的教学资源，形成SPOC在线教学内容体系，具体包括微课视频、模拟试验、知识拓展等三大部分。微课视频主要通过教师自己录制为主，结合高职院校学生的特点，融合网上优质教学素材，构建创业教育教学视频资源库，包括创业案例解析、创业类竞赛项目介绍、创业扶持政策讲解、创业计划书撰写、创业项目实施等。模拟试验主要通过购买专业公司制作的模拟软件，让学生可以身临其境感受创业的氛围，理解创业的激情与艰辛。知识拓展部分主要通过与一些知名创业教育教师、相关领域企业、校友创业企业等形成长期的合作关系，实现在线资源的共享，使学生领略到校外牛人的风采[29]。此外SPOC平台的学习形式多种多样，除了以上三大部分，还可以进行群组讨论、在线测评、作业提交、问题反馈等活动，循序渐进地培养学生的创新创业意识，为后续参与创业类竞赛奠定基础。

2）线上线下融合，培育创业类竞赛项目。通过SPOC在线学习平台，不仅解决了优质资源短缺的问题，而且能将线下课堂时间应用于创新创业模拟实践中，另一方面还能减少对线下授课教师的需求。创新创业知识的学习通过线上完成，不再占用线下课堂时间，线下课堂可更偏向创业实践，采用多种活动相结合，激发学生的创业热情，如创业项目模拟实践、探讨交流、项目孵化、校友有约、职业经理进课堂等活动。通过师生、生生之间的深度线上线下交流讨论以及

SPOC 平台的数据分析，获得较为直观的学情分析，选拔可培育项目，辅以校内和校外导师，共同指导培育创业类竞赛项目，做到赛学相促[30]。

3）主体间反馈评价，分享创新创业经验。依托 SPOC 线上平台和线下课堂，学生可以与教师、领域专家、成功创业者、优秀学员等进行实时有效互动、及时反馈评价、分享经验教训。根据 SPOC 线上平台独有的形成性评价系统，及时了解学生的学习实践状况。通过彼此间的深度交流、即时沟通、经验分享，教师可以不断调整教学策略、优化教学方法、安排教学活动，为学生提供更多有针对性、个性化、全程性的指导，切实激发学生的创业意识、提高学生的创业素质、增加学生的创业能力。

（2）基于 SPOC 的实践教学模式。下面结合 SPOC 模式的优点，构建基于 SPOC 的高职院校创业教育实践教学模式。具体见图 6-2。

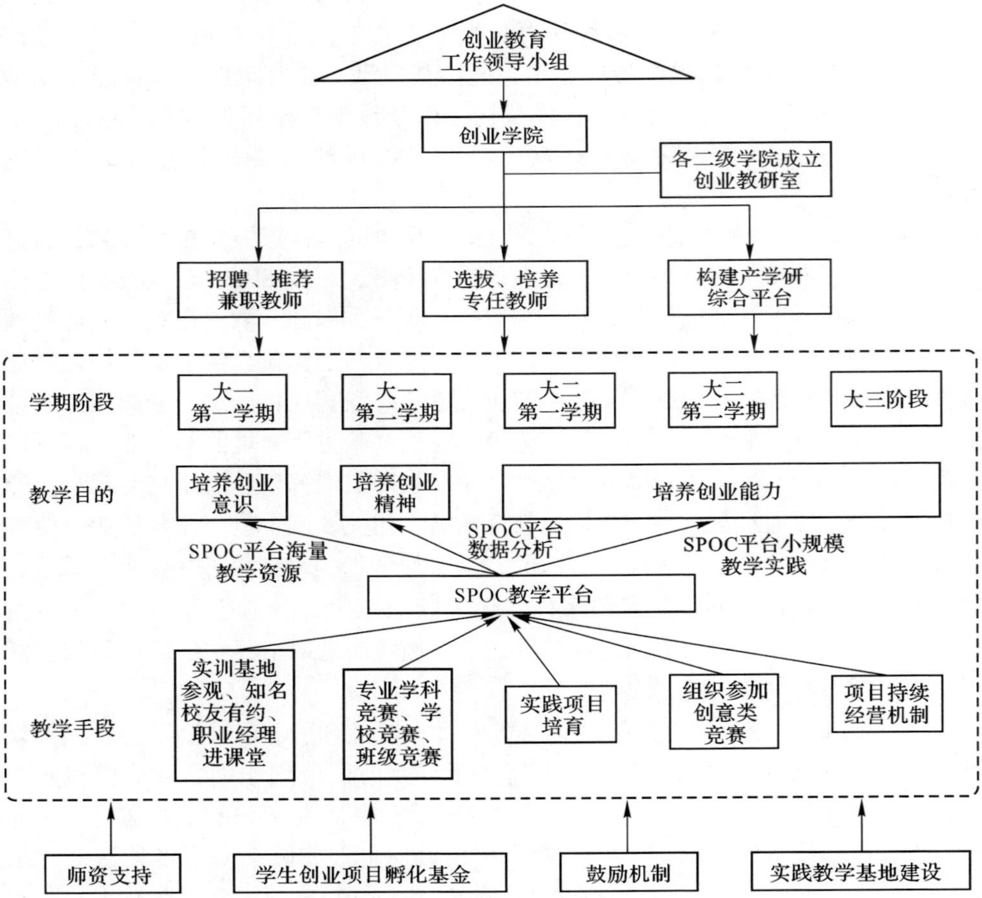

图 6-2　基于 SPOC 的高职院校创业教育实践教学模式

从实践教学过程上看，在大一第一学期，通过SPOC在线平台学习、校外实训基地参观、知名校友有约、职业经理进课堂等系列线上线下融合的活动，培养学生的创新创业意识；大一第二学期，结合各专业人才培养特点组织学生参与多种形式的学科竞赛，小到班级竞赛、专业竞赛，大到全省乃至全国的比赛，激发学生学习专业知识的热情，在争先争优的竞赛环境下培养学生的创新精神；大二第一学期，以创业竞赛为先导，以实战模拟为具体实施形式，从全校范围内选拔可培育项目，采用导师负责制为每个项目配备校内导师和校外导师各一名，导师全程负责指导和推动项目实践，同时根据项目实际给予项目启动资金，在项目培育过程中指导教师可采用SPOC模式进行小规模教学实践；大二第二学期，通过半学期的项目培育，结合创业类竞赛实际，组织项目参加各类创业类竞赛，此后项目持续运行；大三阶段，结合学生个人意愿可实现稳步退出，如项目资产销售、项目持续经验等。

从实践教学的组织结构上看，首先是从学校层面成立创业教育工作领导小组，下设创业学院；其次是结合二级学院专业设置特点，设立创业教研室。创业学院负责培养创业型师资队伍，一方面通过招聘、推荐等手段聚集一批有创业经验或有工作经历的兼职教师，由其指导学生创业或让学生参与他们正在进行的创业项目中，以调动学生的积极性；另一方面，结合地方产业构建产学研综合平台，以学生为主导，教师为指导，共同培育项目，从而激发学生的创业热情，增加教师理论与实践相结合的机会，进而有利于培养创新型的师资队伍。

从实践教学的执行保障上看，学校层面高度重视创新教育，给予相关政策支持、资金支持、人才支持等，设立学生创业项目孵化培育基金，由创业学院管理与支配，基金一方面来自学校配套财政支持，另一方面来自校友、社会人士捐赠；建立教师教学协同机制，为创业教育指导教师设立专门考核指标，激发教师教学热情，根据孵化项目需要可实现全校教师流动教学。建立一整套学生创业的鼓励机制，鼓励学生进行发明创造、科学研究、社会实践等，鼓励学生参与各类竞赛，营造良好的校园创业文化。加强创业教育实践基地的建设，积极与当地政府部门建立密切关系，在其招商引资过程中加强合作，加快学生创业成果的转化。

参考文献

[1] 付云. 我国职业院校技能竞赛金字塔式三级体系研究 [J]. 职教论坛, 2019 (01): 8~14.

[2] 荣国丞, 董衍美. 新时代全国职业院校技能大赛：新跃升、新特点、新方向 [J]. 职业技术教育, 2018 (21): 38~41.

[3] 史文生. 职业教育技能竞赛研究 [M]. 郑州：河南大学出版社，2010.

[4] 何福贵，张梅. 职业技能竞赛促进教学改革的研究 [J]. 北京劳动保障职业学院学报，2010 (03)：37~40.

[5] 徐媛媛. 基于职业技能竞赛的高职人才培养方案构建 [J]. 中国职业技术教育，2013 (8)：74~77.

[6] 郝天晓. 全国职业院校技能大赛提升人才培养质量的现状及对策 [J]. 职业技术教育，2019 (14)：11~14.

[7] 李浩泉. 论“产教融合、以赛促学”的职业院校技能大赛 [J]. 教育与职业，2019 (18)：104~108.

[8] 尹明远，郝赵红. 职业技能大赛对就业指导课程体系建设的启示 [J]. 中国劳动关系学院学报，2016 (03)：105~108.

[9] 陈兆芳. 对职业院校技能大赛的理性思考 [J]. 职教论坛，2011 (07)：80~82.

[10] 赵海晓. 基于“TRSFP”技能竞赛模式的大学生就业能力提升策略研究 [J]. 教育理论与实践，2015 (36)：17~18.

[11] 汤益芳. 科技竞赛与大学生就业能力培养的思考与实践 [J]. 浙江树人大学学报：自然科学版，2008 (4)：54~56.

[12] 赵钦. 积极参与职业技能竞赛提升学生就业创新能力 [J]. 太原学院学报 (社会科学版)，2012，(1)：110~112.

[13] 席东梅. 群英荟萃迈向成功成才众彩纷呈促进职教发展 [J]. 中国职业技术教育，2014 (22)：63~73.

[14] 段文涛. 技能竞赛对提升高职学生职业素质的研究 [J]. 中国建设教育，2014 (1)：62~63.

[15] 马众，谢瑞峰，徐文慧. 基于科技竞赛的大学生就业能力培养研究 [J]. 吉林省教育学院学报 (下旬)，2014 (03)：28~29.

[16] 赵媛媛. 浅谈职业技能竞赛对学生就业能力的提升 [J]. 科技创新与生产力，2016 (04)：62~63.

[17] 高洋. 职业技能大赛对高职院校学生影响力的调查研究 [J]. 教育与职业，2014 (08)：177~178.

[18] 陈杏环，武春岭. 基于导师制/导生制的高职创新型人才培养体系研究 [J]. 机械职业教育，2014 (6)：7~8.

[19] 史文生. 推动技能大赛全员化 [J]. 职业技术教育，2017 (18)：28~30.

[20] 周传运. 全国职业院校技能大赛普惠性机制构建研究 [J]. 中国成人教育，2019 (13)：34~36.

[21] 教育部. 教育部关于做好 2016 届全国普通高等学校毕业生就业创业工作的通知 [EB/OL]. 2015，http://www.moe.gov.cn/srcsite/A15/s3265/201512/t20151208_223786.html.

[22] 中华人民共和国教育部. 教育部关于大力推进高等学校创新创业教育和大学生自主创业工作的意见 [S]. 教办 [2010] 3 号.

[23] 王莉. 大学生创业教育的理性反思与体系构建 [J]. 中国成人教育，2013 (9)：60~62.

[24] 周红霞. 当前我国大学生创业教育问题探析［J］. 读写算（教师版）：素质教育论坛，2009（7）：1~3.
[25] 李瑢. 创业教育导向下的西方经济学课程实践教学模式研究［J］. 中国成人教育，2011（03）：117~119.
[26] 古纯玉. 基于创业类竞赛的高校创业教育模式研究［J］. 教育教学论坛，2016（03）：34~35.
[27] 祝智庭. “后慕课”时期的在线学习新样式［N］. 中国教育报，2014-05-21（11）.
[28] Fox A. From MOOCs to SPOCs［J］. Communications of the ACM，2013，56（12）：38~40.
[29] 张扬. 地方高校基于 SPOC 就业创业教育教学模式分析［J］. 中国冶金教育，2016（6）：66~69.
[30] 贺斌，曹阳. SPOC：基于 MOOC 的教学流程创新［J］. 中国电化教育，2015（3）：22~29.

7 职业生涯教育助力高职学生就业能力提升

高职院校要培养出高素质的技术技能型人才，不仅要注重训练学生的专业技能，也要注重培养学生的职业发展学习能力，帮助学生提高自身应对和维持职业角色与外部环境之间平衡的能力，使学生能更好地应对不确定的职业发展和决策困难，更从容地解决个人在求职择业和再就业中发生的各种问题，从而实现高职学生的顺利就业和满意就业。

职业发展学习能力的提升，需要正式课程、活动课程和技能竞赛多管齐下，并借助多主体跨界协同参与，以使高职学生在自我评价能力、职业认知能力、目标设定能力、技能发展能力、职业生涯管理能力和职业生涯适应能力等方面能力得到培养，从而促进就业能力的提升。

7.1 职业生涯教育相关含义及发展

人的一生存在着不同的生命周期空间，主要有社会生命周期、生物生命周期和职业生涯周期。其中，最重要和有决定作用的是职业生涯周期，是人生存和发展的前提条件，从职前教育培训、就业、职业转换、晋升、退休，直到完全脱离职业工作，职业生涯周期占据了人一生的大部分时间，对于个人和家庭都有着重要的意义。

7.1.1 职业生涯的含义

不同学者从不同角度对职业生涯的含义进行了界定。法国的权威词典将职业生涯界定为“表现为连续性的分阶段、分等级的职业经历”[1]。美国学者 Raymod 认为职业生涯是指一个人一生经历的与工作相关的工作经验，工作经历包括职位、职务经验和工作任务[2]。Rothwell（1992）和 Sredl（1992）将职业生涯界定为人的一生中与工作相关的活动、行为、态度、价值观、愿望的有机整体[3]。我国有学者认为，职业生涯是一个人一生中所有与职业相联系的行为与活动，以及相关的态度、价值观、愿望等的连续性经历的过程，也是一个人一生中的职业、职位的变迁及工作理想的实现过程。职业生涯是个体的概念，是指个体的行为经历，而非群体或组织的行为经历；是职业的概念，是指一个人一生中的职业经历或历程；是时间概念，意指职业生涯期，起始于最初工作之前的专门职业学习和训练，终止于完全结束或退出职业工作；是发展和动态的概念，跟随着个人的具体职业内容和职位或职业发展变化。此外还有内外职业生涯的概念，外职业生涯指的是做好这份工作所需要的各种客观的条件和要素，是指一些客观方面的认知，不可更改。内职业生涯是指从找工作，参加招聘之后，以及整个人生的工作生涯，主要是强调人们的感受以及认识。

7.1.2 职业生涯教育发展

20 世纪初从美国开始职业生涯教育，经历了职业指导、生涯辅导和职业生涯教育等阶段，从最初简单的帮助人择业，变成了“协助个人发展，接受适当、完整的自我形象，同时发展并接受完整而适当的职业角色形象的工作”。

1908 年，美国波士顿大学教授 Parsons 在其《选择一个职业》的著作中，提出了职业选择的焦点是人与职业相匹配，最早提出了职业指导，他认为每个人都有自己独特的人格类型，每种人格类型都有其相适应的职业类型[4]。1954 年，Super 第一次提出“生涯”的理论，他认为“生涯”是指一个人一生所经历的一系列职业与角色的总和，即个人终身发展的历程，不能只局限于职业指导，他应当是贯穿人的一生的一个过程[5]。而后他又提出了生涯发展理论，绘制“生涯彩虹图”，职业指导转变为生涯辅导。Super 的生涯理论更加注重了职业对人的影响，重点阐述了一个人完美的一生，不能只依赖于职业角色的完成程度，更多的非职业角色的扮演在人一生中有更多自我实现的机会。1959 年，由 Holland 教授提出的人业互择的职业兴趣理论，是目前应用最广的职业选择理论之一[6]。他将人的心理素质和择业倾向分为了 6 种类型，他认为同一类型的人和职业如果能够相互结合，就会达到最佳适应状态，人的工作积极性才能很好地发挥。1971 年，Schein 教授提出了“职业锚”理论，他认为职业锚就是人们在进行职业选择和发展方向时，所需要紧紧围绕不愿放弃的那个中心，根据自己能力、需要、价值观等的改变而逐渐形成自我独有的、清晰的职业观，也就是自己的职业锚[7]。

而后随着“终身教育”和“教育社会化”的出现，从社会经济发展及人格完善角度，倡导终身教育与生活紧密联系并贯穿一生，并建立一个朝向价值的转换及成功的社会。在“终身教育”理念影响下，20 世纪 80 年代的职业教育有了新的内涵，即关注学生个体生涯发展。所以，在美国职业教育改革中，生涯教育概念一定程度上取代了职业教育概念。

20 世纪 90 年代，生涯教育在美国掀起了新高潮，掀起了 STW（school to work）运动，STW 理念即重视“学校本位”“工作场所本位”，强调学校与工作的有效连接[8]。《学校工作机会法》的出台，使职业生涯教育的内容、实施方式、理念得到了改革，职业生涯教育普及成为整个教育阶段的活动。随后职业生涯教育在西方发达国家得到推广和实施，成为现代高等学校人才培养和就业指导的重要组成部分。Savicksa（1997）提出职业适应论认为，后全球经济一体化时代要求个体做好准备状态，以应对不断出现的职业选择、职业转换或失业与再就业[9]。Patton（1999）探讨了工作情景与过程理论，试图对职业选择进行更全面的解释。伴随着职业生涯教育理论的发展和完善，现代职业生涯教育范围已经扩大至人的终身教育活动历程[10]。

21世纪，STC（school to career）理念形成，STC即学校到生涯，它继承和整合了之前生涯教育理论的思想精华，STC理念的核心内容是关注学生自身个性化发展、拓宽职业类型的认知、提升就业能力培养，加强学术教育与职业教育的融合等[11]。STC理念强调学校教育与职业教育的有效连接，突出学生本位，注重学生个体生涯发展。同期，职业理论进一步向综合与应用方向扩展，Tracey（2002）在前人的基础上提出了职业结构的球形模型[12]；Krumboltz（2009）提出的“蝴蝶振翅”学习理论认为，职业咨询目标在于帮助个体学习如何采取行动，以达成更满意的职业和个人生活，而不仅仅是一个单一的职业选择[13]；Hartung（2011）则集中关注人与环境匹配理论、社会认知行为理论和建构主义理论等职业选择和发展的主导理论模式[14]。表7-1里列出了生涯理论代表人物及成就。

表7-1　生涯理论代表人物及成就

代表人物	理论	成就
Parsons	职业-人匹配理论	最早的职业辅导理论，认为人与职业相匹配是职业选择的关键
Super	生涯发展论	职业规划里程碑大师，把职业生涯的发展看成是一个持续渐进的过程，一直伴随个人的一生
Schein	职业锚	职业锚就是人们在进行职业选择和发展方向时，紧紧围绕的中心，目前职业锚问卷是国外职业测评中运用最广泛的工具之一
Holland	生涯类型论	兴趣是人们活动的巨大动力，职业兴趣与人格之间存在很高的相关性，并且提出Hlland代码
Peterson	认知信息加工理论	认知信息加工理论注重个体在职业生涯发展的过程中对认知信息的加工，强调信息在个体职业生涯选择与决策中的作用
Myers	MBTI人格类型论	从外倾和内倾、感觉和直觉、思维和情感、判断和感知四个维度分析人格类型对个体产生的不同影响，以及在学习、工作和人际关系等领域的实际应用
Cardner	多元智能理论	认为人的智力至少可以分为语言智力、逻辑数学智力、音乐智力、空间智力、身体运动智力、人际关系智力和内省智力范畴，现代教育必须促进每个人各种智力的全面发展

我国现有的高职职业生涯教育理论来源于西方职业生涯规划理论，如“入职

匹配理论”“生命历程理论”“职业锚理论”“全面发展理论”等。国内学者对职业生涯教育的界定较为具体。南海（2007）认为，“生涯教育指社会个体在其某一生命活动的时空中所经历的以教育（培训）与职业转换为主轴或以非教育（培训）与职业转换为主轴的一切活动的总和。”[15] 刘辉（2006）认为“生涯教育是指根据一定的社会要求和受教育者的发展需要，有目的、有计划、有组织地对受教育者施加影响，以达成生涯发展为目的的教育手段。”[16] 关于职业生涯教育的定义，学者们普遍认为“职业生涯教育是有目的、有计划、有组织的培养个体规划自我职业生涯的意识和技能，系统、持续地发展个体综合职业能力，促进个体职业生涯发展的活动，是以引导个体进行并落实职业生涯规划为主线的综合性教育活动”[17]。

7.1.3 高职院校职业生涯教育特点

（1）主体性。高职院校的职业生涯教育，在人的全面发展和可持续发展的理论指导下，确立学生的主体性，尊重学生的主体地位，发挥学生的主体作用。通过将行业、企业的用人标准与岗位需求融合进高职教育，让学生从全面认知自我出发，准确定位，并充分认识到自身素养和能力与社会需求之间的差距，从而努力学习职业技能，完善自我，为获得职业成功打下基础，以实现最终达到自身可持续发展的目标。引导和协助学生开展职业认知技能、自我认知技能及职业生涯决策方法等的学习和实践，使其发现适合自己的职业，追求个体和职业的最佳匹配。指导学生树立正确的职业观，正确认识社会，客观评价自己，自觉增强职业意识和职业适应性，注重提升就业能力，理性确立符合社会需要和个性特点的职业选择。

（2）系统性。高职院校的职业生涯教育关注大学生的成长与可持续发展，是唤醒学生职业意识并促进其职业精神要素生成和发展的教育。职业生涯教育要全过程、全方位、持续性地开展，从职业理想、态度、责任、良心、职业技能、纪律、兴趣、爱好等方面入手，将职业一般性要求、特定要求和个体特质要求等有效结合，融合学生的自我评价与管理、职业判断与选择、职业发展与创新等要素，发挥生涯教育的指引、教育、咨询、指导的作用，促进学生的可持续发展。

（3）全程性。高职院校的职业生涯教育不是某一个阶段的教育，它贯穿整个高职教育全过程，甚至延伸到毕业以后，是系统化、有计划地培养高职学生规划自身职业生涯的教育活动。大学期间的职业生涯教育始于新生进校，终于学生离校，需要针对大一、大二、大三各阶段的实际情况开展针对性的培养和教育，以实现理论性、指导性和实践性相统一；期间还需要结合本专业特点，广泛地与职业、行业相结合开展生涯教育，同时还应当对学生进行心理学、社会学等方面的教育。

（4）动态性。根据美国学者 Super 提出的职业生涯发展理论，职业生涯可划分为五个时期：成长期、探索期、建立期、维持期、衰退期。探索期处于核心地位，它对于个人的职业发展至关重要。高职学生正处在职业探索期，他们的职业生涯规划不可能一次性完成，也不会一劳永逸、一成不变。随着自身条件的改变和外部环境的变迁，根据职业探索的信息反馈，要重新评估职业生涯机会，重新定位职业发展方向，重新设计职业目标实现路径，因而要对职业生涯规划进行调整和修订。基于职业生涯规划的动态性，在职业生涯规划教育过程中，要引导学生根据对职业目标认识的加深和自身素质的发展变化，以及社会就业需求的变化，及时修订、调整和完善职业生涯规划的任务书、路线图和时间表。

从内涵上看，高职院校职业生涯教育从就业指导、职业发展与就业指导到职业生涯教育，从简单的规划课程教授扩展到了理论课程与实践相结合，职业素养与能力相结合，并且社会和企业也加入了高职职业生涯教育实施主体中。近年来，各种国际国内有关于职业生涯交流的活动、各级各类的职业生涯教育竞赛得到蓬勃发展，相关的社会教育服务机构也应运而生，职业生涯教育的内涵和外延得到补充和丰富。我国职业生涯教育也从政府主导转向高校重视、社会关注的全面发展阶段。

7.2　高职院校职业生涯教育对提升就业能力的积极效应

结合高职学生面临的实际问题，拓展就业能力和生涯教育的研究视角，改进高职院校学生职业生涯教育，建立科学、完善的高职院校职业生涯教育体系，以帮助学生明确学习目的、增强学习主动性、树立正确的职业观和职业理想，这对经济发展、社会稳定，提高高职学生的就业质量及就业能力和培养德智体美劳全面发展的社会主义建设者和接班人都具有积极的效应和重要意义。

7.2.1　明确学习目的，增强学习主动性

一年比一年增加的毕业生人数，就业形势日趋紧张，如何帮助和指导大学生树立正确的就业观，实现就业理想和高质量就业是社会的焦点问题。政府和相关行业企业也出台了大量优惠性的刺激措施，但依然无法从根本上缓解高就业率高离职率的就业难题。事物的发展由内外因共同作用而成，外因的刺激和激励是条件，内因才是变化的根本，真正的内因在于学生本身。

大一的“彷徨”、大二的“呐喊”、大三的“伤逝”，这个比喻清晰形象地描述了学生在高职期间所经历的角色和心理转变。大一新生在刚入校时，那是一种兴奋中带着迷茫的状态，脱离了中学时代繁重的学业，没有了高考这个明确的指向标，很多学生在刚迈进大学校门的时候就迷失了自己，该何去何从成为困扰很多大一新生的难题，有的学生甚至都来不及考虑这个问题，就已经被自由冲昏了

头脑，沉迷于网络游戏，陷入了爱情的旋涡，各种心理抑郁也显现了出来。此时，应当及时地进行职业生涯教育对学生进行必要的引导，帮助他们澄清“我是谁”“我能干什么”“我要干什么”等问题，弄清楚这些问题，非常有利于学生树立正确的学习观念，明确学习的目的，充分发挥每一个学生的主观能动性，激发他们的学习热情，引导他们由被动学习变主动学习，引导他们运用科学的手段和工具，合理规划自己的大学生活，统筹安排自己的课内、课外，用积极的心态去看待未来的大学生活。

职业生涯教育正是从学生个体出发，从发掘学生的主动意识为目的，引导学生科学看待职业生涯规划，让学生在各个方面由被动接受变为主动要求，最大限度地调动其积极性，将“要我学”转化为“我要学”，从而更积极、主动地去策划自己的人生，逐渐树立终身学习的观念。

7.2.2　树立正确的职业观，增强就业能力

高职学生职业生涯教育是递进的全面的内化的教育，包括培育学生职业生涯规划意识和技能的职业生涯规划教育；提升学生职业意识、职业道德和职业素养的积极职业观教育；求职技巧、就业政策法规政策辅导和就业签约注意事项普及的求职过程辅导教育；培养创业意识、创业思维和创业能力的创业教育等等，这些对于增强学生就业能力有着重要的现实意义。

现在的高职学生成长在一个物质较为丰裕的时代，生活没有太多压力，他们主动就业的意愿不强，在求职择业的过程中存在“坐、等、靠”心理，认为找工作不用着急，如一时半会找不着工作就再等等看的想法，缺乏积极开创个人职业生涯应有的责任与担当。而有的学生即使找到了工作，但缺乏主动适应职场环境的原始动力，没有做好从学生到职场新人的身份和角色转换的充分准备，一旦在工作中碰到困难和挫折，容易出现离职或跳槽现象。还有的学生片面地认为职业生涯发展只是自己个人的事情，缺乏远大的职业理想，不愿主动融入职场环境接受挑战，没有把个人成长与学校发展和社会进步有机结合起来。

依据 Super 的生涯发展理论，大学时代正处于整个人生的探索阶段，正是储备职业知识、选择职业方向、验证职业兴趣、明确职业倾向的关键时期。科学的职业生涯规划通过各种科学的测试、分析手段让学生对自己的优势、劣势进行透彻的了解；通过对客观职业世界的分析，让学生对未来职业的发展现状和发展趋势有一个清醒的认识。大学期间的职业生涯教育，其中一个重要目的就是帮助学生找到适合自身发展需要的职业目标，从而实现“人职匹配”，最大的限度实现自身价值。

“知己知彼，百战不殆。”通过职业生涯教育，学生能更清楚地认识自己、认识职业世界，这样就可以为自己制定科学合理的发展计划，从自身素质、专业

学习、技能技巧等方面全面补充各种知识，提升自我综合素质，增强就业能力。

7.2.3　明确职业目标，促进职业理想的形成

当今正处于一个信息与知识大爆炸的时代，处于一个机遇与挑战并存的时代，这个时代对于当代大学生来讲是伟大的，给予了青年人开阔的视野来了解世界，给予了青年人更多的自由选择职业的机会，可这种自由往往是青年大学生带来了更大的迷茫。就像所谓的“手表定律”一样，拥有两块以上的手表并不能帮人更准确的判断时间，反而会制造混乱，让看表的人失去对时间的判断。此时，加强对大学生的职业生涯规划的教育和引导就显得非常重要，大学生正处于向准职业人士转型的关键时刻，多数学生没有清晰的职业目标，关键原因在于，首先不能清晰全方位的认知自我，其次是对职业以及职业环境的不了解。职业生涯教育的目的就是希望通过引导的方式，让学生能够充分利用科学的测评软件和测量工具客观认识自我，并科学的分析目前的职业环境，在此基础上了解属于自己独有的职业库或者职业锚，逐渐形成清晰的职业路线，用科学的方法和有效的措施，不断的评估自己的路线，克服种种困难，最终完成自己的职业理想。由此可见开展大学生职业生涯教育有利于帮助学生明确职业目标，促进职业理想的形成。

7.3　“12231”职业生涯教育模式建构

高职学生在面临毕业和就业时，容易出现对学历和能力不自信的心理状态，因此经常会产生对未来职业的迷茫感，不知道到底该找什么样的工作，导致“高不成低不就”，出现找不到合适岗位的就业困难问题，以及不适应职场导致短时间内“闪离”或“裸辞”的行为，这一切问题的根源，主要还是高职院校学生对职业生涯的不适应。在大学阶段培养学生的职业生涯规划能力，帮助学生找到就业方向，指导学生走向适合的职业岗位是高等职业教育管理中必须重视的一环。

7.3.1　一个目标

通过职业发展学习方面的教育，使学生具备自我评价、职业认知、目标设定、技能发展、职业生涯管理等一系列就业和职业发展所需能力。

自我评价能力指个体正确积极地认识和评价自己的兴趣、能力、价值观、人格、职业能力、职业个性、职业性格、职业兴趣与职业价值观等个性品质的能力。

目标设定能力指个体正确积极地实施目标设置、分解、调整和评价等能力。

职业认知能力是指个体以生理和心理实际（自我认知）为基础，对当前社

会各种职业、工作性质和特点、职业现状、薪酬绩效、发展前景及从事这些职业所需要的知识、技能和其他条件的认识和理解能力。

技能发展能力是指个体为了获得和提高职业技能所需的岗位技能认知和识别、岗位技能主动习得、前瞻性技能跟踪、创新创业等能力。

职业生涯管理能力是指个体为了获得和提高就业能力，在进行入职前的职业生涯准备和选择阶段中对自己所从事的与职业有关的行为进行自我管理与调节的能力，包括生涯人际能力、自我控制能力、时间管理能力、关注发展能力、职业知识探索能力、职业生涯决策能力、职业生涯规划能力等。

7.3.2 两类课程

为实现职业发展学习方面的教育目标，构建由正式课程与活动课程等两类课程组成的职业生涯教育课程体系。正式课程主要有大一开设的职业生涯规划课、大二开设的创新创业课程和大三开设的创新创业实践课程。职业生涯规划课包含大学生职业发展与就业指导课，其目标是激发大学生职业生涯发展的自主意识，树立正确的就业观，促使大学生理性地规划自身未来的发展，并努力在学习过程中自觉地提高就业能力和生涯管理能力；创新创业课程和创新创业实践课程主要教授学生创业知识、锻炼学生创业能力、培育学生创新意识、培养学生创业精神。活动课程包括培养学生职业发展方面的一系列活动，包括职业生涯体验活动课、重在精英培养的杜拉拉训练营、重在职业生涯规划设计的进阶式主题班会课等。

7.3.3 两个竞赛

通过层层选拔训练，组织学生参加大学生职业生涯规划大赛和大学生创新创业大赛，充分发挥“以赛促学、以赛促教、以赛促创”的积极作用，精进学生职业生涯规划能力和创新创业能力。

为全面落实立德树人根本任务，积极推进大学生职业生涯规划教育和创新教育，进一步提升大学生职业生涯规划能力，激发创新意识，培养创新思维，增强综合素质，促进高校毕业生更高质量就业创业。自 2009 年起，在教育部高校学生司的指导下，全国高等学校学生信息咨询与就业指导中心定期组织“全国大学生职业生涯规划大赛”，而省大学生职业生涯规划大赛其实是国赛的选拔赛，校赛又是省赛的选拔赛。大学生职业生涯规划大赛设两个类别，分别为职业规划类和创新创意类，旨在进一步普及大学生职业生涯规划知识，提高大学生就业、创业与实践能力，促进大学生就业、创业。大学生职业生涯规划大赛分校、省和国家三个层级逐次开展。省大学生职业生涯规划大赛其实是国赛的选拔赛，校赛又是省赛的选拔赛。

大学生创新创业大赛旨在激发大学生的创造力，培养造就“大众创业、万众创新”的生力军；推动赛事成果转化和产学研用紧密结合，促进“互联网+”新业态形成，服务经济提质增效升级；以创新引领创业、创业带动就业，推动高校毕业生更高质量创业就业。大学生创新创业大赛同样分校、省和国家三个层级逐次开展。

7.3.4　三支队伍

师资队伍是职业生涯教育的实施者，基于职业生涯教育目标的跨界性，多元跨界的师资结构，通过优势互补将更有利于目标的达成。

辅导员队伍是目前大部分高职院校职业生涯教育的主力军，是职业生涯教育课程的主要实施者。辅导员必须全面了解最新的就业创业政策，具备职业生涯规划、管理学、教育学、心理学、社会学等理论知识，具备较强的专业能力，这样才能胜任职业生涯教育这一工作，从而为学生的职业规划保驾护航。学校应该通过引进和培养优化辅导员队伍知识能力和素质结构，以符合实施职业生涯教育的要求。

优秀校友是高职院校职业生涯教育的特殊队伍，优秀校友作为学校特殊资源，因其身份特殊性，他们会在职业生涯教育中发挥特殊作用，高校应以提高职业生涯规划和创新创业能力为目标，将校友资源融入职业生涯教育全过程。高校要善用校友资源，让优秀校友来学校给学生讲生涯发展、讲工作岗位、讲行业发展、讲职业体会等，从而发挥优秀校友事迹对在校学生的教育示范作用；让优秀校友参与教学资源建设、课程实施、工作探索等职业生涯规划教育活动，以提升教育活动绩效；树立分类校友典范，使在校生受其人格的感染，树立人生志向等。

企业导师是高职职业生涯教育队伍的重要组成部分。企业导师的选聘主要考察其自主性、积极性、思想品德素质、业务能力水平、沟通交流能力等。其主要工作职责包括企业文化宣导、职业生涯指导、专业知识引导、心理健康疏导、传统文化倡导。可采用线下讲座和咨询、线上互动沟通、面对面主题班会等多种形式开展教育活动。

7.3.5　一个保障

习近平总书记 2016 年 12 月在全国高校思想政治工作会议上强调，要把思想政治工作贯穿教育教学全过程，实现全员育人、全过程育人、全方位育人。在职业生涯教育正式课程、活动课程和技能竞赛等的实施中，要充分挖掘课程中的思想政治教育内容，强化人生观、价值观、职业观、就业观教育；强化职业素养和职业道德教育；强化就业心理健康和职业心态教育等，从而为就业和职业发展能力培养提供思想引导和保障。

在职业生涯教育中，将职业理想教育贯穿始终。理想信念教育在大学生职业生涯规划课程中具有重要的源头性、先决性的意义。职业理想的高度影响着人生事业发展以及自我实现的程度。在教学的各个环节中，要通过典型引领、案例分享、小组讨论、课堂活动等教学方法，引导学生树立远大的人生理想，激发精神动力，把职业理想积极融入共产主义远大理想和中国特色社会主义共同理想之中，把个人梦想积极投入中国特色社会主义的伟大事业和民族复兴的伟大实践中。

在职业生涯教育中，将职业道德教育贯穿始终。道德是未来人生道路一切功业的基础，如果没有良好的道德品行，纵有再高的技术再深的学问也无以至远。因此，要牢牢把握以德为先这个前提，把以中华民族优秀传统美德为基础的职业道德教育贯穿到学生自我探索、职业探索、目标树立、决策与行动的全过程教学环节中，寓德于教，把道德品行的理论认知、具体实践同未来人生事业有机结合，用高尚的道德品行承载职业，铺就未来人生辉煌。

在职业生涯教育中，将职业精神教育贯穿始终。应牢牢把握为实现中华民族伟大复兴中国梦而奋斗的时代主题，以民族精神和时代精神为基础，培养职业精神，提升职业能力。发挥职业生涯教育的课程优势，秉持大有作为、大有可为的教育理念，全过程导入，多角度渗透，邀请重要行业、关键领域工作的专家、校友和管理人员与同学们分享职业发展心得与感悟，潜移默化之中培养学生敬业、勤业、创业、立业的职业精神。

7.4 "12231"职业生涯教育模式设计与实施

7.4.1 课程设计与实施

7.4.1.1 职业生涯规划课程设计

职业生涯规划课程设计分三步走：

(1) 第一步：我是谁。职业生涯规划设计第一步首先要回答"我是谁"，进行自我 SWOT（优势/劣势/机遇/挑战）分析。试着分析性格、能力、爱好、长处、短处、所处环境的优势和劣势，以及一生中可能会有哪些机遇；职业生涯中可能有哪些威胁，这是要求你试着去理解并回答自己这个问题：我是谁？传统的职业观是"做一行，爱一行"，这就使很多人爱得很痛苦，明明不喜欢的工作又必须天天去面对，又要体现出爱岗敬业的良好职业道德。有位伟人说过，兴趣是最好的老师，做与自己"职业兴趣"吻合度高的工作，可使工作更快乐，更容易发挥出自己的能力。现在倡导的职业观念是"爱一行，做一行"，只有你喜欢做的事情你擅长做的事情你有能力做的事情你有条件做的事情你才能做得很好，才有可能产生很好绩效，才是符合人性的职业观念。正确的用人观应当是用人所长、扬长避短，在合适的时机把合适的人放在合适的位置，人与职业的匹配是进行职业生涯设计第一步要考虑的问题。

那应该如何解决人职不匹配的问题呢？在这里介绍一种职业兴趣（又称职业倾向）测验理论。美国著名的职业生涯指导专家霍兰德强调：同一类型的人与同一类型的职业互相结合，才能达到适应状态。而“人”在一生，面临着许多职业的选择、工作的选择、职位的选择、甚至具体项目的选择，这些选择是否能与其类型相匹配，自然也是影响其成功的重要因素。例如倾向与“人”共事并且在该方面颇具技巧的人能在与他人的交往中获得乐趣，并且喜欢人际交往中的领导、劝说、教导或咨询等事务；对“数据”王国颇感兴趣并具备一定才能的人倾向与通过词语和符号表达出来的数字和抽象概念打交道；喜欢实用机器、工具、器械的个人则属于喜欢“事物”的人，他们喜欢在实际的物理环境中解决问题。喜欢观念的人可以从事抽象的、利用想象的工作。

根据霍兰德理论，职业兴趣分为六种类型，每个人都归属于职业兴趣中的一种或几种类型。表 7–2 列出了霍兰德职业兴趣的六种类型。

表 7–2 职业兴趣的六种类型

类型	共同特征	典型职业
社会型：(S)	1. 喜欢与人交往，善言谈，愿意教导别人； 2. 关心社会问题，渴望发挥自己的社会作用； 3. 看中社会义务和社会道德	教育工作者（教师、教育行政人员），社会工作者（咨询人员、公关人员）
企业型：(E)	1. 追求权力、权威和物质财富，具有领导才能； 2. 喜欢竞争、敢冒风险、有野心； 3. 为人务实，习惯以利益记得失，做事有较强的目的性	项目经理、销售人员，营销管理人员、政府官员、企业领导、法官、律师
常规型：(C)	1. 尊重权威和规章制度，喜欢按计划办事，细心，有条理； 2. 习惯接受他人的指挥和领导，自己不谋求领导职务； 3. 为人谨慎、保守，缺乏创造性，不喜欢冒险和竞争	秘书、办公室人员、会计、行政助理、图书馆管理员、出纳员、投资分析员

续表 7-2

类型	共同特征	典型职业
现实型：(R)	1. 喜欢使用工具从事操作性工作，动手能力强； 2. 不善言辞，做事保守，为人谦虚； 3. 不善社交，喜欢独立做事	制图员、摄影师、机械装配工、木匠、厨师、修理工等
研究型：(I)	1. 抽象思维能力强，肯动脑，善于思考，动手能力不强； 2. 喜欢独立、富有创造性的工作； 3. 有学识才能，不善于领导别人； 4. 喜欢逻辑分析、推理，不断探索未知领域	科学研究人员、教师、工程师、电脑编程人员、医生、系统分析员
艺术型：(A)	1. 创造力强，追求个性，做事理想化，追求完美； 2. 具有一定的艺术才能和个性； 3. 善于表达、怀旧、心态较为复杂	演员、艺术设计师、广告制作人、歌唱家、作曲家、小说家、诗人

根据霍兰德的理论：一个人的职业兴趣会影响到职业的适宜度。当他从事的职业与其兴趣相吻合时，就可能发挥出能力，容易做出成就；反之可能导致其原有才能的浪费，或者必须付出更大的努力才能成功。

(2) 第二步：去哪里。了解了“我是谁”以后，根据霍兰德的理论也弄明白了究竟应该从事何种职业。接下来要回答的问题就是：要“去哪里”，也就是说方向和目标在哪里，如何制定个人的目标呢？依照以下两种方法：一种方法是开动脑筋，写下 10 条未来几年及一生应做的事情，要确切，但不要有限制和顾虑哪些是做不到的。第二种方法更直接，想象假设即将不在人世，什么样的荣誉、成绩、地位、金钱、家庭、社会责任状况能让你满足。根据认定的需求，需要明确自己的优势、劣势、可能的机遇来勾画自己长期和短期的目标。

制定个人发展目标时可参考 SMART 原则。SMART 是五个英文单词的缩写：S 是指要具体明确，尽可能量化为具体数据；M 是指可测量的，要把目标转化为指标，指标可以按照一定标准进行评价；A 是指可达成的，要根据个人的资源、个人技能和环境配备程度来设计目标，保证目标是可以达成的；R 是指合理的，各项目标之间有关联，相互支持，符合实际；T 是指有完成时间期限，各项目标要订出明确地完成时间或日期。根据 SMART 原则使个人发展目标具体化、可视化、可达成、合理的、有时间要求，这样你就基本明白要“去哪里”。

（3）第三步：怎么去。在明确“去哪里”以后就有了个人的发展方向和目标，有了个人的职业愿景，明白了存在的价值，树立了个人的使命感，接下去就是如何去实现个人的目标。在职业生涯的各个发展阶段，依据阶段发展目标，制定明确的实施计划（包含达到目标的时间计划表）。可假定已在一个单位工作，然后开展角色分析，在分析单位的要求和期望后，明确如何突出自我的定位和亮点，以让单位认可自己的价值和贡献，并不断对照投入评估产出价值，以期作出高于单位要求的贡献。

“我是谁”关键要进行自我分析，你适合做什么，“去哪里”要求制定个人职业发展中的方向和阶段性目标，“怎么去”要制定一个职业发展目标的实施计划，帮助学生认识自身特点、激发特长的发挥，通过高职院校搭建的学习、实践平台，有目标地促进学生在专业知识学习、社会实践过程中探索自我发展诉求，促进学生的主动成长，最终实现职业选择与自身需求的匹配。

7.4.1.2　活动课程

（1）职业生涯体验活动设计。时代发展，职业发展状况和职业相关环境快速变化，“职业生涯规划”对于学生认识自我，认识职业，规划职业生涯有着非常重要的作用，“衢州职业技术学院大学生职业生涯体验日”活动正是在职业生涯规划课程的基础上，根据学校学生特点而设立的专题活动。将课堂中“职业生涯规划”的理论知识转化为生动活泼的趣味闯关活动。针对未来的职业生涯，做好相应的规划，真正做到知行合一。

生涯体验活动以“放飞梦想、职在前方”为主题，通过游戏闯关的形式，将三大活动融入其中，包括自我认知、职业探索和生涯方法论，形式多样寓教于乐（见表 7-3～表 7-5）。

第一个模块：自我认知（我是谁？想成为什么样子？）

1）人生四格：帮助同学清晰定位当前的状态，激发危机意识，获得成长方向感。

2）疯狂动物城：帮助探索“当前的”和“理想的”性格特点，从而发现自己的成长目标。

3）人生格子铺：清晰发现身上的“标签”，发现成长或改善的空间。

4）梦想家：重温梦想，激发热情；从梦想看到内心深处的追求，并寻求实现梦想所需的能力。

5）成就动机挑战赛：通过扔沙包比赛，反思自己的成就动机，激发自己思考在遭遇挑战时，自己习惯的行为模式与改进方法，见表 7-3。

表 7-3 自我认知之生涯体验活动

区域	活动名称	理论基础	活动的目的和价值（学生可以获得什么）	活动的操作形式
一、自我认知	1. 人生四格	自我管理	自我定位与自我成长：帮助学生判断自己是否有明确认同的目标以及是否有实现目标的能力，从而对自己当前的状态有更加清晰的认识，引发学生思考如何才能成为个人生活的统帅	回答题本上的问题并做判断 1. 通过答题判断自己在目标和能力两个维度上的分数； 2. 判断自己当前的状态； 3. 反思如何提升自己的状态
	2. 疯狂动物城	MBTI 性格特征理论	性格特征探索与性格塑造：帮助学生思考我是谁，我想要成为什么样子，如何成为我想成为的样子，帮助学生思考自己当前的性格特征、理想的性格特征以及理想与现实之间的差距。从人际交往、问题解决与学习风格、职场等方面给予评估反馈，给出具体的发展建议	走迷宫（地贴） 1. 根据 MBTI 测评设计迷宫地贴； 2. 学生自我判断； 3. 走迷宫根据结果指示获得自我判断、建议的贴纸； 4. 反思“现在我”和“理想我”之间的差距
	3. 人格格子铺	自我概念理论	自我形象探索与自我成长：提供学生自助填写的手册，更加直观的呈现个人对自己满意的特质和不满意的特质，明确成长目标。学生可以清晰地界定自己当前获得的特质、希望改正的特质、盼望拥有的特质，同样是激发学生的成长改变动机	小活动——故事交易“个人特质” 1. 在多种人格特质展板上挑选符合自己的词语； 2. 用故事与志愿者进行交易； 3. 做出达到理想自我的计划
	4. 梦想家	职业价值观理论	价值观探索：每个人的梦想其实都是个体生命终极价值观的投射，而想要实现这些梦想则需要相应的工具价值观	写下梦想并从中探讨个人的价值观 1. 写下自己的梦想； 2. 找出梦想所对应的终极价值观； 3. 找出要实现梦想所需的工具价值观
	5. 成就动机挑战赛	行为风格与应对方式理论	意识到自己的行为风格能够加速行动的调整：帮助学生意识到当自己面临压力、挑战情景时，应对方式是不同的，同时反思自己常用的应对方式的优缺点	现场游戏 1. 两人一组，进行投沙包竞赛； 2. 每人 10 个沙包投掷到不同位置的桶中； 3. 提供了 18 种不同的行为风格，学生可以参照此判断个人的特点

第二个模块：职业探索（职业世界的运作规律是什么?）

1）职业匹配（兴趣）：帮助反思职业倾向性与不同职业之间的匹配程度，从事和自身倾向匹配程度高的职业，会更容易投入，克服困难并取得成功。

2）职业信息收集：以自身专业为出发点，学习信息探索的方法，理清本专业培养目标，拓展未来职业选项，了解职业世界的运作方式。

3）职业胜任力素质：找出自己当前与优秀工作者之间的能力差距，从而找到个人努力方向，见表 7-4。

表 7-4　职业探索之生涯体验活动

区域	活动名称	理论基础	活动的目的和价值（学生可以获得什么）	活动的操作形式
二、职业探索	6. 兴趣-职业大匹配	特质匹配理论	个人倾向性的探索与发展：帮助学生学习霍兰德职业兴趣类型，帮助学生思考自己与不同职业的匹配程度，找到适合自己倾向的工作或者调整自己来适应工作的定位要求	将自己的职业兴趣类型与不同职业进行对比 1. 做测评，得到自己的职业兴趣类型代码； 2. 计算自身倾向于不同职业之间的匹配度； 3. 搜索并了解适合自己的职业
	7. 信息搜索专家	信息素养理论	了解自身专业及相关职业：帮助学生厘清本专业的培养目标以及职业发展方向，提升职业选择的自由度	线上搜索 1. 搜索并填写本专业培养目标； 2. 搜索并填写和专业相关的职业； 3. 搜索相关职位
	8. 职业胜任力素质	胜任力模型理论	求职与学业目标聚焦下的能力发展：根据职场 HR 最希望毕业生具备的能力模型，呈现十项能力素质及评价等级，请学生对照判断自己目前的水平，思考提升这些能力的方式	胜任力辞典与分级 1. 了解十项大学期间最需要培养的能力； 2. 判断自己的当前水平； 3. 思考提升这些能力的场景和行动

第三个模块：生涯方法论（有了清晰的自我认知和职业目标还需要合理的方法）

1）围猫游戏：培养问题解决和决策力的大局观、规划观。

2）你真的会休闲么：理解什么是真正的休闲，在大学期间锻炼休闲能力，提高休闲品质。

3）目标分解法：学会目标管理的分解原则即 SMART 原则。

4）小行动，大不同：意识到小的行动，坚持良久就能有大的收获；学会制定"每日焕新"计划。

5）生涯困难诊断，见表7-5。

表7-5 生涯方法论之生涯体验活动

区域	活动名称	理论基础	活动的目的和价值（学生可以获得什么）	活动的操作形式
三、生涯方法论	9. 围猫游戏	大局观、规划观	发展性格局的培养：用现场围猫对战小游戏，激发学生在个人发展和问题解决时的大局观和规划观意识	现场游戏： 双方分别是猫和棋子。猫需要逃出棋盘，而棋子需要堵住猫
	10. 你真的会休闲吗	休闲层次理论	更好的管理业余时间，促进自我提升：使用休闲层次理论促使大学生对自己的休闲生活进行反思，促进大学生更有效的利用业余时间，提高休闲生活的质量	1. 列出自己日常休闲活动； 2. 思考休闲活动对自己的意义； 3. 升级自己的休闲活动
	11. 目标分解法	目标与行动管理	目标管理的分解与SMART原则：思考大学阶段要做的事情，并制定如何实现的详细目标。帮助学生整体梳理自己大学期间如何经营自己	鱼骨图和SMART原则： 1. 利用鱼骨图的鱼头和鱼尾界； 2. 定目标的初始和目标状态； 3. 利用鱼骨图和SMART原则界定目标
	12. 小行动大不同	目标管理理论	有效行动的最佳奥秘：帮助学生意识到"小行动、大不同"的奥义，并且初步利用这种策略来规划个人生活，实现目标	缠绕画和"焕新计划"表单
	13. 生涯决策困难的诊断	生涯决策困难理论	诊断才能针对性的干预：帮助大学生判断自己在生涯决策方面存在的困难。在诊断的基础上给学生的行动提供建议；并最终形成针对学校群体的诊断报告	手机端扫码测评： 1. 学生现场得到个人报告； 2. 生涯周结束后得到团体分析报告

（2）杜拉拉训练营。

1）背景。据教育部2017年统计数据，在高等教育中，普通专科生共

11049549 人，其中女生 5192725 人，占 52.58%。高职女生成为一个不容忽视的教育群体。当今全球化背景下的经济发展模式和人才任用标准，对人才素质提出了前所未有的期望，女性在职场中容易受到忽视和歧视。作为高职女生如果不做好符合自己的职业规划今后将很难在职场立足。如何更加重视高职女生的职业生涯规划，提升高职女生素质，使其成为自尊、自信、自立、自强的现代职业女性，并在职业发展中得到应有的肯定，是摆在广大高职教育者面前的重大课题。衢州职业技术学院经济管理学院自 2017 年成立了杜拉拉训练营，旨在培养德智体美艺全方面发展的独具经管特色的新一代独立自强、秀外慧中、品德高尚、知书达礼、风姿绰约的精英女生代表。通过打造杜拉拉训练营品牌，引领经管女生学子加强自身综合素质的建设，陶冶情操，提高自身气质与涵养。训练营通过提炼国学精华，宣传金融知识，将传统历史智慧和传统哲学文化结晶与现代经营管理相结合，打造一批有思想、有文化、懂历史、精谋略、强分析、有实践创新能力的新时代职场女性。

2）高职女生现存问题分析。随着社会主义市场经济改革逐步深入，全球背景下多种文化的交流和融合，新旧价值观念的交锋，二胎政策的放开，人们的思想观念、价值取向日益多元，这对于正处在价值观形成期的高职女大学生的影响尤为深远，如何提升当前高职女生的就业核心竞争力亟待解决。当下高职女生存在以下问题：

第一，主体意识缺乏，存在自卑心理。由于家庭教育的缺陷、传统价值观念的影响、影视剧内容的误导等，部分高职女生个人主体意识缺乏，依附性强，独立性差，在自我选择、自我规划、自我塑造、自我负责、自我成长等方面还存在一定偏差，导致目标模糊、生活迷茫、学习懒散、行动力弱、自信心缺乏。全国妇联 2011 年发布的《女大学生就业创业状况调查报告》指出，56.7%的被访女大学生在求职过程中感到“女生机会更少”，91.9%的被访女大学生感到用人单位的性别偏见。这些问题会使女生认为“女人要成功太难”，而放弃追求成功的行动和努力。

第二，人文素养欠缺，能力相对较弱。从高中应试教育的唯分数论到大学专业学习的唯证书论，学习评价的功利色彩导致高职女生普遍存在学习唯结果论，与技能证书无关则漠不关心，对工作就业没帮助就不理不睬，导致知识结构不合理，人文素养欠缺。即便学校开设了相关的人文素质类课程，大多数女生也不愿意主动深入探究，只以考试合格为最终学习目的。这不仅导致高职女生缺乏主动学习、探究真理的兴趣，而且也缺乏宽阔的视野、灵活的思维、深邃的思想和真挚的生命体验，学习力、思维力、沟通力、分析并解决问题的能力等都较弱。这对高职女生实现自身可持续发展和全面发展都有着不可忽视的负面影响。

第三，职业定位模糊，职业发展意识淡薄。一些实证研究表明，高职女生职业价值取向多元化，表现出功利性倾向和个人本位倾向。虽然高职女生中不乏追求职业兴趣、具有社会责任感、能客观判断自身条件、正确定位并不断努力培养职业素质和职业能力者，但部分女生的职业期望与实际行动脱节，一味追求高声誉、高收入、高地位工作，贪图安逸。由于社会、家庭、自我等各方面因素的影响，部分高职女生个人成就动机不高，职业发展意识淡薄，随波逐流的多、独立思考的少，被动安排的多、主动行动的少，应付事务的多、挑战自我的少，学习、生活中的消极和被动导致专业积累浅薄，综合素质低下，职业素养缺乏，从业目标模糊。

3）实施方案。杜拉拉训练营坚持发展精英人才培养模式。针对小范围的品学兼优经管女生，用专业的手段与方法加以培养与引导，着重于开发和提高学员追求自我价值的内驱力、认知力、分析力和审美力，激发学员强烈的竞争意识，提高人文素养，金融素质。开设形象设计、形体塑造、礼仪培训、生活技能、职场技能、财经金融论坛、校企对话、国学经典等课程，通过自学经典、实体课程、社会实践、交流分享等形式对学员进行科学系统的培养，让学员掌握各项礼仪技能及专业知识，提升自我修养，增强自尊意识，塑造卓异与性情、气质与修养，风度与品味、理性与感性相结合的职场精英。力求传承“古典罗敷”勤奋、娴熟的高尚品质，秉持“现代女性”自信、自爱的美好品格。

学员学习年限一般为一年，基础课一学期开课 2~4 次。培养方式包括基础课程、社会实践等。基础课程，由校内外导师对杜拉拉训练营学员进行集中培训授课，每学期 2~4 次，时间集中安排。社会实践，定期组织素质拓展，增强团队凝聚力和战斗力；组织参观大型企业，感受企业文化以及企业对人才的要求，以便有更好的努力方向。

考核方式为包括考勤和汇报考核。基础课程和社会实践一学期累计不超过两次课缺勤；考核期结束后，所有学员进行汇报，有相关导师进行逐项考核。所有考核通过，取得杜拉拉训练营结业证书。

第一期杜拉拉训练营共有 42 名来自五个专业、两个年级的女生，自 2017 年 11 月第一节课开始，杜拉拉训练营利用课余时间，已开课七门，力图从文化底蕴、语言表达、形象管理、享受生活等方面全面培养学员，使其早日成长为独立自强、秀外慧中、品德高尚、知书达礼、风姿绰约的精英女生。

历时 6 个月，通过各门课程的学习，42 名学员分组进行结业汇报演出。“蝉声陪伴着行云流浪，晨曦惊扰了陌上新桑……”悠悠乐曲，荡气回肠，轻歌曼舞，翩若惊鸿，演出在古典舞《锦鲤抄》中拉开帷幕。践行“细节之处见礼仪”的学员们，表演了职业礼仪《知行合一》，并激情朗诵了自创诗歌《衢州，一枝独秀》，倾情表演了瑜伽舞蹈《小幸运》。身穿汉服霓裳的学员们，或天马行空表演插花艺术，或心灵手巧摆弄精致手工，将表演和展示融为一体。

来自 17 会计班的沈学员说："有一句话，'狼性的年纪不要做一个俗人' 我们真的很普通，湮没在大海里并不会发光，但现在的我们是闪闪发光的年纪，无法允许自己在大学的三年中默默无闻，无所作为。杜拉拉训练营给我一个机会，让我从羞涩的女孩到了舞台上沉稳的"杜拉拉"，让我们一群有上进心的女孩一路花开！"

训练营负责人蒋老师说："在工作经历和职业技能相当的情况下，良好的仪表和内在修养能大大提高面试成功率。在高职女生中有很多自身条件不错，却因口才、沟通礼仪等不足，无法施展才华，因个人素质差异带来的就业差异非常明显。所以，学院开办杜拉拉训练营也是为了助力学生更好的走上工作岗位。通过第一期的反馈，42 名学生在参加训练营后都在表达、交流沟通、职业礼仪、生活技能等各方面得到了较大的提升，这大大提升了他们就业的职业素养，增强了核心竞争力。"

训练营开设以来，目前已经开设 3 期，受到了学校、学院领导，全体师生的高度重视，《浙江教育报》《衢州日报》等媒体进行报道。

4）实施成效。

第一，提升高职女生的整体自信心。高职学生渴望被认可，但女生性格内向，如何激发女生潜能一直是我们思考的问题。入校前，80%的女生自我认知缺失，惯用成绩衡量自身综合素质，常给自己贴上差生的标签，导致缺乏主动探索自我的动力。通过开办训练营，女生通过各门课程的学生，在提升自我认知的同时也提升了自我的信心，从之前的自卑逐渐变得自信满满，自信的外在表现就是气质上升，并带动了周边的同学，从而提升了整体女生的自信心。

第二，增强应对职场的调整能力。女性在职场中处于劣势，高职女生因为学历问题职业发展很受限，职业的变化会比较多。很多女生在毕业后经常陷入不断更换工作的苦恼中。在训练营职中，基于职业生涯规划理论，以整个职场能力提升为核心，同时提升学员应对风险的能力。训练营经常邀请相关领域年轻学者和企业家给大家分享职场故事，让学生在校期间对今后职业有一定了解，同时增强了应对职场变化的调整能力。

第三，明晰了目标职业，清晰了发展规划。高职女生因为其职业发展的特殊性，需要量身打造就业方案，提升高职女生就业能力。职业生涯规划能够帮助学员更好地认识自我，认识职场环境，认识职业所需能力。通过训练，学员对职业发展目标渐渐清晰，制定的发展路径有条理有逻辑，不会盲目发力。

5）实施反思。第一，高职院校应为女生就业提供全方位的服务。高职院校应跟进社会发展趋势，按照人才市场就业需求开设符合女生特点的相关课程。针对女生，根据实际需要开设相关课程，且要因材施教。另外，在全面挖掘女生就业潜能时，要鼓励她们积极参加相关社会实践和社团活动，通过参与这些丰富多彩、积极健康的活动，培养其参与社会生活的能力，增强其实践能力和；坚韧不拔的意志力，从而提升女生在人才市场的竞争力，培养出综合素质高、具有女性特有的优良品质、岗位适应性强的人才。

第二，高职院校要结合职业生涯规律开展针对性就业指导。针对女生在大学阶段的成长特点，利用职业生涯规划理论，根据不同女生的不同特点有针对性地对女生提供一些就业技能培训，以多种形式给予她们适当的个性化指导，组织女生参加与就业相关的社会实践活动，从而使女生更自信、更主动地参与就业竞争。根据女生特点，有针对性的发布就业信息，为女生提供就业形势分析和政策教育，利用网络等新媒体平台关注人才需求新动向，发布相关信息。

第三，根据社会发展和女生职业发展，不断更新和修正职业生涯规划课程。将女大学生职业生涯规划作为重要课题进行研究，开展针对女生的职业生涯教育，帮助女大学生克服心理障碍，并制订切合实际的职业生涯规划。让女大学生认识到职业规划的重要性，掌握制定职业规划的方法。根据女性职业发展变化及时找到生涯规划存在的问题，加以修正和调整，做到理论与实际无缝衔接。

（3）进阶式主题班会——以经管类中高职一体化学生为例。随着高职院校招生的全面开放，中高职一体化学生生源数量近些年逐年上升，这为高职院校的学生管理工作带来了新的挑战。中高职一体化五年制分为“3+2”和“2+3”两种模式，这些学生的学习能力、家庭环境、教育背景都明显有别于普高录取的高职学生。如何给予这部分学生认同感，培养他们的职业生涯规划理念，增强其就业核心竞争力是当前摆在高职院校学生管理的难题。衢州职业技术学院经济管理学院面向市内两所中职学校增设中高职一体化人才培养指标，专业为连锁经营管理，培养模式分别是“3+2”和“2+3”。经济管理学院选择一届学生以进阶式主题班会模式开展职业生涯教育的试点：在职业生涯规划导入期、调整期、适应初期三个阶段，班主任、辅导员设置层层递进的目标，以主题班会为载体，进阶式地引导学生，激发其职业生涯规划的意识、增强其正确规划人生的能力。

1）现状分析。通过对衢州职业技术学院历年中高职一体化学生的问卷调查，了解到该生源群体的职业生涯规划现状不容乐观，案例主要从学生、家长、教师、学校这四个层面进行分析。

第一，学生学习习惯较差，战略意识欠缺。中高职一体化学生文化课基础薄弱，学习习惯较差。他们大多在学习上遭受过数次挫折，对学习畏难情绪明显；求知欲不强，不会主动了解并适应当前社会对技术技能人才需求的变化；独立性较差，哪怕是对专业的选择和职业的去向，都依赖于家长、亲朋、老师的介绍，而非主动了解，自主选择；战略意识欠缺，对专业学习、就业选择和个人发展基本没有长期规划的战略意识。

第二，家长教育观念落后，相关知识缺乏。很多中高职一体化的学生家长认为职业院校没有前途，不愿关注子女的学习、就业等成长轨迹；并错误地认为教育的责任在学校，而非家庭。再加上缺乏相关知识，导致绝大多数学生很难从家庭获得有效的职业生涯规划教育。

第三，教师知识储备不够，教学内容脱节。中职阶段本该激发学生的职业生涯规划意识，但繁重的教学任务，相关知识的缺乏，使多数教师在事实上几乎不参与对学生的职业生涯教育。此外，中职和高职两个阶段教师的教学内容不连贯，缺乏内容的连贯和师资的共享。

第四，学校培养模式单一，体系有待完善。当时，中高职两个阶段培养学生职业生涯规划意识和能力的主要方式是职业生涯规划课和就业指导课。在教育教学过程中，偏重训练职业技能，缺乏不同阶段的职业生涯规划指导和统筹安排，未形成系统、完善的职业生涯规划教育体系，更遑论个性化的职业生涯规划教育。

2）进阶式主题班会实施方案。针对中高职一体化学生职业生涯规划的现状，自 2013 年，衢州职业技术学院经济管理学院从中职阶段介入，通过构建进阶式主题班会的模式对学生开展职业生涯教育。

第一阶段：是职业生涯规划导入期，在中职一二年级完成，以唤醒觉知为主题策划班会。在导入期，学生学习的重点在于适应新的学习环境，加深对连锁经营管理专业学习兴趣、培养目标、就业方向和职业生涯规划重要性的认识，并初步撰写职业生涯规划书。

首先，认识彼此和自己，了解专业与职业。进入中职学校伊始，学院按照既定内容，组织各班召开了“自我介绍”“班团干部自荐”“学生手册学习”等主题班会，为同学们提供了锻炼自己、认识同学与了解校规的平台。专业是什么？就业方向如何？学长学姐的亲身经历比老师的讲述更具象。邀请老生参与的“学长学姐的实习生活”“连锁经营管理专业课程面面观”“专业和工作”等主题班会，大大加深了新生对连锁专业和就业方向的认识。

其次，激发学生规划意识，指导撰写生涯规划书。学生普遍存在自我评价和职业期望值过高、目标模糊等问题。学院开设“年轻画家画画与卖画故事分享”“生命三追问”“给五年后的自己写一封信”“生涯撕纸活动”等主题班会，强烈地激发了学生职业生涯规划意识，开始为自己的学习和生活规划方向，设定目标。在此基础上，指导其树立职业理想、进行职业定位、提供奋斗策略、拟写职业生涯规划书。

第二阶段：是职业生涯规划调整期，在中职三年级或高职一二年级完成，以引导学生探索自我和外部世界为主题策划班会。在调整期，学生进入职业生涯探索阶段，即对职业进行策划和准备阶段，通过不断挖掘发现自己兴趣、性格、技能和价值观，为提高综合竞争力打下基础。该阶段学生对就业形势、市场需求、择业观念等有了新的认识和判断，通过积极参加与专业相关的兼职、社会实践和素质拓展，逐步树立正确的职业理想，不断对职业生涯规划书进行修正。

首先，挖掘兴趣、性格、技能和价值观，引导学生探索自我。教育就业不仅仅是谋生，也是个人探索自我的主渠道。为此，学院开展了“兴趣岛的旅行”“美好时光日志”等以探索自我为主题的系列班会，来引导学生探索兴趣，培养特长。“理解性格”“性格与职业如何匹配”等以了解自己性格类型的系列班会，以便于在择业中扬长避短；“学姐学长分享电子沙盘获奖历程”“交流你的兼职经历”“用STAR法编写并分享你的成就故事”等主题班会，以多方面提升学生的专业技能、可迁移技能和自我管理技能；“价值观想象”“价值观市场交换”等价值观主题班会，让学生逐步正视自己的职业价值观。

其次，多途径获取职业信息，引领学生探索工作世界。知己知彼，百战不殆，只有充分了解就业市场，才能在职业选择中胸有成竹。亲身经历的现身说法比客观数据更有说服力。经济管理学院举办的“连锁经营管理专业优秀校友访谈”“哪种应届生最受欢迎”“招聘活动观后感交流会”等主题班会，大大促进了学生对工作世界的了解。针对市场需求和连锁经营管理专业女生多的特点，开展的“女性的竞争优势”“心灵手巧的你”等主题班会。

最后，挖掘就业优势，提高他们的职业匹配度和就业质量。在唤醒觉知、挖掘兴趣、了解性格、提高技能，澄清价值观和探索工作世界后，经济管理学院开展“职业能力测评”等主题班会，通过分析测评结果，指导学生根据专业特点修正职业生涯规划书。

第三阶段：是职业生涯规划适应初期，在高职三年级完成，以如何开展求职行动为主题策划班会。随着实习、就业择业季的到来，学生迎来了职业生涯的适应初期。该时段班会的主题是如何开展求职行动。

首先，加强就业指导，提高职业竞争力。中高职一体化学生毕业时多选择直接就业，因此，需有针对性地加强就业指导。鉴于此，经济管理学院开展了“最新就业政策宣讲”“就业信息收集渠道”“店长助理等岗位面试技巧”“简历制作方法”“商务着装礼仪”“模拟面试”“实习单位深度调查总结”等系列主题班会，以提升学生就业能力和职业竞争力；举办了“如何提高商务沟通能力”“就业心理调适”等主题班会，对学生实习中的具体问题加以指导；召开了“就业形势分析”“创业教育指导”等主题班会，帮助学生确定择业目标。

其次，完善的职业生涯规划书，最好的毕业礼物。近五年的历练和积累，学生对自我和职业方向有了较客观、全面的理解。为利于其职业的长远发展，在毕业季，学院召开了“职业生涯目标确定”“反馈与评估”等主题班会，引导学生根据自身特色和市场需求准确定位，制定短、中、长期职业目标，完善职业生涯规划书，并予以评比和展示；隆重召开“最后一节就业指导课”，在强烈的仪式感中，重温青年一代的担当和责任，并将职业生涯规划书和开学初新生始业教育活动中“给五年后的自己一封信”一起送给学生，作为毕业礼物。

3）试点启示。通过进阶式主题班会的试点和实施经验总结，得到针对该生源群体开展职业生涯教育的几点启示：

第一，完善中高职一体化的职业生涯规划教育课程体系。对职业生涯规划课程，完成包括教学计划、教学大纲、课程内容等在内教学资源建设；并针对当代青年学生的思维特点，利用微博、微信、微视频、新闻客户端等，建设职业生涯规划教育网络教学平台。

第二，加强中高职一体化的职业生涯规划教育的指导队伍建设。职业生涯规划教育指导队伍建设的目标是专业化和专家化，其关键是抓好以下三支队伍建设，即思政课教师队伍，辅导员和班主任队伍，学生党员、学生干部、优秀校友等组成的优秀学生队伍。

第三，构建中高职一体化的提供全方位服务的职业生涯规划教育机构。该机构的职能包括面向学生和家长提供职业生涯咨询辅导服务；将职业生涯规划教育向第二课堂延伸，实现第一课堂与第二课堂有效融合；提升职业生涯规划教师专业化水平。

第四，构建全程指导、全员参与、全方位服务于一体的职业生涯规划教育体系，以加强其职业生涯规划教育。

7.4.2 竞赛设计与作品展示

下面以第十一届浙江省大学生职业生涯规划大赛为例进行大赛设计说明，并通过展示连锁经营与管理专业学生获奖作品，呈现学生职业发展能力和创新创业能力的提升。

7.4.2.1 浙江省大学生职业生涯规划大赛设计

（1）大赛宗旨：深入贯彻全国教育大会和全省教育大会精神，全面落实立德树人根本任务，积极推进大学生职业生涯规划教育和创新教育，充分发挥“以赛促学、以赛促教”的积极作用，进一步提升大学生职业生涯规划能力，激发创新意识，培养创新思维，增强综合素质，促进高校毕业生更高质量就业创业。

（2）大赛分类：大赛设两个类别，分别为职业规划类和创新创意类，每个类别分本研组和高职高专两个组别。职业规划类以培养生涯规划能力为目的，以选择具体职业就业为目标；创新创意类以培养创新意识和创新思维为目的，以科技创新、文化创意为导向。

（3）大赛评分标准：大赛分校级初赛、省级复赛和省级决赛三个阶段。省级复赛职业规划类书面作品评分标准见表7-6，创新创意类书面评分标准见表7-7。

表 7–6 职业规划类书面作品评分标准

评分要素	评分要点	具体描述
职业生涯规划书内容（60分）	职业体验感悟	能准确描述目标职业的工作任务，了解目标职业对职业人素质要求，职业感悟真实可信，单位意见具体中肯
	自我认知	1. 自我分析清晰、全面、深入、客观，自身优劣势认识清晰； 2. 综合运用各类人才测评工具评估自己的职业兴趣、个性特征、职业能力和职业价值观； 3. 能从个人兴趣、成长经历、社会实践和周围人的评价中分析自我
	职业认知	1. 了解社会整体就业趋势与大学生就业状况； 2. 对目标职业的行业现状、前景及就业需求有清晰了解； 3. 熟悉目标职业的工作内容、工作环境、典型生活方式，了解目标职业的待遇、未来发展趋势； 4. 清晰了解目标职业的进入途径、胜任标准以及对生活的影响； 5. 在探索过程中应用文献检索、访谈、见习、实习等方法
	职业决策	1. 职业目标确定和发展路径设计符合外部环境和个人特质（兴趣、技能、特质、价值观），符合实际、可执行、可实现； 2. 对照自我认知和职业认知的结果，全面分析自己的优、劣势及面临的机会和挑战，职业目标的选择过程阐述详尽，合乎逻辑； 3. 备选目标要充分根据个人与环境的评估进行分析确定，备选目标职业发展路径与首选目标发展路径要有一定相关性； 4. 能够正确运用评估理论和决策模型做出决策
	计划与路径	1. 行动计划要发挥本人优势、弥补本人不足，具有可操作性； 2. 近期计划详尽清晰、可操作性强，中期计划清晰、具有灵活性，长期计划具有导向性； 3. 职业发展路径充分考虑进入途径、胜任标准等探索结果，符合逻辑和现实
	自我监控	1. 科学设定行动计划和职业目标的评估方案，标准和评估要素明确； 2. 正确评估行动计划实施过程和风险，制定切实可行的调整方案； 3. 方案调整依据个人与环境评估分析确定，并考虑首选目标与备选目标间的联系和差异，具有可操作性

续表 7-6

评分要素	评分要点	具体描述
作品设计（40分）	作品完整性	内容完整，对自我和外部环境进行全面分析，明确提出职业目标、发展路径和行动计划
	作品逻辑性	职业规划设计报告思路清晰、逻辑合理，能准确把握职业规划设计的核心与关键

表 7-7 创新创意类书面评分标准

评审要点	评分要点	具体描述
创新创意项目内容（80分）	来源分析	1. 能合理描述项目的由来，结合自身分析，真实可信； 2. 应用领域或行业认知分析到位，从现状、竞争对手和发展趋势等方面进行全面分析，具有时效性
	创新创意点	1. 项目的创新创意点明晰，具有原创性和新颖性； 2. 项目理念、思路、设计方法清晰合理，具有前瞻性； 3. 项目具有可实施性或者技术可实现性，在现有基础上能实现； 4. 项目具有良好发展前景，能解决研发、生产、物流、销售、管理、生活等方面“痛点”； 5. 能灵活运用所学科学原理、学科知识，解决实际问题，体现专业素养
	成果影响	体现大学生的创新创意思维水准，具有较高的应用价值和较好的发展前景
项目设计（20分）	完整性	项目内容完整，分析全面，创新创意内容明确
	逻辑性	项目整体设计思路清晰、逻辑合理，能准确描述分析项目的核心与关键

职业规划类决赛环节由主题陈述、职业体验感悟、现场答辩三部分组成，主题陈述限时 6 分钟，职业体验感悟限时 4 分钟，现场答辩限时 5 分钟。主题陈述主要从自我认知、职业认知、职业决策、发展计划与路径以及自我监控等方面进行阐述。职业体验感悟部分要求参赛选手充分了解目标职业，明晰职业要求和展现个人职业能力，表达形式不限。职业规划类决赛评分标准见表7-8。

表 7-8 职业规划类决赛评分标准

评分要素	评分要点	具体描述
主题陈述（40分）	基本素养	1. 仪表端庄稳重、朴素，社交礼仪大方得体，表情丰富真诚，有良好的个人气质； 2. 言之有理，谈吐文雅，富于思想内涵； 3. 精神饱满，有信心，有独立见解，能充分展现大学生朝气蓬勃的精神风貌
	陈述内容	1. 对职业规划的自我探索、职业探索、决策应对等环节的要素及分析过程陈述全面、完整、准确； 2. 在陈述中能够正确理解、应用职业规划基本理论及各项辅助工具； 3. 对各探索分析过程及结果表述准确，且与作品吻合； 4. PPT 设计重点突出，简明扼要，条理清晰，结论明确，能够准确提炼职业规划设计作品的主要内容
	即时效果	1. 按时完成主题陈述，思路清晰，措辞恰当，表达自然、流畅； 2. 有感染力，能吸引评委注意力，调动观众情绪
职业体验感悟（20分）	感悟内容	1. 条理清晰，切合主题，内容完整，语言流畅； 2. 能准确描述目标职业的工作任务； 3. 了解目标职业对职业人的素质和要求； 4. 结合自身条件，明晰就业努力方向
现场答辩（40分）	针对性 说服力	1. 能正确理解评委提问，回答有针对性； 2. 回答问题重点突出，真实可信，运用事实论据，论述有说服力； 3. 答题过程流畅、无明显停顿，条理清晰，及时作答，措辞恰当，语言精练； 4. 应变能力强，能够灵活地、创造性地应用职业规划知识作答

创新创意类决赛环节由主题陈述、现场答辩两部分组成，主题陈述限时 8 分钟，现场答辩限时 5 分钟。主题陈述主要从项目来源、应用领域认知、项目依据和成果等方面进行阐述。创新创意类决赛评分标准见表 7-9。

表 7-9　创新创意类决赛评分标准

评分要素	评分要点	具体描述
主题陈述（70 分）	基本素养	1. 仪表端庄稳重、朴素，社交礼仪大方得体，表情丰富真诚，有良好的个人气质； 2. 言之有理，谈吐文雅，富于思想内涵； 3. 精神饱满，有信心，有独立见解，能充分展现大学生朝气蓬勃的精神风貌和创新创意达人的内在形象
	陈述内容	1. 能合理描述项目的由来，结合实际分析，真实可信； 2. 应用领域或行业认知分析到位，从现状、竞争对手和发展趋势等方面进行全面分析，具有时效性； 3. 能准确提炼创新创意点，项目理念、思路、设计方法阐述清晰合理，特色鲜明； 4. 项目具有可实施性或者技术可实现性，在现有基础上能实现； 5. 项目具有良好发展前景，能解决研发、生产、物流、销售、管理、生活等方面“痛点”； 6. 能灵活运用所学科学原理、学科知识，解决实际问题，体现专业素养； 7. 项目成果可视化，能体现大学生的创新创意思维水准，具有较高的应用价值和较好的发展前景
	即时效果	1. 按时完成主题陈述，思路清晰，措辞恰当，表达自然、流畅； 2. 有感染力，调动观众情绪
现场答辩（30 分）	针对性 说服力	1. 能正确理解评委提问，能够有针对性的就提问要点归纳阐述，及时准确； 2. 回答问题重点突出，真实可信，运用事实论据，论述有说服力； 3. 答题过程流畅、无明显停顿，条理清晰，语句通顺，措辞恰当，语言精练； 4. 应变能力强，能灵活运用所学专业知识作答

7.4.2.2　职业规划类作品展示

（1）作品名称。“啡”常 6+1——一个咖啡师的成长记

（2）职业目标及体验感悟表。

1）目标职业及选择理由。

目标职业：高级咖啡师。

理由：幼时，咖啡背后的优雅激发了作者懵懂却强烈的成长渴望；长大后，托其提神醒脑之效，咖啡成为作者亲密无间的战友；大学的专业背景和实训经历圆了品鉴咖啡之梦。这份机缘加上蓬勃的咖啡市场，坚定了成为咖啡大师的职业目标。

2）职业体验感悟。

9岁时，作者初次到杭州首家星巴克玩耍，对咖啡的味道好奇至极，却被家人以年幼为由限制品尝，这份失之交臂的遗憾并没有随金钗之年再来光顾的承诺消弭，反而使其对咖啡念念不忘，并萌发了强烈的成长渴望。长大后，咖啡成为作者无数次挑灯夜战的伙伴。本以为生活会按部就班地走下去，但一次实训中，星巴克区域咖啡大师的讲解及现场冲制，重新勾起作者对咖啡的浓厚兴趣，遂争取到星巴克兼职。在兼职期间，在收银和吧台岗位轮岗，不时负责清洁工作。截止到今天为止，已经在星巴克工作1500余小时。

在收银岗位，作者主要负责热情地招呼顾客，接受他们的点单、收款并确保其知道在哪里取走他们的热食和饮料。在这个岗位上，能看到穿着校服的学生们眼里的局促、嗓门大的阿叔阿婆们看着菜单却不知道那些饮料是什么玩意儿的陌生感、说不清普通话的外地人费劲表达的紧张，对于那些不知所措的消费者们，都给他们介绍时格外认真和耐心，不仅因为记得“每人，每杯，每个社区”“营造一种温暖而又归属感的文化，欣然接纳和欢迎每一个人”的使命和价值观，更因为作者不想他们因为服务懈怠而对星巴克进而对咖啡有所误解和排斥。

在吧台岗位，作者需要牢记并遵守饮料制作程序，然后在浓缩咖啡吧和冷饮工作站为顾客手工配制饮料。曾给心情不好的女同学的饮料杯上画了一个笑脸，写下“BE HAPPY”；曾收到外出旅游的老顾客带回来的小玩偶；曾给喜欢苦的小伙伴推荐美式、拿铁，给喜欢甜、爱喝咖啡者推荐所有款的星冰乐、香草拿铁、焦糖拿铁、摩卡、焦糖玛奇朵；给不能喝咖啡的朋友推荐抹茶拿铁、冰摇柠檬茶、巧克力；曾给常客倾情推荐反复实践摸索出来的特调：将一瓶气泡水，倒进Venti冰杯，加满冰，倒点覆盆子糖浆，再盖一份搅打奶油，进口天然气泡水融合覆盆莓的果味和浓郁的搅打奶油，没有星冰乐甜腻，却能感受到气泡在口腔跳跃的美妙。

在和客人的温暖互动中，在感受咖啡文化、学习咖啡知识、摸索咖啡制作的过程中，作者坚定了咖啡师的职业目标。哪怕长时间的站立真的比较辛苦，哪怕上课上班两边跑身体真的很疲惫，哪怕收lobby真的很繁琐，清洁的要求也比较苛刻。

（3）职业生涯规划。

1）自我认知。个人简历：预备党员、副班长、二级学院学生会主席、分团委副书记；一等奖学金 3 次，二等奖学金 1 次，单项奖学金 1 次；浙江省高职院校安厨杯电商短视频制作竞赛项目团体一等奖；“优秀学生干部”荣誉称号 3 次；军训标兵荣誉称号 1 次；文明寝室 2 次等。

职业性格匹配：采用职业人格评估工具 MBTI 进行评估结果是 ENFJ（外向、直觉、情感、判断）类型，总倾向 29.7，不假思索指数 27。性格特征是热情，有同情心，反应敏捷，有责任感；非常关注别人的情绪、需要和动机；善于发现他人的潜能，并希望能帮助他们实现目标；能够成为个人或群体成长和进步的催化剂；忠诚，对赞美和批评都能做出积极地回应；友善好社交；在团体中能很好地帮助他人，并有鼓舞他人的领导能力。适合的领域是服务行业、培训、咨询、教育、公共关系。

职业兴趣评估：通过霍兰德职业兴趣量表评估表明，适合职业是服务行业工作者、手工艺人、领导者。通过一年的兼职，对咖啡师这个工作有了比较客观、清醒的认识和了解，在了解“文艺、小资、岁月静好”等光鲜背后还有不为大众所了解的辛苦之后，依然选择它作为我的职业目标，这份热爱将是职业生涯前行过程中最原始、最持久的动力。

能力评估：良好的表达能力（校最佳辩手），是向顾客介绍咖啡文化的最好媒介；较强的学习能力（奖学金和竞赛获奖），是我快速学习咖啡知识、制作的基础；而抗压能力和自我管理能力（多次组织大型活动），能帮我从咖啡师繁琐的工作流程中，迅速找到进入状态的突破点。再加上浓厚的兴趣和对这个工作 1600（工时+自我学习）多小时的积累，让我相信自己可以成为一名优秀的咖啡师。

价值观：基于舒伯职业价值观测试，结果为：①注重关系：有着积极的社会服务意识，喜欢团队协作，热衷于帮助别人。在学生会，拉赞助，搞活动，积极服务同学；在星巴克，体察顾客需求，努力为他们提供更优质的服务。②追求成就：享受在工作、学习和生活中积极努力后获得的成就体验；所以，热心投入迎新晚会的筹备、一年一度的工商模拟市场大赛等学生会组织的众多活动。在星巴克兼职期间也竭力做到更好，工时 1500 余小时，获得三项技能认证，8 枚徽章奖励的良好成绩；③崇尚独立：有着较强的责任感，喜欢独立思考，能以自我监督的形式使工作按计划顺利进行。这也是在兼职、学生工作、学习等之间取得平衡的重要原因。

2）职业认知。星巴克是全球著名的全球最大的连锁咖啡店，运用“第三空间”的营销理念让咖啡馆成了中国消费者习以为常的社交场景。

随着我国人民生活水平的提高和对咖啡文化认知程度不断增长，我国咖啡产业总体呈上升趋势，咖啡市场呈现出巨大潜力，在近十年内将有长足发展，中国咖啡行业的高速发展带动了咖啡连锁行业的迅速增长。

咖啡师职业主要任务：对咖啡豆进行基本鉴别，根据咖啡豆的特性拼配出不同口味的咖啡，使用相关设备、器具制作咖啡，为顾客提供咖啡服务，传播咖啡文化。

咖啡师所需技能包括：优质的服务技巧、意识和良好的沟通技巧，能提前预判、准确捕捉、精确提炼顾客的需求；专业的操作技巧，做出让顾客满意的咖啡；扎实的知识储备，能将咖啡文化和历史巧妙地传递给更多人，把咖啡的魅力传染给每一个人，开拓属于自己的市场。一个合格的咖啡师不但是制作咖啡的技术操作者，更是一个懂得品评、鉴别咖啡，懂得咖啡礼仪和文化的艺术家，是咖啡生产、销售的推广者和咖啡文化历史的传播者。

咖啡大师必备素养：包括咖啡历史、咖啡采购、咖啡烘焙、咖啡产区、咖啡对比、咖啡品尝等六方面。

获得行业认可渠道：美国 SCAA 精品咖啡协会认证与课程、欧洲 SCAE 精品咖啡协会认证与课程。

3）职业决策。优势分析（可行性分析）：涉及家庭的支持和扶植、地缘优势、符合发展的职业能力、学校平台、实习平台等多维度。

SWOT 分析：结论是缘起星巴克，情落咖啡师。因为梦想，有了明确的择业意向；根据自我分析和对职业认知，坚定了做好一位咖啡师的规划。即使晋升难度很大，所需专业知识很多，但有十足的信心，更有走下去的梦想。

与目标的差距：从服务技巧、沟通能力、咖啡知识、制作技巧、文化传播、咖啡品鉴等方面进行定性和定量的差距分析，明确努力目标和标准。

4）计划路径。依据努力目标和标准，设置分阶段发展目标及完成实施路径的设计。

大学毕业后的第一年：考取星巴克黑围裙，成为“咖啡大师”。具体通过咖啡大师之旅的认证、通过手冲咖啡认证、掌握拿铁艺术、品尝咖啡有自己的认知、完成品尝 PPT 制作和讲解、自学咖啡知识，实现在该领域学习时间共计 4000 小时目标。

大学毕业后 3 年：考取星巴克区级咖啡师。具体完成一定次数咖啡讲座，通过星巴克咖啡进阶认证，完成咖啡原产地体验之旅分享，通过业余时间到其他精品咖啡店兼职，多和其他咖啡师交流、切磋，根据需求到“百乐咖啡工作室”等机构培训学习，实现在该领域学习时间共计 10000 小时目标。

大学毕业后 6 年：应聘到杭州×××精品咖啡店做咖啡师；参加世界咖啡师大赛中国区选拔赛，提升眼界和技能。具体是获取 SCAE（欧洲精品咖啡协会）国际咖啡师初级证、参加国内小范围的×××咖啡师比赛以提升眼界和知名度、根据需求到相关机构学习，实现在该领域学习时间共计 16000 小时目标。

大学毕业后 7~12 年：考取 SCAE（欧洲精品咖啡协会）国际咖啡师中级证，

成立自己的咖啡厅。具体是参加 WBC（世界咖啡师大赛），并跟评审交流，提高专业技艺；实现在该领域学习时间共计 26000 小时目标。

5）自我监控。风险评估：工作竞争大、晋升机会少，对工作产生倦怠感，工作氛围不愉快，薪资待遇较低。

风险与对策：①成为咖啡大师的概率是万分之一，而自己并没有突出天赋。对策是努力和坚持，基础是兴趣。②倦怠感。对策是不忘初心、坚持梦想、在工作中寻找乐趣。③年轻气盛导致的人际关系问题。对策是加强流通、学会批评与自我批评、做到谦虚好学、尊重他人、热爱工作、谦恭礼让等。④薪资待遇不符合期望。对策是开源节流，开源指努力工作得到更多加薪升职机会。

7.4.3　队伍建设

7.4.3.1　辅导员队伍

辅导员是学生成长成才的人生导师和健康生活的知心朋友，也是目前大部分高职院校职业生涯教育和思政教育的主力军。如果把高职院校的立德树人工作当作长跑，那么辅导员是领跑最先一千米和助力最后一千米的主要力量。

（1）跨界融合，有效连接。跨界思维，就是大世界大眼光，用多角度，多视野看待问题和提出解决方案的一种思维方式。新常态下的辅导员工作，其实就是用社会学、教育学、心理学、管理学等相关学科和原理，针对学生工作的具体实际，进行落地转化。

辅导员的职业生涯工作教育和思政教育不是“孤军奋战”，而是能够产生聚合力的“胶水”。辅导员需主动粘合教育相关的一切隐性资源，从家长、班主任到专业课教师，从课堂、办公室到网络平台，真正实现思政教育的方式转变。在工作中，辅导员要搭好台、唱好戏，促进教育理念、过程、资源的深度融合，不断共振与激活，助力连接和孵化。实施专业发展“网格化”行动计划，聚焦研究领域，在深入学习、实践和思考中实现思想政治工作能力的自我突破与超越。围绕专家化辅导员培养目标，依据辅导员主要工作职责成立思想政治教育、学业指导、创业教育、生涯规划等几支专业化发展研究团队，使每一名辅导员都能在专业的“小网格”里术业专攻，精耕细作。将辅导员职业能力提升贯穿在管理学生、教育学生、服务学生的全程中，从班情熟知、宿舍问题、学习问题、职业选择问题、危机事件处理等问题入手，不断提高辅导员的基础工作能力；通过给学生讲政治、解政策、释疑惑的过程中，不断提升辅导员专业素养。

（2）情感投入，增强黏性。在新媒体思维中，有个“河流条款”，即永远提升在线创造的线下现场沉浸感，就像服务者和消费者要一起下河游泳，才能找到真正的痛点和兴奋点，才能投入更多的真实情感，才能产生用户黏性。职业生涯教育的信任性问题同样也是如此，在日常工作中的关键是能否与学生达成思想、信仰或价值观的共识，用信任唤醒尊重，用情感共鸣黏住学生，用人格魅力凝结群体。

文火慢工的爱，让学业困难的后进学生成为第一个签订就业协议书学生；细水长流的爱，让因家庭矛盾导致心理障碍的学生，感受到真诚的爱而主动拥抱父母；量身定制的爱，让迷茫无助的小伙，成为新时期的创二代时……年年岁岁，除了工作量的增加，更多的是身上责任和使命；抛却林林总总，怀着一颗简单的“温暖别人”的心就是“不忘初心”，有了这颗心，再大的责任也是美丽的，再重的使命也是神圣的。

(3) 巧妙植入，思政需要“潮味道”。如何运用“互联网”思维破题新形势下的育人工作，依托新媒体开展网络育人，已成为各高校共同探索和实践的新课题。一是永远十八岁，拥有十八岁的好奇心，融入十八岁的新世界，了解当下学生最关注的热点和话题；二是学会广告植入，好的教育不仅是润物细无声，更是要久久回甘，直击灵魂深处，要把思想引领巧妙植入学生的生活中；三是大道至简，一个能把大道理包装成小清新的辅导员才是能够走进学生的辅导员。

7.4.3.2 优秀校友

近年来，在将优秀校友资源有效转化为育人资源方面，衢州职业技术学院开展了一系列探索与实践。主要是以服务三全育人为宗旨，以提高在校生就业能力和创新创业能力为导向，将校友资源融入人才培养的全过程，从而形成了比较完善的校友育人生态建设模式。

(1) 分层分类，充实校友育人教育生态内容体系。教育的根本在于培养学生，使其成为“有德之成人，有用之英才”。学校需进一步深化开放办学理念，始终围绕“成人”与“成才”两个维度，构建校友育人教育生态内容体系。一是以社会主义核心价值观为引领，放眼全局，树立爱国、敬业、诚信、友善的校友典范，使在校生受其人格的感染，进而培养自身“德能”。二是以实现高职院校人才培养的提质增效为目标，立足个体，探寻升学-就业-创业等校友标杆，使在校生从校友身上吸取充足的成长养分，进而培养自身“才能”。

(2) 多元多样，丰富校友育人教育生态方法体系。一是编写微教材，分层分类汇编校友档案及先进事迹案例，面向广大在校生进行示范教育，这种贴近学生生活的教育素材，有利于学生健康人格与良好品德的形成。二是开设微课堂，聘请优秀校友担任在校生“成长导师”，直接参与人才培养工作，有效结合入学教育、毕业典礼等重大活动，开展分类指导、小众化对接指引，这种贴近学生学习生活实际的育人方式，有助于增强育人感染力。三是建立微平台，积极开辟线下实习实践基地，使在校生在直系血脉中求得真学问，习得真本领；主动适应青年学生思想特点，守好网络这一阵地，巩固校友线上育人实效，如在校园官方网站、微信等平台，开辟“出彩衢职人”专栏，根据不同类型校友的成长史进行了专访与报道。

（3）以思政教育为引领，打造校友育人教育生态文化。结合当前校园文化建设工作，引入校友文化，从内隐到外显两个层面，重点打造“走心”的校友微生态文化。一是实训楼、教学楼、公寓楼等外环境优秀校友上墙；二是编纂、拍摄优秀校友故事；三是优秀校友进思政课堂；四是成立“五导”学生发展中心，注入校友力量，有效结合人才分类培养目标、学生职业素质养成目标、实践技能提升目标，优化前期明理成才大讲堂，丰富人才培养内涵，拓展人才培养模式，延伸教育服务长度，为在校生成长成才引路。

（4）以工匠精神为核心，优化校友育人教育生态资源。职业教育承载着培养工匠精神的重要使命，优秀校友是高职院校工匠精神培养成果的最好代言人。基于此，一要建好校友资源库，为挖掘各领域工匠提供储备库；二级学院要以已有成果为基础，强化“杰出工匠型校友”资源库建设。二是挖掘宣扬校友精神，为培养“准工匠”提供精神食粮；首先，让调研比较普通校友与杰出校友之间的差异成为常态化工作，深入挖掘工匠型校友的优秀特质；其次，把杰出工匠型校友精神转化为育人资源，促进在校生职业素养的培育，聘请校友中的行业能手、技能大师担任专业课程的实训教师，真正做到将工匠精神融入专业教育。

（5）以校企合作为媒介，共建校友育人教育生态基地。二级学院要不断深化校友企业校企合作工作。一是丰富校友企业专场招聘会载体，完善高质量就业的校友企业数据库，开展线上线下专场招聘会，推荐优秀毕业生进入校友企业实习、工作，扩大专业和学院影响力。二是推进校友企业实习基地工作，立足校友企业实习基地，在人才培养、课程设置、实习实践、教师顶岗等方面，协同学院、校友、校友企业三方力量，充分运用“校企校友合作发展论坛”“人才培养与校企合作校友论坛”等载体，助推学生成才、教师成长、校友发展、企业壮大，达到“四赢”。三是做实走访校友、校友企业工作，科学规划毕业生定岗实习巡视、寒暑假“三走访三服务”工作，例如组织百名学生寻访校友事迹，教师走访校友及校友企业，院领导拜访校友等活动，真正做到全员参与校友工作，让校友切身体会到母校的关爱，确保校友工作的可持续发展。

（6）以创新创业为导向，打造校友育人教育生态环境。在国家大力提倡创新创业的大环境下，要主动抓住机遇，利用各种优惠政策和校友资源助力创新创业工作。一是成立校友“三业”联盟，整合分类校友资源，成立校友专业行业创业联盟，为学院学生提供理论知识、政策咨询、项目开发、风险评估、跟踪扶持等方面支持。二是建立创业项目库和校友导师库，根据“互联网+”“挑战杯”创新创业大赛、职业技能大赛、学生在校创业孵化创业项目等特点，充分发挥校友力量及其资源共建项目库；聘请优秀创业校友担任导师，定期开展创业沙龙、分享会等活动，从而优化项目，提高实效。三是构建“三位一体”的创业实践体系，搭建“校企合作平台、校外创业基地平台、学校创业孵化平台”三大创业实践平台，通过学校、政府、企业，依托校友资源为学生自主创业实行持续帮扶、全程指导、一站式服务，助推大学生成功创业。

7.4.3.3 企业导师队伍

产教融合校企合作是高职教育不可或缺的重要组成部分，是职业教育发展的必经之路。高职院校既要开门办学，又要主动外联，与企业等用人单位合作共建协同育人平台，在企业的技术骨干和人力资源专家中，选取思想素养高、工作经验丰富、专业化、职业化的企业导师，使其成为高职职业生涯教育的重要力量。企业导师的加入，改变以往高职院校开展职业生涯教育过程中的纸上谈兵、针对性不强、偏离实际的状况。可以从以下几个方面发挥企业导师的作用：

（1）共建特色校本课程。通过整合校内外资源，企业导师与校内导师共同开发富有特色的职业生涯教育校本课程，使教育内容更具针对性、实用性和亲和力。围绕社会转型和学生就业诉求的发展变化，结合企业对人才的要求和学生成长发展的需求，与校内导师一起研讨和设计课程结构与内容，将市场前沿发展引入课程，让学生了解社会、了解行业的发展情况，开阔学生视野；用丰富的实际工作案例，创业理念、个人发展和拼搏奋斗的文化感染学生；让一个个的“创业故事”“励志典范”和在创业就业领域及职业道德领域做出表率的新时代形象进课程，以引导学生树立正确的就业观。

（2）共创分层主题活动。不同年级的高职学生具有差异性，个性特点和群体特征不同。企业导师结合企业优势和资源，联手高职院校共创丰富的主题活动，开展切合实际的主题教育活动，有效衔接企业人才需求和学生就业能力培养，使得生涯教育活动更具实效性和获得感。大一学生对学校、专业学习和人际培养都处于适应期，生涯主题教育以引起兴趣、主动探索和关注生涯为主，邀请企业专家和职场人士组成的企业导师举办职业生涯讲座、开展就业创业先进人物访谈和调研等活动，达到树立初步职业生涯规划意识的目的。大二学生已掌握一定的专业技能，生涯主题教育以提高生涯自信、专业自信的实践活动为主，通过企业导师和企业平台，为学生提供更多优质的与企业零距离接触的机会，例如到企业参观、开展专业见习、校外实训、提供兼职岗位等。大三学生面临顶岗实习和就业选择，生涯主题教育以生涯调试、帮助职业决策、角色转换为主，更多地为学生提供实习机会，并在实习过程中开展生涯指导教育，做好学生工作技能的导师、职业精神的导师和心理调试的导师，为学生顺利毕业和高质量就业助力。

（3）共设新媒体服务平台。企业导师和高职院校共同为高职学生搭建就业咨询及创业创新的新媒体就业信息咨询公共服务平台。一是在就业和择业中为学生及时提供高效、准确的信息服务，实现就业信息资源共享，形成就业创业信息发布和学生诉求表达互通的良性互动。二是围绕生涯规划和创业就业为学生答疑解惑，加强信息互动和讨论交流，解决学生择业迷茫和就业心理错位等问题。三是发挥新媒体的阵地优势，成为高职生涯教育和就业能力培育的重要媒介和新的领域，加强舆论导向，主动传播核心价值观和正确就业观。

7.4.4 思政保障

在职业生涯教育中以价值观理想信念教育为引领，与学业成才目标、健康成长目标和能力素养目标并进，统筹学校资源和学院整体力量，结合专业学习、朋辈教育、榜样作用等将各层面资源进行统筹规划，通过科学的方式方法，构建以整体指导结合个性引导的教育模式。在全过程、全方位、持续性的职业生涯教育中，将课程与活动结合，将育人与育德结合，在明理、共情、弘文和力行上下工夫，激发青年学生的爱国主义情感，多层次、多维度培育爱国主义情怀，构建爱国主义育人共同体，推动爱国主义精神转化为强国爱国的自觉行动。下面对经济管理学院“开学第一课”“青春告白祖国”特殊的毕业酒会等跨越三年的三个思政活动进行介绍。

7.4.4.1 开学第一课

“课堂有礼”作为新生入学始业教育的第一课。回顾千年前孔子的讲堂，从“曾子避席”引出尊师重道和“礼”文化是孔子儒家思想的核心，是要传承和发扬的优良传统文化。

全力拼杀过“黑色六月”之后，在一些同学眼中，大学似乎已经展开了之前家长、老师描述的“美丽图景”，“现在好好学，等考上大学就好了，就能彻底放松了，就可以好好玩了”。其实，真的是这样吗？

大学是学习的终点还是起点？《光明日报》曾整版刊登文章“大学生活，能这样度过吗”，描述了一些大学生萎靡的课堂状态，在大学里课上玩手机，课余追剧打游戏，责问大学生活，能这样度过吗？共青团中央、《人民日报》也发文，措辞犀利，“沉睡中的大学生，你不失业，天理难容”，非常严肃。

就大学而言，本该人生中是最好的年纪，不管是在智力或者是时间上，对个人的成长来说都至关重要。但是据调查，中国当代有大约 2000 万大学生处在假装学习的状态。何谓假装学习？在课上，人虽然到了，却不听课，各干各的，玩手机、睡觉，偶尔抬头看一眼老师所讲所写，转瞬即忘；在课下，沉醉于智能手机、花花世界，作为大学生不钻研学术，不练就技能，整日为吃什么、去哪玩而犯愁。试问，这样的大学真的是人们心中期盼的大学生活吗？

大学是人生的关键阶段，对大多数人来说，也是人生中最后一次有机会系统性地接受教育，最后一次将大段时间用于学习的人生阶段，最后一次拥有较高可塑性、集中精力充实自我的成长历程，可以说这是你走向社会的最后一道门槛，是你未来走向职场就业影响最深远的一个阶段，你学得好或者不好，直接决定你后期能达到的高度，所以，如果你大学只顾着玩，上课睡觉玩手机，那么毁掉的不仅仅是三年，而是自己的一辈子。

课堂是教学实践的主阵地，是立德树人的主渠道，要利用好课堂，学知识练真本领，只有课堂有礼了，才能提升学习效率，优化学习效果，提升未来的竞争力。需要强调的是在教室里实施的理论课堂仅是课堂的一种，课堂还包括实训课堂、第二课堂、社会课堂、生活课堂等，表 7-10 列出了衢州职业技术学院部分有特色的第二课堂活动，表 7-11 列出了课堂日常有礼规范。

表 7-10 特色的第二课堂活动

活动名称	活动目标
杜拉拉训练营	目标打造新时代的职场女性，礼仪课程贯穿其中
工商模拟大赛	校园开放日活动，“青创超市进校园”，同学对接农村青年创客表现得有礼有节，在现场销售环节有礼有序
汽车营销实训	展示良好的现场销售礼仪和风采
护士加冕典礼	在仪式中感受护士职业精神，加深对职业的认知

表 7-11 日常有礼规范

时间	有利规范
课前	1. 着装得体，仪容整洁； 2. 提前到达，有序入座； 3. 课前准备，静候老师； 4. 尊敬师长，礼貌问候
课中	1. 目光炯，神采扬； 2. 高关注，细聆听； 3. 善于思，乐于言； 4. 懂合作，容观点
课后	1. 静候下课，互相道别； 2. 文明礼让，有序离场

课堂有礼是学有礼的一部分，在衢州职业技术学院一直推崇“书香四溢，衢职有礼”的校园文化，不仅有学有礼，还有食有礼、寝有礼、行有礼，一言一行中展示我们衢职学子的良好风貌。衢州致力于打造一座最有礼的城市，“南孔圣地，衢州有礼”，作为身处衢州高校的学生，也需要做一名有礼的新衢州人，其

实有礼就在生活中。

有礼可以是传一缕微笑，让一次行人，捡一个水瓶，伸一次援手；有礼可以从平时做起、从平常做起、从平凡做起；有礼可以从一点一滴、一言一行、一举一动做起，让青春的学生一起助力衢州有礼！

同学们正处于最美好的青春年华，要把远大抱负落实到实际行动中，让勤奋学习成为青春飞扬的动力，让增长本领成为青春搏击的力量。习总书记经常勉励和鼓舞青年学生，在纪念五四运动100周年大会上，习近平总书记寄语新时代中国青年要锤炼品德修为，树立正确人生观、价值观。“青年要把正确的道德认知、自觉的道德养成、积极的道德实践紧密结合起来，不断修身立德，打牢道德根基，在人生道路上走得更正、走得更远。”

通过课堂有礼的学习和思考，希望同学们未来在学习和生活中能更好地用礼规范和约束自己的行为，真正做到“礼于心而视与人”、将礼仪成为内化于心外化于形的表现，成为名副其实的有较高道德素质的大学生。

7.4.4.2 “青春告白祖国”活动

长效化地开展“青春告白祖国”等爱国主义教育活动，激发高职学生成为爱国励志求真力行地新时代青年。

（1）爱国。什么是爱国？爱国就是忠于祖国，忠于人民，了解中华民族历史，秉承中华文化基因，有民族自豪感和文化自信心，把自己的理想同祖国的前途、把自己的人生同民族的命运紧密联系在一起，扎根人民，奉献国家。

“有一种成长，叫做我长大后，就成了解放军。”——胡慧龙（衢州职业技术学院经济管理学院16连锁5班的毕业生）。2018年，他义无反顾的奔赴新疆阿勒泰地区，在恶劣的条件下，驻守祖国边疆，成为一名边防战士。因为表现优异，中央电视台曾多次对他进行了采访。记者问他，生活条件非常艰苦，你现在后悔吗？他的回答让人印象深刻，他说，不，他是幸运的，因为他站立的地方是中国，这是无比光荣的一件事，这样的青春才是无悔的青春。他同时也为自己定下了三“不”原则：不忘初心、不负韶华、不负自己。当时的他和在校的学弟学妹们都一样，有着自己的梦想，有着自己的憧憬，而现在，他希望他的每一个学弟学妹们都能够像他一样完成自己的梦想。

“我和我的祖国”快闪活动，在网上掀起了浪潮，这一新颖的爱国方式，让人们也开始思考究竟什么是真正的爱国。

2019年军训的第一天，衢州职业技术学院经济管理学院为庆祝祖国母亲70华诞，组织了“中国这么大，我想去看看”的爱国主题教育活动，全体新生在巨幅中国地图上贴满了五星红旗和“火车票”，“火车票”上写着他们对新中国成立70周年的祝福，以及毕业后希望开始奋斗青春的首个目的地。活动得到了衢州晚报头版、衢州日报、浙江教育报头版报道。

正如习近平总书记所强调的，时代的责任赋予青年，时代的光荣属于青年。心中有阳光，脚下有力量。新时代的中国青年只有把人生理想融入国家和民族的事业中，勇敢肩负起时代赋予的重任，用中国梦激扬青春梦、将青春梦融入中国梦，才能创造无愧于时代、无愧于历史的人生。

（2）励志。什么是励志？励志就是立鸿鹄志，做奋斗者。要培养奋斗精神，做到理想坚定，信念执著，不怕困难，勇于开拓，顽强拼搏，永不气馁。

稚嫩肩膀，撑起大爱。“一路走来，不断有好心人帮助我们，哪怕是帮一次，我也会记住一辈子。我要将爱心传递下去。”说这句话的时候，蓝微的语气诚挚且坚定。她是衢州人，衢州职业技术学院医学院护理专业的一名学生。在她5岁那年，她的父亲因车祸丧命，妈妈受伤瘫痪。从小学五年级开始，懂事的蓝微便在学校附近租了房子，一边上学一边照顾妈妈，用孝心和坚强支撑起了这个破碎的家，曾先后获得“浙江省立志成才优秀学生”“全国孝亲敬老之星”等荣誉。

“志之所趋，无远弗届，穷山距海，不能限也。”立志让人心中有阳光，奋斗让人脚下有力量。不畏艰难，在奋斗中释放青春激情，既做追梦者，又做圆梦人。当代中国青年要有所作为，就必须投身人民的伟大奋斗。同人民一起奋斗，青春才能亮丽，同人民一起前进，青春才能昂扬。

（3）求真。求真就是求真学问，练真本领。通过学习知识，掌握事物发展规律，通晓天下道理，丰富学识，增长见识，更好为国争光、为民造福。

“不去尝试，怎么知道自己的理想是什么。”——马薇薇。米果文化副董事长马薇薇在采访的时候曾说过，“二十岁不要想象三十岁的生活，而是应该学会判断，排除人生中不想要做的事。”尽管20岁的你，不必去想30岁的生活，但30岁的你，一定会感激20岁时，拼命努力的自己。

什么是真？习近平总书记多次讲过一个故事，中国有两个人吃墨水吃出名的故事，一个是王羲之，一个就是陈望道，当时他在翻译《共产党宣言》，拿着馒头就去沾墨水，还说真甜，于是就衍生出了一句话：真理的味道非常甜。

在求学阶段，学习知识就是探寻真理的过程。青年人正处于学习的黄金时期，应该把学习作为首要任务，作为一种责任、一种精神追求、一种生活方式。要自觉肩负起时代的使命，不为一时世风所惑，心无旁骛，勤奋学习，以高洁的学品涵养高尚的人品，以良好的学风锻造做人的风格。要如饥似渴，孜孜不倦学习，既多读有字之书，也多读无字之书。

（4）力行。力行就是知行合一，做实干家。面向实际、深入实践，严谨务实、苦干实干，在新时代干出一番事业。

衢州职业技术学院经济管理学院的一位优秀校友，叫胡姗，她也是一名优秀的创业者。丰富的工作经历，敏锐的市场洞察力，充足的人脉资源，让她从一名普通的文科生，走上新材料家居制造业的创业路。

她是一位实实在在的“富一代”。她凭借自己的努力，通过了专升本考试。毕业后，她做过董事长秘书，做过创业园区主管，担任过电子商务有限公司的副总，但她最后还是选择了她的创业梦！目前，胡姗已经成为衢州市西芒新材料科技有限公司总经理，先后获得了四项实用新型和外观设计专利，“衢州市十佳工业师”的荣誉称号。公司目前共有 16 家国内特许经营商、376 家代理商，2019 产值超过 4000 万元，2020 年可达 6000 万元。

天资再聪明，也需要后天的努力，你坚持不停地在一个地方打井，终究会看到水源。因为真正挖到水的，都是那些坚持和实干的人！青春无边，奋斗以成。青年是毛泽东眼中“最积极最有生气的力量”，是李大钊笔下“惟知跃进，惟知雄飞”的群体。

一代人有一代人的责任，一代人有一代人的使命。站在岁月之巅回望历史我们发现，先辈们虽然经历了不同的岁月，但是在他们的青春年华里充满昂扬的斗志，奋斗始终是永恒不变的乐章。所以，在实现“两个一百年”目标和民族复兴伟大中国梦的征途上，年轻人应该主动将青春汇入时代发展的滚滚洪流中去，将个人的理想信念与国家的前途命运紧紧联系在一起，用奋斗的青春书写人生的华章、描绘民族的未来。

7.4.4.3 特殊的毕业酒会

“我宣誓，尚德弘毅，知行合一；崇尚劳动，敬业守信；精益求精，敢于创新；不忘初心，砥砺前行，做公民表率……”一场庄严肃穆的宣誓在衢州职业技术学院响起。

西装革履、礼服及地、红酒牛排、音乐气球……漫步红地毯，在印着“遇见再见”的大喷绘上郑重地签下自己的名字……这不是明星颁奖典礼，而是同学们以真情告白、集体请假、毕业宣誓等形式举办的一场关于感恩与成长的仪式，一堂关于诚信与职场礼仪的就业指导课，这最后一节指导课的主角是衢州职业技术学院经济管理学院 16 连锁经营管理 5 班 34 名即将毕业的准职业人。

宴会以餐桌文化为开篇，34 名同学从红毯缓缓而来，绅士、优雅的仪态，大方得体的妆容，自信端庄的举止，在杯盘刀叉间，尽显社交礼仪修养与文化积淀，是这群准职业人良好职业形象的缩影。

席间，班委为大家准备了神秘的礼物——视频里记录了这个经济管理学院第一批五年一贯制中高职一体化班级 34 名同学五年来相处的点点滴滴以及所有任课教师的祝福。同学们热泪盈眶，相拥在一起，“感谢这些陪伴我一整个青春的伙伴们，正是在这磕磕绊绊的成长道路上有大家的相互扶持，守望互助，彼此鼓励与敦促，才有我的成长与蜕变，感谢生命中遇到你们。”班长黄余宁早已眼眶湿润。从性格孤僻到如今社团活动积极分子的叶盛，对学校给予的关爱与鼓励，最有发言权，“千言万语道不尽三年来师长们的关怀和帮助，感谢学校给了我一个发光发热的平台，让我看到自己的优点，造就了一个完完全全不一样的我，自信的我。”说完向着在场的老师们深深地鞠了躬。连锁专业团队主任陶老师寄语这群即将踏入社会的孩子，“希望你们继续传承崇尚劳动，敬业守信的衢职经管精神，争做行业表率。”

“亲爱的蒋老师，按学校教学安排，16 连锁 5 班全体学生将离校前往各自实践岗位进行为期六个月的实习，特向您告假离校，我们郑重承诺，在工作岗位上踏实勤恳、诚信做人、精益求精、刻苦磨砺本事，为大学生涯交上最后一份满意的答卷……”在这最后一次的就业指导课上，班主任蒋老师在这写满全班同学签名的请假条上郑重地写下自己的名字……

“最后一次的就业指导课，我想将它作为去年 3 月那次‘背起青春的行囊——责任和担当’主题成人礼的延续，在他们踏入社会前，以庄重的教育仪式，重温青年一代的历史使命、责任和担当。”说起这最后一堂就业指导课，蒋老师希望能用这样特别的方式给学生们一次深刻的洗礼。

参考文献

[1] Le PelitLarousse; Paris, LAROUSSE, 1995, P189.

[2] 雷蒙德伊诺，徐芳，译. 雇员培训与开发［M］. 北京：中国人民大学出版社，2001.

[3] Rothwell W J, Sredl H J. Professional Human Resource Development Roles& Competencies［M］. Massachusetts: HRD Press, 1992.

[4] Parsons F. Choosing a Vocation［J］. Books on Dem, 190914（7）: 636~640.

[5] Super D E, Career patterns as a basis for vocational counseling［J］. Journalof Counseling Psychology, 1954（1）: 12~20.

[6] Holland J I. A theory of vocational choice［J］. Journal of counseling Psychology, 1959（6）: 35~44.

[7] Schein E H. The individual, the organization and the career: a conceptual scheme［J］. Journal of Applied Behavioural Science, 1971（7）: 401~426.

[8] 关晶. 20 世纪 90 年代美国 STW 运动研究［D］. 上海：华东师范大学，2004.

[9] Savicksa MI. Adaptablity: An integrating construct for life-span, life-space theory［J］. Career Development Quarterly, 1997（45）: 247~259.

[10] Patton W, Mcmahon M. Career development and systems theory: Anew relationship［M］. PacificGrove, CA: Br00ks/Cole, 1999.

[11] 陈禹. 美国 STC 职业教育理念对我国高校就业指导工作的启示［J］. 东北师大学报（哲学社会科学版），2010（5）：222~224.

[12] Tracey T J G. Personal Globe Inventory: Measurement of the Spherical Model of Interests and

Competence Beliefs ［J］. Journal of Vocational Behavior, 2002（60）：113~172.

［13］ Krumboltz J D. The Happenstance Learning Theory ［J］. Journal of Career Assessment, 2009（2）：135~154.

［14］ Hartung P J, Subich I M. Developing self in work and career：concepts, cases, and contexts ［M］. Washington D. C. American Psychological Association, 2011.

［15］ 南海，薛勇民. 什么是“生涯教育”［J］. 中国职业技术教育，2007（3）：5~6.

［16］ 刘辉. 中学生涯教育研究［J］. 现代中小学教育，2006（3）：8.

［17］ 徐倩. 生涯教育进行时［J］. 上海教育，2013（5）：25~26.

［18］ 聂国东，李东海，梁媛. 大类招生背景下低年级大学生职业生涯规划研究［J］. 学校党建与思想教育，2018（12）：77.